U0861289

折射集
prisma

照亮存在之遮蔽

Organs without Bodies:
On Deleuze and Consequences

Slavoj Žižek

当代激进思想家译丛
● 丛书主编 张一兵

无身体的器官：
论德勒兹及其推论

[斯洛文尼亚]斯拉沃热·齐泽克 著 吴静 译

南京大学出版社

激进思想天空中不屈的天堂鸟

——写在"当代激进思想家译丛"出版之际

张一兵

传说中的天堂鸟有很多版本。辞书上能查到的天堂鸟是鸟也是一种花。据统计,全世界共有 40 余种天堂鸟花,在巴布亚新几内亚就有 30 多种。天堂鸟花是一种生有尖尖的利剑的美丽的花。但我更喜欢的传说,还是作为极乐鸟的天堂鸟,天堂鸟在阿拉伯古代传说中是不死之鸟,相传每隔五六百年就会自焚成灰,由灰中获得重生。在内心里,我们在南京大学出版社新近推出的"当代激进思想家译丛"所引介的一批西方激进思想家,正是这种在布尔乔亚世界大获全胜的复杂情势下,仍然坚守在反抗话语生生灭灭不断重生中的学术天堂鸟。

2007 年,在我的邀请下,齐泽克第一次成功访问中国。应该说,这也是当代后马克思思潮中的重量级学者第一次在这块东方土地上登场。在南京大学访问的那些天里,除去他的四场学术报告,更多的时间就成了我们相互了解和沟通的过程。一天他突然很正经地对我说:"张教授,在欧洲的最重要的左翼学者中,你还应该关注阿甘本、巴迪欧和朗西埃,他们都是我很好的朋友。"说实话,那也是我第一次听到这些陌生的名字。虽然在2000年,我已经提出"后马克思思潮"这一概念,但还是局限于对国内来说已经比较热的鲍德里亚、德勒兹和后期的德里达,当时,齐泽克也就是我最新指认的拉康式的后马克思批判理论的代表。正是由于齐泽克的推荐,促成了2007年南京大学出版社开始购买阿甘本、朗西埃和巴迪欧等人学术论著的版权,这也开辟了我们这一全新的"当代激进思想家译丛"。之所以没有使用"后马克思思潮"这一概念,而是转启"激进思想家"的学术指称,因之我后来开始关注的一些重要批判理论家并非与马克思的学说有过直接或间接的关联,甚至干脆就是否定马克思的,前者如法国的维里利奥、斯蒂格勒,后者如德国的斯洛特戴克等人。激进话语,可涵盖的内容和外延都更有弹性一些。这一新的研究领域已经开始成为国内西方左翼学术思潮研究新的构式前沿。为此,还真应该谢谢齐泽克。

那么,什么是今天的激进思潮呢?用阿甘本自己的指认,激进话语的本质是要做一个"同时代的人"。有趣的是,这个"同时代的人"与我们国内一些人刻意标举的"马克思是我们的同时代的人"的构境意向却正好相反。

"同时代就是不合时宜"(巴特语)。不合时宜，即绝不与当下的现实存在同流合污，这种同时代也就是与时代决裂。这表达了一切**激进话语**的本质。为此，阿甘本还专门援引了尼采①在 1874 年出版的《不合时宜的沉思》一书。在这部作品中，尼采自指"这沉思本身就是不合时宜的"，他在此书"第二沉思"的开头解释说，"因为它试图将这个时代引以为傲的东西，即这个时代的历史文化，理解为一种疾病、一种无能和一种缺陷，因为我相信，我们都被历史的热病消耗殆尽，我们至少应该意识到这一点"②。将一个时代当下引以为傲的东西视为一种病和缺陷，这需要何等有力的非凡透视感啊！依我之见，这可能也是当代所有激进思想的构序基因。顺着尼采的构境意向，阿甘本主张，一个真正激进的思想家必然会将自己置入一种与当下时代的"断裂和脱节之中"。正是通过这种与常识意识形态的断裂和时代错位，他们才会比其他人更能够感知**乡愁**和把握他们自己时代的本质。③ 我基本上同意阿甘本的观点。

阿甘本是我所指认的欧洲后马克思思潮中重要的一员大将。在我看来，阿甘本应该算得上近年来欧洲左翼知识

---

① 尼采（Friedrich Wilhelm Nietzsche, 1844—1900）：德国著名哲学家。代表作为《悲剧的诞生》(1872)、《查拉图斯特拉如是说》(1883—1885)、《论道德的谱系》(1887)、《偶像的黄昏》(1889) 等。
② Friedrich Nietzsche, "On the Uses and Abuses of History to Life", in *Untimely Meditations*, trans. R. J. Hollingdale, Cambridge: Cambridge University Press, 1997, p. 60.
③ [意] 阿甘本：《裸体》，黄晓武译，河南大学出版社 2015 年版，第 7 页。

群体中哲学功底比较深厚、观念独特的原创性思想家之一。与巴迪欧基于数学、齐泽克受到拉康哲学的影响不同，阿甘本曾直接受业于海德格尔，因此铸就了良好的哲学存在论构境功底，加之他后来对本雅明、尼采和福柯等思想大家的深入研读，所以他的激进思想往往是以极为深刻的原创性哲学方法论构序思考为基础的。并且，与朗西埃等人1968年之后简单粗暴的"去马克思化"（杰姆逊语）不同，阿甘本并没有简单地否定马克思，反倒力图将马克思的批判精神与当下的时代精神结合起来，以生成对当代资本主义社会存在更为深刻的批判性透视。他关于"9·11"事件之后的美国"紧急状态"（国土安全法）和收容所现象的一些有分量的政治断言，是令西方资本主义国家政要为之恐慌的天机泄露。这也是我最喜欢他的地方。

朗西埃曾经是阿尔都塞的得意门生。1965年，当身为法国巴黎高师哲学教授的阿尔都塞领着整个西方马克思主义科学思潮向着法国科学认识论和语言结构主义迈进的时候，那个著名的《资本论》研究小组中，朗西埃就是重要成员之一。这一点，也与巴迪欧入世时的学徒身份相近。他们和巴里巴尔、马舍雷等人一样，都是阿尔都塞的名著《读〈资本论〉》（*Lire le Capital*，1965）一书的共同撰写者。应该说，朗西埃和巴迪欧二人是阿尔都塞后来最有"出息"的学生。然而，他们的显赫成功倒并非因为他们承袭了老师的道统衣钵，反倒是由于他们在1968年"五月风暴"中的反戈一击式的叛逆。其中，朗西埃是在现实革命运动中通过接触劳动者，以完全相反的感性现实回归远离了阿尔都塞。

法国的斯蒂格勒、维里利奥和德国的斯洛特戴克三人都算不上是后马克思思潮的人物，他们天生与马克思主义不亲，甚至在一定的意义上还抱有敌意（比如斯洛特戴克作为当今德国思想界的右翼知识分子，就是反对马克思主义的）。可是，在他们留下的学术论著中，我们不难看到阿甘本所说的那种绝不与自己的时代同流合污的姿态，对于布尔乔亚世界来说，都是"不合时宜的"激进话语。斯蒂格勒继承了自己老师德里达的血统，在技术哲学的实证维度上增加了极强的批判性透视；维里利奥对光速远程在场性的思考几乎就是对现代科学意识形态的宣战；而斯洛特戴克最近的球体学和对资本内爆的论述，也直接成为当代资产阶级全球化的批判者。

应当说，在当下这个物欲横流、尊严倒地，良知与责任在冷酷的功利谋算中碾落成泥的历史时际，我们向国内学界推介的这些激进思想家是一群真正值得我们尊敬的、严肃而有公共良知的知识分子。在当前这个物质已经极度富足丰裕的资本主义现实里，身处资本主义体制之中的他们依然坚执地秉持知识分子的高尚使命，努力透视眼前繁华世界中理直气壮的形式平等背后所深藏的无处控诉的不公和血泪，依然理想化地高举着抗拒全球化资本统治逻辑的大旗，发自肺腑地激情呐喊，振奋人心。无法否认，相较于对手的庞大势力而言，他们显得实在弱小，然而正如传说中美丽的天堂鸟一般，时时处处，他们总是那么不屈不挠。人类社会发展的历史已经明证，内心的理想是这个世界上最无法征服也是力量最大的东西，这种不屈不挠的思考和抗争，常常就是燎原之前照亮人心的点点星火。因此，有他们和我们共在，就有人类更美好的解放希望在！

目 录

Routledge 经典版导言 ·· 001
导论：相遇，而非对话 ·· 018

德勒兹

潜存的真实性 ·· 027
生成 V. S. 历史 ·· 038
"生成机器" ·· 049
有朝一日会成为经验主义的世纪吗？ ·· 056
准原因 ·· 067
不爱斯宾诺莎，是否可能？ ·· 079
康德，黑格尔 ·· 095
黑格尔 1：从后体位袭击德勒兹 ·· 102
黑格尔 2：从认识论到本体论，从本体论到认识论 ··· 119
黑格尔 3：最小差异 ·· 128

意义的扭曲 ·· 151
滑稽的黑格尔间奏：口齿不清者与口齿更不清者 ······ 157
德勒兹的生成俄狄浦斯 ······························ 162
阳具 ·· 174
幻想 ·· 185
象征中的真实 ······································ 199

推论

1. 科学：弗洛伊德与认知主义 ························ 213
   "自创生系统" ···································· 213
   模因，无处不在的模因 ···························· 225
   反对连接伦理学 ·································· 235
   认知闭合？ ······································ 252
   "愉悦的轻微震惊" ································ 264

2. 艺术：传声头像 ·································· 276
   镜头之眼 ·· 280
   希区柯克：反对柏拉图 ···························· 290
   剪辑的目光 ······································ 301
   幻想崩塌之时 ···································· 310
   "我，真理，在言说" ······························ 313
   超乎道德 ·· 324

3. 政治：祈求文化革命 ······························ 335
   对德勒兹的雅皮式解读 ···························· 335

微观法西斯主义 ·············· 342

因特网政治 ················ 350

反对帝国 ················· 356

论革命的永恒现实性 ············ 368

索引 ··················· 387

Routledge 经典版导言

1 黑格尔、拉康、德勒兹

对德勒兹后期哲学最精炼的定义是：它是"费希特化的斯宾诺莎主义"。而首先我们应当牢记的是，费希特是（或者把他自己描绘为）一个绝对的反斯宾诺莎主义者。纯粹虚拟的自参考创造可以达到无限大的速度，因为它不需要任何的外在，在其中或通过其来中介自己的自我设定的运动。

"因此无限大的速度描述的是一种不再与实际运动相关的速度，它是一种纯粹虚拟的'运动'，总是可以达及自己的目标，或者说它的运动本身就是它的目的。"①

---

① 彼特·霍华德《此岸之外》，伦敦：Verso 出版社 2006 年版，第 142 页。

这正是德勒兹坚持欲望没有客体（客体的缺乏将引发并维持欲望的运动）的原因：欲望正是这样"一种纯粹虚拟的'运动'，总是可以达及自己的目标，或者说它的运动本身就是它的目的"。这也是德勒兹从受虐狂和骑士之爱中领会出来的主旨——在这两种情形中，所被尊奉的并不是牺牲的逻辑，而是如何维持欲望……根据对受虐狂的标准解读，受虐者和常人一样，也寻求快乐；其问题在于，由于被内在化的超我的存在，他不得不通过经历痛苦的方式来达到快乐，以抚慰被压抑的能动性，后者深信快乐是不可饶恕的。相反，德勒兹认为，受虐者之所以选择痛苦是为了

消解欲望与作为其外在衡量标准的快乐之间的虚伪联系。快乐绝不是只有通过痛苦才能迂回得到的东西，但是只有延迟能使快乐达到极大值，正在于它中断了肯定性欲望的连续过程。这是欲望的一种固有的愉悦，就仿佛欲望本身是自我满足的，并不意味着任何匮乏以及不可能。①

骑士之爱也同样如此：它对于满足的永恒延迟并不符合匮乏的原则或超然的理想：在这里，它也同样意味着一种没有缺乏的欲望，因为它在其自身之中、在其自己的内

---

① 吉尔·德勒兹和菲利克斯·加塔利《千高原》，巴黎：午夜出版社1980年版，第192页。

在性中得到满足；相反，任何的快乐都已经是对自由的欲望之流的一种再辖域化。① 在这一点上蕴含了对德勒兹的黑格尔批判的一个极大的讽刺：当德勒兹反对黑格尔的时候，他声称创造行为"本身就具有即时的原创性；并不存在一个进行创造的先验主体或否定性的主体，他可能需要花点时间才能意识到或明白自己正在创造"②。因此，德勒兹将黑格尔的错误归咎于并不存在的实质化-具体化，并以这样的方式消除了黑格尔思想中最接近于德勒兹本人的维度。黑格尔不厌其烦地坚称精神是"其自身的产物"：这并不是一个逻辑先在的主体对于客观性的干涉和扬弃-中介，而是其自我运动的结果，即，一种纯粹的过程性。因此，它并不需要花时间"明白自己"，而是生成自己。③

德勒兹的第二个指责就是对黑格尔的这种误读的反面："鉴于在黑格尔那里，任何的既定'物都有别于其自身，因为它首先有别于其所不是的东西'，即有别于一切与它相联系的客体，而德勒兹笔下的柏格森则认为由于物本身所具有的'内爆力'的存在，'物首先、即时地与自身相异'。"④ 如果真有过一个稻草人的话，那就是德勒兹笔下的黑格尔：黑格尔最基本的理论难道不正是所有的外在对立都源于物

---

① 《千高原》，第193页。
② 见上文所引霍华德《此岸之外》，第149页。
③ 并且，是不是只有当我们将否定性简化为对一个逻辑先在的、肯定的同一性的否定时，德勒兹反对（黑格尔的）否定性的论证才成立？他有没有考虑过一种否定性，其自在地是肯定性的、给予性的和"生产性的"呢？
④ 见上文所引霍华德《此岸之外》，第15页。

内在的自我对立——或者说所有的外在差异都暗示了自身差异吗？一个有限物有别于其他的（有限）物，因为它与自身已经不是同一的了。

当德勒兹言说在一个单独的运动中进行创造和观照的过程时，他随即自觉地想起了理智直观的公式，即上帝独一的特权。德勒兹进行的是一种前批判的议程，他满腔热情地称赞斯宾诺莎和莱布尼茨的形而上学"实在论"（直接洞穿了自在之物的核心），反驳了康德为我们的知识对于现象表征所设立的"批判性"界限。然而，黑格尔对这一问题的回答却是：万一再现的距离，即物与我们之间的距离，是镌刻在物自体的核心之处的，那么我们与物（包含了我们与物的关系）之间的鸿沟——就在这一方面成了黑格尔基督教神学的中心，因此我们与上帝的分离和上帝与其自身的分离就是一致的。德勒兹声称，这些命题并没有描述物，却是对物的口头实现，即以言语方式存在的物自体——那么同样的，黑格尔是不是也会抱怨说，我们对上帝的再现是以表征方式存在的上帝本身，而我们对上帝的错误观念是以错误观念方式存在的上帝本身呢？①

这种创造性过程的典型例子是这样一种艺术，它"允

---

① 德勒兹对亚里士多德以及具体差异进行批判的要点，就在于同一性凌驾于差异之上：具体差异总是预设了某种类型同一性的存在，在其中相反的类型可以共存。可是，"黑格尔的复杂性"在此又如何呢？是不是存在着一种可以定义自身类型的具体的差异，因为其种差与种属差异不谋而合，因此可以将属本身归结为它的一个种？

许一种绝对的、真正具有变革性解放的表达，恰恰因为被解放的只是解放本身，这是一种纯粹的精神化或去物质化的运动"①：最终必须要被解放的就是解放本身，这是对一切实体的"去辖域化"运动。这种自联系的运动是关键性的——并且，沿着同样的脉络，欲望所欲望的不是一个确定的客体，而是对欲望本身无条件的肯定（或者，正如尼采所言，意志就其最根本而言，是对意志本身的意志）。这一过程也可被称之为"个体化"，"这是一种被设想为纯粹或绝对地在其间的关系，它被理解为完全独立或外在于它的所有项——因此这种在其间也可以被描述为在无有'之间'"②。

顺着这样的脉络，我们应该去阅读一下基督形象所具有的（常常非常明显的）奇怪的平静，即他的"默然"：如果基督是德勒兹意义上的一个事件——一个不具有正当的因果能力的个体性的出现呢？这也就是为什么基督会忍受痛苦，却选择一种彻底地默然的方式的原因。基督是德勒兹意义上的一个"个体"：他是一个纯粹的个体，并不需要证明自己拥有比常人"多"的肯定性属性，也就是说，基督与普通人之间的差异是完全虚拟的——回到舒曼，基督在现实性的意义上与常人无异，他所多出来的只是关于他的口口相传的"虚拟旋律"。在圣灵中，我们可以领会这种

---

① 见上文所引霍华德《此岸之外》，第122页。
② 见上文所引霍华德《此岸之外》，第154页。

"虚拟的旋律":圣灵是一种纯粹虚拟性的集体场域,它并不具有自己的因果能力。基督的受死与复活是一个实体之人的死亡,它使我们直接面对复活的虚拟场域,而这一虚拟场域又是支撑受死的基础。基督教把这种虚拟性的力量称之为"爱":当基督在死后对忧心不已的追随者们说"若你们二人中有爱,我必在那里"的时候,他也就是在肯定自己的虚拟状态。

支撑现实性的这一虚拟维度是否允许我们将德勒兹和拉康联系在一起呢?对德勒兹进行拉康式解读的出发点应当是一个粗暴的、简单的替换:任何时候德勒兹和加塔利说到"欲望机器",我们都应该把它替换成驱力。拉康的驱力,是"无身体器官"(这一概念出现在德勒兹谈论俄狄浦斯三角化及其所具有的禁忌和僭越的辩证法之前)以沉默和长期的方式坚持重复,其实完全符合试图为前俄狄浦斯时期的欲望的游牧机器所做的限定:拉康的讲座十一中有一章是献给自己的驱力概念,他强调了驱力的"机器"特征,也就是它作为一个人工复合物/不同部分的合成所具有的反系统本质。① ——然而,言之至此,不过是开始而已。使这个问题即刻变得复杂化的事实在于:在这种替换作用

---

① 拉康和德勒兹而言都认为驱力拥有一种伦理状态。因此当我怀疑自己是否能够承担某种困难工作的时候,一个老师对我说"我相信你!我知道你一定能做到!"的时候,他所指的并不仅仅是存在于我可怜的真实精神状况之下的象征性自我;实际上他还表明了"我的能力超乎我想象",这种匿名驱力的不可能之真就是我。

中，某种东西不见了，即冲动与欲望之间不可归约的差异。这种差异的本质性区别使得既不可能从一者推断出另一者，也不可能从一者产生出另一者。换句话说，德勒兹的"欲望"是一个反表征主义的概念，它是一种可以自我创造出表征/压抑情景的原始的流。而这一概念与拉康毫不相关。这就是为什么德勒兹总是会谈论欲望的解放，以及将解放了的欲望从其表征主义的框架中解放出来这样的话题。而这一切，在拉康的界限范围内是毫无意义的：对德勒兹而言，最纯正的欲望就是力比多的自由流动；而拉康的冲动则是被一种基本性的、无法解决的僵局构成性地标注出来——冲动是一种僵局，一个绝境，它在这一绝境的不断重复中发现了（过去的——原文为法语）满足。

或者，用德勒兹自己的话来说，他的欲望流就是BwO，无器官身体，而拉康的冲动则是OwB，无身体器官。欲望不是部分客体，而冲动却是。德勒兹特别强调，他所反对的不是器官，而是大写的有机体系，即使身体的连接成为一种由多个器官组织而成的等级化的和谐整体。其中，每一个器官"各在其位"，承担特定的功能："无器官身体绝不是器官的对立面。它的敌人不是器官，而是有机体系。"① 德勒兹试图以此来表明他要斗争的对象正是组合主义/有机体系。在他看来，斯宾诺莎的实体是一种终极的无器官身体：在这个非等级化的空间中存在着一种（器

---

① 见上文所引德勒兹和菲利克斯·加塔利《千高原》，第196页。

官的?)无序的多样性,每一种器官都是平等的,流动的……但是,这里其实存在着一种策略性的选择:为什么是无器官身体?为什么不能(也)是无身体器官?为什么不是身体——这个自主性的器官可以自由流动的空间呢?难道是因为"器官"所唤起的是在某个更大的整体中的为特定目的而服务的功能吗?但是这样一个事实不正好成就了它们①的自主化?无身体器官,不是更加具有颠覆性吗?

德勒兹对身体的喜爱明显超过器官,而他为此所付出的代价可以清楚地在他对莱布尼茨的单子等级理论的接受中看到:单子之间的差异从根本上而言是数量化的。换言之,每个单子从本质上都是相同的,它表达了整个无限的世界,但是每个单子却又具有不同的,并且总是特定量的强度和能力,就最低的一级而言,所谓的"黑暗单子"只有一个清晰感知:对上帝的憎恶;而在最高的一级,"合理单子"却能开放自身,映射出整个宇宙。而单子之所以不能充分地表达上帝的原因正在于它过分执着于自己作为被造物(译者按:这里之所以这样译,是 creature 作为其所表现的上帝 creator 身份的对立)的错觉,过分执着于其特殊的(从根本上而言也是物性的)身份。人类在这里是最高形式矛盾的体现:一方面,人类比其他的生物种类更深陷于绝对的自我中心主义,他们固执地关注于如何保存自我的身份(这就是为什么对于德勒兹而言,哲学的最高使

---

① "它们"指器官。——译者注

命是将人提升到他的人性条件之上,即将其提升到"超人"[overman]的"非人"层面);而另外一方面,德勒兹同意柏格森所说的,人体现了生命进化过程中的一个独一无二的突破,一个至高点——因为人具有意识,而这正使得一个生命体最终能够避开自己的物性(机体)界限,上升到具有神圣完满状态的纯粹精神的统一体。

从黑格尔的立场来看,人们可以作出这样一个判断:德勒兹所没有完全意识到的问题,谢林却看得更加清楚,即最低级和最高级这两方面特征其实具有一个终极的同一性,即正是通过对独特的自我的执着,人类个体才能将其自身从真实生命的特殊轮回(繁衍与腐朽的不断循环运动)中提炼出来,与潜在的永恒建立起联系。这就是为什么(在此这种自我中心主义的执迷有了另一个名字:恶)恶恰恰是善的兴起的一个形式上的条件:它的确为善创造了空间。那么,我们在这里所遇到的不正好是一个本质性连接的实例吗:为了保持其连贯性,善的场域必须以恶的独一性(singularity)来进行缝合?

2 纯粹的差异

为了进一步讲清楚"纯粹差异"这个核心概念,让我们求助一下你可能意想不到的一个人物:简·西贝柳斯。

现代性和后现代性之间差异（不仅是在音乐上）的一个方面就在于现代性围绕着禁止与/或限制的逻辑：难道十二音体系不正是一个自我设定的、和声的限制与禁止的集合吗？阿多诺已经注意到了这个悖论，即摆脱连续的音调表现为一个自我设定的、有着严格规则的限制与禁止的集合。相反，后现代性则表现为向"怎么样都可以"立场的大规模回归——为什么呢？因为我们知道真正的"物自体"已经销声匿迹了，不可能再建立起任何真正的联系。而这一认知实行的是一种戏谑的态度，认为古老的形式可以以仿品的形式被规定，而无关乎它们的真实内容。在这个意义上，能自由演奏所有流传下来风格的斯特拉文斯基（与勋伯格相反）不正是第一位后现代作曲家吗？①

如果勋伯格和斯特拉文斯基这一对宿敌体现了现代性与后现代性的对立，那么，哪一个人物可以象征已经消失的第三选择，即持续存在的传统主义呢？这就是第三个 S（勋伯格和斯特拉文斯基的名字都是以 S 开头——译者注）：西贝柳斯，即被阿多诺极度鄙视的西贝柳斯。这指的并不是所有时候的西贝柳斯，而是消除了柴可夫斯基影响之后的西贝柳斯，是写第四交响曲时期的西贝柳斯。在西贝柳斯那里，人们真正与最彻底的"实体"概念相遇——这是

---

① 以拉康的术语来说，这种差异正是异化和分离之间的差异：现代性规定了差异，使得人们丧失了在传统中的根基；而只有后现代性可以使我们真正将自己与传统分离：这种丧失不再被体验为一种损失，因此我们可以戏谑地回到其中。

一个人的存在得以浸润其中的［文化性的］民族实体——而不是晚近其他所有廉价的浪漫的民族［国家］主义。人们在这里应该反对西贝柳斯和马勒，当然我是说，他们的交响曲中的两个相似的乐章：马勒的第五交响曲中恶名昭著的小柔板，以及极具争议性的西贝柳斯的杰出作品，即他的第四交响曲中的第三乐章（缓板）。且不去说它们之间令人震惊的相似性，人们在这里能够简明地感受到一种分歧，这种分歧正是在马勒造访赫尔辛基期间、两位作曲家一起在公园散步时那段著名的对话所体现出来的：马勒强调一首交响曲怎样才能包含整个世界，而西贝柳斯则辩称要保持克制和矜持。①

对于西贝柳斯艺术上的正直以及他并非公开地故作保守的最好的证据恰恰就是他最终的失败：他从二十世纪二十年代中期开始长达三十年的静默，在这期间，他在音乐创作上一无所为（所有伟大的作曲家最终都失败了——贝多芬的第九交响曲失败了，瓦格纳的《帕西法尔》失败了，莫扎特的《女人心》的终曲也失败了——失败是一种标志，它意味着作曲家正以真诚面对着音乐素材。只有"轻浮"

---

① 也许正是因为如此，西贝柳斯更像莫里斯·拉威尔，另一位强调克制和矜持的伟大的作曲家：克洛德·索泰的电影《冬天的心》（Un coeur en hiver）中的斯蒂芬从某种意义上而言正是拉威尔本人的写照，是他的音乐"精神的体现"。拉威尔和西贝柳斯之间的区别是两种不同类型的矜持之间的区别：法国布尔乔亚精致的、敏感的自持 V. S. 北欧乡村式的缄默、对更广阔的社会缺乏信任感，以及对小国寡民生活的依赖。让我们回想一下当拉威尔完成他最杰出的作品之一"三重奏"后所做的具有讽刺意味的声明——他只是发明和添加了一些旋律而已。这种强调结构先于旋律的立场可能就是对拉威尔的"矜持的"音乐风格的最好概括。

庸俗的作曲家才会顺利地不断从一个胜利走向另一个胜利）。在此关键性的问题当然是：在西贝柳斯发展过程中的哪一个精确点上，他陷入了静默？答案是，当原本给他的作品提供了基本张力的视差崩溃了，当两种音乐旋律——交响乐和叙事曲——之间的距离消失了的时候。他最后两部重要的作品是第七交响曲和交响诗《塔皮奥拉》（正如人们经常评论的那样，人们在这首交响诗中所感受到的森林与在德彪西的《海》中所看到的大海异曲同工），其最关键性的特征是它们的相似性（两者长度几乎相同，一个长乐章的内部分节，却从更深的意义上相互衔接）——似乎西贝柳斯从两个不同的方向前行到了同一个相遇点：不可能/理想之点。西贝柳斯的作品就是这样一种不可能/理想，它"扬弃"了"绝对音乐"（交响曲）和"标题音乐"（交响诗）之间的张力，扬弃了作为表现（刻画、唤起……）特定"内容"的音乐和直接借助于形式连接而赋予其精神内容的音乐之间的张力，扬弃了个人性（自然）经验的丰富与主体性的空虚之间的张力。（《塔皮奥拉》将在森林中的经历内化为一种纯粹精神性的、"抽象的"内在旅程，而第七交响曲则逐步地接近于交响诗。）这种综合从推理上而言当然就是不可能的，因此失败必然是结构上的。而西贝柳斯，如果他仍要坚持他在艺术上的正直的话，则不得不保持沉默……当然，正是因为这种出奇的接近与相似，绝对音乐与标题音乐，交响曲与交响诗之间的差异才变得比以往任何时候都更加明显；最后这首交响曲给出了一种内在的平静与满足，一场最终凯旋的战役，一种对生命的肯定，（难怪它常常与第五交响曲有相似之处）。而《塔皮奥拉》——它并没有陷入以自然来获得治愈的浪漫主义的圈套——则展现了自然的原生力量的不安和可怕，以及人们在对抗自然力量时的徒劳和最终的失败。交响曲回旋的最后结果当然是肯定与和解，而交响诗的终曲则是失败和惆怅，这两极之间毫无调和的可能性。西贝柳斯的第四交响曲的第三乐章提供了一个例证，让我们可以看到他同音乐问题/素材之间的紧张关系：与音乐的这种情形类似的是罗丹（或者晚期的米开朗琪罗）的雕塑：形体费力地、奋发地试图从石材的惰性中挣扎出来，而并没有完全消除物质惰性的压迫性沉重——这一乐章的伟大努力成就了中心的乐旨节奏（主题旋律），直到乐章的结束，它也只出现几次而已。我们完全可以把这个过程与维也纳的古典主义相对照。在古典主义中，乐旨，即主旋律是被直接给出和表现的（在莫扎特著名的《木管小夜曲》的第三乐章中，旋律直接"从天""而降"，获得了肉身的沉重）。——如果在时间的回溯中能走得更远一些，我们可以进入一个就术语的严格意义而言还不存在旋律的时期。让我们来看一下巴洛克时期流行的和谐，如巴哈贝尔的"卡农"[①]：今天，最先出现的音

[①] 卡农是一种曲式的名称，意为"轮唱"，与交响乐不同，这种曲式的特征是间隔数音节不停重复同一段乐曲，是复调音乐的一种。——译者注

符会自动地被当作伴奏，因此我们会悄然等待旋律乐章出现的时刻；但我们没等到旋律，只是前调伴奏越来越趋于复杂的复调变化，我们多少会感到有些"上当受骗"。那么这种期望值，即认为旋律乐章缺失的这种感觉从何而来呢？旋律的诞生当然是维也纳古典主义的事情；简单地说，让我们再一次回想前面已经提过的《木管小夜曲》的第三乐章：最开始出现了一些身份不明的音符（今天，我们把它当作是为旋律乐章而准备的伴奏，但是就当时而言，它的身份极有可能是不确定的。比如，它完全有可能被认为已经是主旋律了），然后旋律乐章仿佛"从天而降"……接下来，旋律乐章会在哪里结束呢？答案也很清楚：在晚期贝多芬那里（尤其是他最后的钢琴奏鸣曲）。浪漫主义乐章的真正突破正在于它赋予了旋律乐章以"不可能"，以一种不可能性对其进行了标注（"优美的浪漫旋律"的兴盛不过是何种根本的不可能性的浅薄而娴熟的反面罢了）。因此，我们所拥有的表面上看起来具有普遍性的现象（旋律），实质上却是受到限制的，局限于一个特定的历史时期……而具有表现主义的晚期浪漫主义的最终成果可能就是旋律的概念，主题乐旨的概念，必须通过艰苦的劳动，才能将它们从声音素材的惰性中"锤炼成型"，刻画并萃取出来：它们并不是构成乐章主体的一系列变化的起点，而是来源于对音乐素材的艰苦不懈的精心制作，从而形成了作品的主体部分。这种与素材/问题之间的紧张关系，可能正是将西贝柳斯和柴可夫斯基①联系在一起的原因。对于后者而言，土地，这种惰性的、潮湿的材料，不但不与灵性相对立，反而是达及它的媒介。

在这个方面，西贝柳斯第四交响乐的第三乐章必须要被拿来与作为尾曲的第四乐章进行对照，两者体现了不同的失败模式。正如我们已经看到的，第三乐章显示了试图提炼出主旋律的痛苦努力，这种努力两次走到成功的边缘，然而最终却失败了："那些意在成为主题的/……/当乐章两次试图发展成为成熟的旋律时，两次都后退了，第一次被开场主题的重返所阻挡，第二次被铜管乐所挤压。"② 这种失败，这种阻碍了对旋律的最终肯定的内在阻滞，对于西贝柳斯而言是格外难以承受的。他广为人知的见长之处在于能缓慢地建立起张力，然后以最后出现的完整的主题旋律来释放张力——关于这一点，想一下他第二和第五交响乐大获成功的终曲就足够了。而第四乐章以一种更加令人不安的方式失败了：

"终曲的第一部分出现在释放节奏和冲动的丰富性的地方，似乎更长的铺陈原则，以及伴随主题核心的更柔美的乐句就要兑现了。但接下来的并不在意料之中：很快地，一种令人不安的消解过程就开始了，到结束时，它已经完

---

① 原文为 Tarkovsky（塔可夫斯基），疑作者笔误。——译者注
② 博奈特·詹姆斯《让·西贝柳斯的音乐》，菲尔莱狄更斯大学出版社1983年版，第77页。

成并不可调和。最后几页逐渐消退为一种放弃的空无，一段双簧管独奏出现了三次，仿佛某种神秘的生物，正在冰雪覆盖的灵性荒漠中，发出无限孤独的喊叫……"①

  这段音乐的最后一部分不仅是拙劣的伪诗歌，而且从狭义上来讲是错误的：在西贝柳斯的第四交响乐终曲的最后一部分实际发生的，比起对在空虚的荒漠中无人听见的孤独者的喊叫的普遍表现来，更令人觉得古怪。我们宁愿目睹一种音乐的肿瘤或病毒，开始逐渐瓦解某个音乐结构——仿佛（音乐）现实的基础、"素材"正在慢慢丧失它的连贯性；如果用另一种充满诗意的比喻来说，仿佛我们所栖居的世界正在逐渐丧失其色彩、深度、特定的形状以及其最根本的本体论上的一致性。在西贝柳斯第四交响乐的最后一个乐章中所发生的，类似于约瑟夫·鲁斯纳克的《十三度凶间》结束前的场景，当霍尔，电影的主角，驾车去往一个他从未想过要去的地方时；在旅途中的某一特定地点，他停下车来查看为什么这个地区以及当中所有的一切都被线框图模型所代替。他到达了我们世界的尽头，在这一范围内，我们密集的现实溶解成了抽象的数字坐标，而他最终获得了真相：二十世纪九十年代的洛杉矶——他的世界——不过是一个拟像……因此，正如第三乐章致力

---

① 见上文所引博奈特·詹姆斯《让·西贝柳斯的音乐》，第75页。

于努力扭转旋律一样,第四乐章反而有了一个和谐的开始,仿佛一切都很不错,仿佛城堡已经被攻占,它似乎昭示着其潜能将会得到全面而彻底的展开。然而接下来发生的却是,素材经不起我们想将它塑造成型的努力(正如在第三乐章中那样)——它直接瓦解了,消失,逐渐丧失了它的物质实体,变成了虚空。我们可以对它为所欲为,但问题在于,我们所作用于的素材本身渐渐内爆了,崩塌了,并最终消逝了……那么,在电影的历史中,第三交响乐中的第三、四乐章之间的这种张力与希区柯克的《迷魂记》和《惊魂记》之间的张力是不是同样的呢?① 第三、四乐章之间的差异正是人和非人,更准确地说是后人类之间的差异:当第三乐章赋予了人类维度最浓重的犹豫时,第四乐章却变换到了一个完全不同的维度,在此一种非人的、疯狂的戏谑与主体性的贫乏不谋而合。

斯拉沃热·齐泽克
2011 年 9 月

---

① 简而言之,到目前我们所走的道路正是从浪漫主义向现代主义发展的路。从新唯物主义的立场出发,我们应该也能够重建音乐的浪漫主义:其基本的特点不是对灵性渴望的颂扬,而是褒奖通过循序渐进的、艰苦的努力使旋律从音乐素材中浮现出来的过程。在这个意义上,音乐浪漫主义在更深的层次上是唯物主义的:在莫扎特以及贝多芬(大部分时候)那里,旋律毫无疑问地是被当作其变调的起始;而在浪漫主义那里,旋律只能从与素材的斗争和作用中逐渐地浮现出来。在现代主义音乐中,有时甚至会发生更激进的事情:素材本身丧失了其实体性的密度和重量。

导论：相遇，而非对话

吉尔·德勒兹对争论的嫌恶是人所周知的——他曾经写道：如果一个真正的哲学家在咖啡馆中小坐，突然听见有人说："让我们就这一点小小地论争一下吧！"他一定会马上跳起来，以最快的速度溜之大吉。德勒兹本可以引用整个哲学史来证明他这种态度的合理性。例如，柏拉图，第一位真正的形而上学哲学家，就曾经写道：对话可能是哲学史中最具有讽刺意味的东西，因为在他的对话中，双方的论证从来都不是对称性的。在早期的对话中，苏格拉底扮演着"知道自己一无所知"的角色，由此，反而会让人觉得他那恃渊博的对手比较无知。而在后期的对话中，主角几乎说完了所有的东西，以至于他的交谈者的贡献非常有限，只是偶尔发出一些感叹，说些诸如"正是如此！""凭着宙斯的名义发誓，你说得太对了！"之类的捧哏。并且，人们不但没有对这一事实不满，反而认为它就应该是正确或理所当然的。正如阿兰·巴迪欧所说的，哲学从本质上讲，就是对一种根本性的直观所进行的公理性的、合乎逻辑的布展。因此，哲学史中所有伟大的"对话"很多都是误解的情况：亚里士多德误解了柏拉图，托马斯·阿奎那误解了亚里士多德，黑格尔误解了康德和谢林，马克思误解了黑格尔，尼采误解了基督，海德格尔则误解了黑格尔……尤其是当一位哲学家对另外一位哲学家产生了决定性的影响的时候，这种影响毫无例外地是根源于一种生产性的误读——整个分析哲学难道不正是产生于对早期维特根斯坦的误读吗？

与哲学相关的另外一种复杂性在于这样一个事实，经常有一些其他学科（至少是部分地）代替了哲学的"正常"功能：例如，十九世纪，在匈牙利、波兰这样的一些国家，文学就扮演了哲学的角色（在整个国家的建立过程中，它担负着阐述国家地平的功能）；今天的美国，在各大学的哲学系纷纷被认知主义和脑科学研究所把持的情况下——大多数"欧陆哲学"研究只能存在于诸如比较文学系、文化研究系、英语系、法语系和德语系（就像他们现在所说的那样，如果你研究老鼠的脊椎，你是在做哲学；如果你研究黑格尔，那你则属于比较文学）；在二十世纪七十年代的斯洛文尼亚，"持不同政见的"哲学只能栖身于社会学研究系所。当然，也发生过完全相反的情况，即哲学本身取代了其他学术（有时甚至是非学术的）实践或学科：还是在前南斯拉夫和另外一些社会主义国家中，哲学是首先表达

"持不同政见"的政治方案的一种空间——它实际上就是"以其他方式来实现的政治"（正如阿尔都塞对列宁准确的评价一般）。因此，哲学到底曾在哪里发挥过其"正常的作用"呢？人们通常回答说是德国。但是，哲学在德国历史中的特殊地位恰恰是源于德意志民族政治事业的实现较晚，这难道不是一个常识吗？正如马克思（学着海涅）曾经说过的那样，德国人之所以进行哲学革命（德国唯心主义）是因为他们错过了（发生在法国的）政治革命。那么，到底存不存在一种"正常"的标准呢？最接近标准的例子莫过于一百年前德国的新康德主义或是二十世纪上半期的法国笛卡尔认识论（利昂·布伦什维格等）这样一些缺乏活力的经院哲学。而这正是哲学最陈腐、最空谈、最缺乏时代性的"死亡"时刻（这样看来新康德主义者卢克·费瑞会在2002年被新一届的右倾的法国政府任命为教育部长，就不那么令人奇怪了）。那么，如果根本没有所谓"正常的角色"，又当如何呢？如果它们本身只是一些例外，不过溯回式地创造了它们声称已经违背了的"正常标准"的幻象，那又当如何呢？如果，不只是例外在哲学领域成为一种准则，该怎么办？更有甚者，哲学，或者说对真正的哲学思维的需要，恰恰是在社会构架的（其他）构成部分不能发挥"正常作用"的时候产生出来的，又该怎么办呢？如果说哲学的"适当"空间正是这些由社会构架中的"病态"替代所开启的缝隙和缺口，又当如何呢？

正因为这样（以及其他）的原因，当阿兰·巴迪欧拒绝拉康的"反哲学"时，真是英明无比。拉康总是不断地变换方式描述他的主题：哲学是如何试图"填补这些空洞"，如何试图表达一种总体化的宇宙观，如何掩盖所有的缝隙、断裂和矛盾，以及精神分析学家们是如何反对哲学转而维护一切构成性的缝隙/断裂/矛盾，等等。事实上，当他这样做的时候，他实在已经忘记了最基本的哲学立场正是：不是关闭缝隙，相反，是在整个宇宙构架中打开一个根本性的缝隙，即"本体差异"，这是经验与超验之间的缝隙。在此缝隙中，这两个层面都不能被化约为另一个（正如我们从康德那得知的一样，超验的建构是我们-人类-界限的一个标志，它与"创造现实"毫无关系；另一方面，现实只在超验的范围内向我们显现，所以我们不能从现实的本体性的自我发展中引导出超验界限的产生）。①

一本关于德勒兹的拉康式著作是不能忽略这些事实的。因此，《无身体的器官》一书不是一个在这两种理论之间进行的"对话"，而是某种完全不同的东西：它试图追踪这两个完全不相容的领域之间的*相遇*的脉络。相遇不能被简化为象征性的交换：在其中产生共鸣的远不止象征性的交换，而是一种创伤性影响的共振。相比于对话的常见，相遇显得弥足珍贵。

---

① 根据这些行文，可能会有人冒险提出，精神分析——即主体与其内心深处的幻象内核的冲突——不再被认为是主体本真性的终极表现。

那么，为什么是德勒兹呢？在过去的十年中，德勒兹已经成为当代哲学最核心的参照者：诸如"反对多元性"、"游牧的主体性"、对精神分析的"反俄狄浦斯式"批判等，已经成为今天学界的通行话语——更不能忽略的一个事实是：德勒兹已经越来越成为左派理论家们反对全球化、抵制资本主义的理论基础。在此《无身体的器官》采取的是"反流行"的策略：它的起始前提是，在这样的德勒兹（基于阅读德勒兹与费利克斯·加塔利合著的文本而得出的关于德勒兹的普遍印象）的表面之下，还存在着另外一个德勒兹，一个更接近于精神分析学家和黑格尔的德勒兹，他的推论在这样的解读之下更具有震动力。因此，本书开篇就会厘清在《反俄狄浦斯》与《意义的逻辑》之间存在的德勒兹思想的内在张力，这也是主张生成的生产多样性、反对存在的具体秩序的德勒兹和对意义-事件的非实体性生成语焉不详的德勒兹之间的内在张力。这一张力的结果在三个主要领域内铺展开来：科学、艺术（电影）和政治（要区别这三个领域和老式的真、美、善三元组，并不是十分困难的事情）。[①] 在科学领域，我会探索精神分析与认知主义以及与脑科学之间可能存在的联系。在电影领域，我会将对经典的当代好莱坞电影（从希区柯克到《搏击俱乐部》）中的一系列形式上的步骤的分析用于展示"无身体

[①] 关于本书的哲学方面，我尤其要感谢 Adrian Johnston，他为我提出了很多有用的批判性建议。

器官"（它是对德勒兹"无器官身体"概念的颠倒），这一概念不仅在形式分析中发挥了重要作用，并且对形成新型的、具有革命性的主体性也极为关键。最后，在政治领域，我将解析读者普遍认为的"德勒兹式政治"所具有的僵局和无力感，并将试图勾勒出一个截然不同的"德勒兹式政治"的大纲。我在这里所进行的批判的对象是德勒兹主义当中的某些方面，它们极力把自己打扮得非常时尚，实际上却把德勒兹变成了主张今天的"数字资本主义"的意识形态学家。

当大卫·里恩的《日瓦戈医生》于1964年在马德里郊区进行拍摄的时候，当拍到一个民众游行的场景时，一群西班牙的计划经济论者们必须大唱《国际歌》。摄制组成员极其惊讶地发现，所有参与拍摄的演员都熟悉这首歌，他们唱得如此充满热情，以至于佛朗哥政府不得不出动警察来干涉。事情还不止于此。到了晚上（这幕场景必须在黑暗中进行拍摄），住在附近的居民们听到了合唱的歌声，纷纷举杯畅饮，并在街道上载歌载舞，他们错误地以为佛朗哥已经去世、社会主义者控制了政权。

本书献给那些假想的自由的神奇时刻（从某种程度而言，这些时刻也不仅仅是假想的），也献给那些被回到"正常"现实所困扰的希望。

德 勒 兹

潜存的真实性

在哲学家看来，对于真爱的衡量，就是一个人能够发现在他日常经验范围内概念的所有痕迹。最近，当我又一次观看谢尔盖·爱森斯坦的《伊凡雷帝》的时候，我注意到了在第一部分开始时的加冕礼场景中的一个有趣的细节：当伊万（当时）最好的两个朋友分别从一个大盘子里向他刚被膏抹的头倾倒金币的时候，观众们不禁被如魔法般巨多的飞流直下的金币雨惊呆了——甚至在我们看到两个装金币的盘子几乎已经空了以后，当镜头切到伊万的头部时，可以看到，大量的金币仍然"不真实般的"继续倾倒如雨。这种过量不正是德勒兹式的吗？这种超过了其物质基础的、过量的纯粹的生成之流，不正是超越了实存的潜存吗？

我能想到的关于德勒兹的第一个决定性特征是他是一个潜存的哲学家——当然我们应当对此采取的第一个措施是将德勒兹的潜存概念与一切流行的关于虚拟的真实的话题对立起来①：德勒兹关心的不是虚拟的真实（virtual reality），而是*潜存的真实性*（the reality of the virtual）（而这在拉康的术语体系中，即是真实的 [the Real]）。虚拟

---

① virtual 同时有"潜在的"和"虚拟的"两种意思。德勒兹使用该词是在第一个意义上，the virtual 与 the actual 这一对范畴在本书中被译为"潜存"和"实存"。——译者注

的真实在本质上是一个非常悲催的范畴:它意味着模拟真实,在一种人工媒介中复制成功的经验。相反,潜存的真实性则表示,潜存是真实的,因为它具有真实的影响和后果。我们不妨以数学中的吸引子(attractor)为例:在吸引区内所有正向的线或点只有不断趋向吸引子的态势,而永远不会达到吸引子的真正形式——这种形式的存在是一种纯粹的潜存,它只不过是线和点趋向的形态。但是,正因为如此,潜存在这个场域内是真实的:它是所有的因素不断围绕着的不可改变的中心。这种潜存难道不是象征性(the Symbolic)的吗?我们可以以象征性的权力为例:权力发挥了真实的作用,但它却始终保存在一种没有完全实现的权力的状态,是作为永恒的威胁存在的。

潜存和实存之间的本体性差别可能最好以量子物理学在描述粒子与它们的相互作用之间的关系上的转变来说明:最初,粒子一开始(至少,从存在形态上)似乎就是以波或振动等方式相互作用的;但接下来,我们在这个问题上的看法发生了重大的改变——最基本的事实却是,波就是波(射线或振动),而粒子不过是不同的波相互交叉时的节点。[1] 这

---

[1] 德勒兹的概念谱系常常是奇异和出人意料的——他对于盎格鲁-撒克逊的外在关系概念的肯定很明显应该归功于恩典问题在宗教上的不确定性。在这里缺失的一环应当是阿尔弗雷德·希区柯克,他是英国的天主教徒。在他的电影中,人与人之间关系的变化,绝不是根源于他们的品性,而是完全外在于他们,这种变化改变了一切,并对他们自己产生了深刻的影响(可以参见在电影《西北偏北》的开头处,桑希尔被误认为是卡普兰印)。夏波罗(Chabrol)和罗默(Rohmer)从天主教立场对希区柯克进行的解读(见他们1954年出版的《希区柯克》一书)深深地影响了德勒兹,因为在詹森教派的传统中,它更强调恩典是一种完全来自神的干预,而和被施于者的内在美德和品性无关。

就使我们可以看到实存和潜存的关系上所具有的构成性的暧昧：（1）人类的眼睛将对光的感知进行了换算，以某种方式（颜色感知等）将光现实化了。例如，它以一种方式现实化玫瑰，又以另一种不同的方式现实化蝙蝠……光的"自在"的流动并不是实存的，却是具有无限可能性的纯粹的潜存，并且可以以多种方式来现实化；（2）另一方面，人类的眼睛又拓展了感知——它把物体"真正的样子"转化成了由记忆和预期编织而成的复杂的网络（正如普鲁斯特对玛德琳蛋糕味道的感受），它能发展出更多的新的感知。①

德勒兹的天才之处在于他的"先验的经验主义"概念：经典的先验论将丰富的经验数据构架成形式化的概念网络，与之相比，*德勒兹的"先验"则比真实具有更无限的丰富性*——它是具有无限可能的潜存场域，真实也由此得以被现实化。"先验"这个术语在这里是被放在严格的哲学意义上来使用的，它指的是构成我们经验现实可能性的先验条件。这一对看似矛盾的集合体（先验＋经验），指向一种超越经验（或者毋宁说是经验背后）的场域，即构成或感知现实的经验。在这里，我们仍然停

---

① 这种暧昧性难道不正类似于量子物理学的本体性悖论吗？这一建立在波动说崩溃基础上的"铁一般的事实"（波粒二象性——译者注）是观察的结果，也正是意识干预的结果。因此，意识并不在潜存的范围，后者是多重选择，而不仅仅是单项的铁一般的事实——先于感知的真实是一种开放的多项性，而有意识的感知却把这种鬼魅般的、前本体论层面上的多样性简化成了一种完全被建构起来的本体论层面上的真实。

留在意识的范围之内：德勒兹把先验的经验主义场域定义为"一种纯粹非主体性的意识流，这是一种非个人性的、前反思的意识，是无我意识的质的绵延"①。难怪他在这里的（一个）印证是晚期的费希特，因为后者把绝对的自我设定（self-positing）的过程当作是一个超越了主客体对立的生命流动："生命就是内在的内在，绝对的内在：它是纯粹的力，极致的美。费希特在他的晚期哲学中克服了主体和客体的问题，把先验场域表述为一种既不依靠场域、也不隶属于行动的生命：这是一种绝对当下的意识，它的运动不在指向一个存在者，而是直接指向存在于生命之中的它自身。"②

杰克森·波洛克可能在本质上是一个"德勒兹主义的画家"：他的行动绘画表现了这种纯粹的生成之流，这种非个体意识的生命能量，正是潜存的围场。由此，特定的绘画可以实现自身，实现这个不要用解释来奠定意义的纯张力场。难道不是这样吗？相对于这个根本性的特征，波洛克的人格（他是个重度酗酒的美国大男人）就要屈居其次了：他的作品不但不是在"表现"他的人格，反而是"扬

---

① 吉尔·德勒兹《内在性：生命……》，转引自约翰·马克斯《吉尔·德勒兹》，伦敦 Pluto 出版社 1998 年版，第 29 页。
② 见上文所引吉尔·德勒兹的《内在性：生命……》，第 30 页。有人力图反对将德勒兹的这个具有纯粹内在性的生命之流当作一种前主体的意识，即弗洛伊德-拉康的作为死亡驱力（death drive）代理人的无意识主体。

弃"或取消了它。① 我能想到的第一个例子又是谢尔盖·爱森斯坦的电影：如果他早期的默片为人们所铭记是因为以不同形式——从"引力蒙太奇"到"理性蒙太奇"（当然如果他们的重点是在剪辑上的话）——践行了蒙太奇手法的话，那么他的"成熟期"的著名影片就已经转到了关注拉康称之为圣状（sinthomes）的连续衍生过程，也就是情感强度轨迹的扩散。别忘了，纵观《伊凡雷帝》整部片子，雷霆震怒的主题不断地变换着形式，以不同的样貌出现，从雷鸣本身到无法抑制的暴怒的发作。尽管他最初看起来似乎是在表现伊凡的心理，但是这种声效在离开了伊凡以后，就开始不断地延展，从一个人传到另一个人或是不属于任何一个剧情人物的景况。这个主题不应当被解释为是有着固定的"深层意义"的"讽喻"，而是应当被看作超越意义的纯粹的"技术"强度（这也正是爱森斯坦在奇特地使用"操作性的"一词时所希望达到的）。其他的此类影片相互应和颠倒，或是在爱森斯坦称之为"裸转"的剪辑中，从一种表现媒介跳到另一种表现媒介（也是说，当一种强度在仅有的视觉媒介形态下已经表现得太强的话，它就要在运动中实现跳转或爆发——然后是在声音中，或是在颜色中……）。例如，克里斯汀·汤普森指出，伊凡的独眼是

---

① 那波洛克-罗斯科这对冤家又如何呢？他们是否类似于德勒兹 V.S. 弗洛伊德/拉康这对宿敌呢？或者，可能性的潜存场域 V.S. 背景与人物之间的最小差异和距离呢？

一个"流动的主题",严格地来讲是无意义的,但是根据不同的情境,这个重复的元素却可以获得不同的表现含义(愉悦、疑虑、戒备、如同神一般无所不知)。① 当这些主题推翻了他们预先给定的空间时,就是影片最有意思的片段了。他们不仅需要一个不再被无所不包的主题或意识形态议程涵盖的意义的多样暧昧性,而且在更多的时候,这样的主题似乎根本就毫无意义,只是作为一种愤怒的倾泻,争相要发现可以抑制其纯然的愤怒力量的意义。

在当代的电影制作人当中,可以被作为德勒兹式解读最佳典范的是罗伯特·奥特曼。在他最杰出的作品《短片集》中,他的宇宙实际上就是一个由不同的多样性偶然相遇形成的宇宙,在其中,不同的系列在奥特曼称之为"潜意识真实"(即在形成社会意义层面之前的无意义的技术性打击、相遇和非人格化的强度)的层面上相互交流和回应。② 因此,在《纳什维尔》中,当暴力最终爆发时(芭芭拉·让在音乐会上被谋杀),这种爆发,尽管是即兴的,而且在明确的叙事线索上也不能被解释,但你感觉起来却完全合理,因为它的基础就是在影片的"潜意识真实"中不断出现的符号。当我们听到《纳什维尔》中的歌曲时,奥特曼所调动的是不是就是布瑞安·玛苏米所说的"自主

---

① 见克里斯汀·汤普森《爱森斯坦的〈伊凡雷帝〉:一种新形式主义的分析》,普林斯顿,新泽西:普林斯顿大学出版社1981年版。
② 见罗伯特·塞尔夫《罗伯特·奥特曼的"潜意识真实"》,明尼阿波利斯:明尼苏达大学出版社2002年版。

的情绪"呢?① 如果我们认为这些歌曲是对美国乡村音乐中的世界所面对的空虚和仪式性的商业异化进行讽喻和批判性的描写的话,那我们实在误读《纳什维尔》了:相反,我们被允许——甚至是引诱着——在音乐的情感强度中完全地享受音乐本身,而与奥特曼显性意图中的批判性意识形态事业毫无关系。(顺便说一句,布莱希特的著名作品中的那些插曲也是一样——它们在音乐上带来的愉悦与其意识形态信息毫无关系。)这就意味着,人们也应当避免将奥德曼当作一个吟唱美国式异化的诗人,成天哀叹着日常生活中的无声的绝望。当然,还存在着另外一个奥特曼,后者不断地开放自己,迎向欢乐的偶然相遇。同样地,当人们看到德勒兹和加塔利把卡夫卡作品中的那个缺少了无法企及且神鬼莫测的超验中心(公牛、法庭、神)的世界,解读为一个充满了多样性的连接和变化的世界时,人们也试图把这种奥特曼式的"绝望和焦虑"当成是多元化的潜意识强度的欺骗性颠倒。当然,这种潜在的平面出现在"官方"意识形态信息之中并且包含着另一个隐晦的超我的潜台词——这令人想起了美国空军曾发布的臭名昭著的"山姆大叔"的征兵海报:

"这个影像所传达的需求——如果我们不把它当成欲望的话——看起来非常清晰,它聚焦在一个确定的客体上:

---

① 见布瑞安·玛苏米《自主的情绪》,选自保罗·帕顿主编的《德勒兹:一个批判的读者》,牛津:布莱克威尔出版社,1996年版。

它需要'你',也就是要适龄的青年去军队服役。这幅画的直接目的看起来像是翻版的美杜莎效应:它以言语向观看者'致意',试图以自己直视的目光和拣选式的、被艺术化缩短了的直指的手指(这是它在绘画上最突出的特色)震慑住观看者,从而召唤、指挥并命令观看者。但是这种震慑的欲望只不过是一种转瞬即逝、不能持久的目标。它更长远的意图在于动员观看者,将他们送到'最近的招兵办公室',最终送往海外,去为他的国家而战斗甚至马革裹尸。"

"……在这里我们只要对比一下德国和意大利的海报就会看得很清楚。在这些海报中,年轻的士兵们向兄弟们致意,召唤他们加入同袍,直至为国家光荣献身。山姆大叔,正如他的名字所表现的那样,与被征招对象之间是一种疏远的、间接的关系。他是一个已经不再拥有年轻的战斗力的老人,而且更重要的是,他也缺乏父亲形象所能激起的直接的血缘联系。他要求年轻人去参加战斗甚至战死沙场,但他或他的儿子谁也不会加入这场战争。山姆大叔没有'儿子'……山姆大叔本身就是一个僵死的、抽象的纸壳人的形象,他没有身体,没有鲜血,却成了国家的人格化代表,号召别人的儿子去贡献出自己的身体和鲜血。

"因此这幅画想要的到底是什么呢?通过透彻的分析,我们看清楚以前在政治上没有意识到的国家形象,它本身是一个无实体的抽象,它是具有启蒙性的法律制度而不是人，它是一系列的原则但不是血缘关系，但是它却被实体化为这样一个地方，一个老年的白人男性将不同种族（包括了大量的有色人种）的青年男女送上战场的地方。这样一个真实的意想中的国家缺乏的是肉身——身体和鲜血——而它为了得到这一切送出去的则是一个山民、一个肉贩子，或者一个艺术家。"①

在此要做的第一件事情就是把苏联著名的海报《母亲召唤你》加到这个系列当中来，在这幅图像中，质询者是一个成熟而强壮的妇人。你看，我们已经从美帝的大叔讲到了欧洲的兄弟连以及现在的共产主义母亲——在这里我们看到了构成质询的法律和超我（或需求和欲望）之间的分裂。像这样的一幅画所需要的和它所想要的并不完全是一回事：它需要我们去加入为自由而进行的高尚的战斗，而它所想要的却是鲜血，是人们烂熟于心的、我们的那一磅肉②（难怪年老的、迟钝的"山姆大叔［不是父亲］"可以被描绘为一个犹太人的形象，并由此对美国的军事干涉进行了纳粹主义的解读："犹太财阀集团需要无辜的美国人的鲜血去喂饱他们自己的利益"）。简而言之，说"山姆大叔想要你"是十分可笑的：山姆大叔需要你，而他真正想

---

① 汤姆·米切尔《图画真正想要的是什么?》，摘自《十月》，第 77 期（1996 年夏季刊），第 64—66 页。
② 典故出自莎士比亚的《威尼斯商人》，所以才有下面的犹太人比喻。——译者注

要的却是你的部分客体，即你的那磅肉。当超我的要求需要（或者命令）你去做，去积聚力量获得成功，而欲望的隐秘信息却是"我知道你不会成功，因此我就想要你失败，并且我觊觎并窥伺着你的失败！"这种为扬基·杜德尔的声明所肯定的超我的性格（这种超我的形象将隐晦的残暴与小丑般的可笑复杂地杂糅在一起），被其要求的互相矛盾的特征所进一步支持。它最初想阻止我们的行动，固着我们的目光，但没想到我们反过来凝视着它；接下来，它又希望我们遵从它的召唤，去最近的征兵办公室——仿佛这样就可以在阻止我们之后，无情地嘲弄我们："你为什么像个白痴一样盯着我呢？你听不懂我在说什么吗？赶快去最近的征兵办公室！"超我所具有的典型的嘲弄性格就是这样一种傲慢的姿态，嘲笑着我们为了响应他的第一个呼召而采取认真的行动。①

当埃里克·桑特纳告诉我当他还是个小男孩时他父亲曾跟他玩过的一个游戏（父亲在他面前摊开手掌，里面有十二个或另外一些数目的硬币；几秒钟后父亲合上手掌问孩子手心里有多少钱——如果小埃里克猜出了准确的数目，父亲就会把钱给他），这则趣事在我心里引爆了深深的、无法控制的反犹主义的得意，我大笑出声："你看，这就是犹

---

① 那么，更一般性地来说，图画到底想要什么呢？在此有人可能想运用传统的拉康的ISR（想象界、象征界和真实界）的三重范畴：在想象界的层面上，有一个诱惑想要将我们引诱到审美愉悦中去；在象征界的层面上，它要求一种解释；在真实界的层面上，它努力震慑住我们，固着住我们的目光，不转移开去。

太人怎样教育他们的孩子的！这不就是一个最好的例子，可以证明你自己的伴随着明确的象征性历史的原型历史理论吗？在显性历史层面上，你父亲可能会告诉你关于犹太人所遭受的苦难以及人性的一般界限的高尚故事；但是他的私下的真实的教导却是蕴含在这些实践性的玩笑中，也就是教会你如何迅速地和钱打交道。"反犹主义实际上就是我们大多数人阴暗面中的意识形态隐晦的一部分。

有人发现，另外一种类似的隐晦的潜台词也会在人们根本没有预料到的情况下出现——在某些一般被理解为是女性主义者的情境中。要从根本上面对这种仍然停留在"潜意识真实"层面上的隐晦的"灾难幻想"的程度时，（再）去读一下玛格丽特·阿特伍德的《使女的故事》中关于异托邦的篇章就足够了。这个异托邦叫"吉利德共和国"，它发生在美国的东海岸，为道德多数派（Moral Majority）所掌握。这个故事非常具有暧昧性：它的"官方"目的当然是为了表现一种真正实现了的最黑暗的保守倾向，以告诫我们警惕基督教原教旨主义的威胁——它所描写的景象是为了引起我们心中的恐惧。但是，真正吸引眼球的，却是对这个假想的世界以及它所创造的规则的*极度迷恋*。会生养的妇女被分配给那些妻子不能生育的、新的特权政要们——这些女性不许读书，也没有名字（她们以她们所属的那些男人们来命名：女主人公就叫奥弗雷德[Offred]，就是弗雷德家的[of Fred]意思），她们的作用就是单纯的受精容器。我们越读这个故事，就越明白我们所读的这个幻想并不是道德多数的幻想，而是女性自由主义本身的幻想：它精准地从反面反映了道德多数的成员们所忧虑的在我们的大城市中出现的性行为混乱的幻想。因此，这个故事表现的是欲望——不是道德多数派的欲望，而是女性自由主义本身潜藏的欲望。

生成 V.S. 历史

存在和生成之间的本体性对立是德勒兹的潜存概念的基础，而这种对立是根本性的，因为它最终指向的是无存在的纯粹生成（它反对无生成的纯粹存在的形而上学观点）。这种纯粹的生成并不是某个有形实体的特定的生成，不是这个实体从一种状态到另一种状态的过渡，而是完全从其实体基础上抽离出来的自在的生成。因为主导存在的暂时性特征也就是当下（过去和未来都是它的不充分模式）的主要特征，因此无存在的纯粹生成就意味着人们必须回避开当下——它从来没有"现实地发生"，它"总是即将到来或已经过去"。① 于是，纯粹生成悬置了序列性和方向性：也就是说，在生成的实际过程中，温度的临界点（摄氏零

---

① 吉尔·德勒兹《意义的逻辑》，纽约：哥伦比亚大学出版社1990年版，第80页。

度）总是有一个方向性的（水或者结冰或者融化），而如果把它看成是从其实体性中提取出来的纯粹生成，这个连接点就不是从一种状态到另一种状态的过渡，而是一个纯粹的"连接"，对于其原有的方向性而言是中立的，而且非常对称——例如，一个物体可以同时（比原来）变大和（比将来）变小。这种诗意的、纯粹生成的例子，不正是只想表达从其因果情境中抽离出来的、脆弱的纯粹事件的禅诗吗？

因此，福柯最接近于德勒兹的著作就是《知识考古学》，他的这本被人们轻视了的关键性著作把本体性的言说（utterance）当作了纯粹的语言事件：它们不是组成一个结构的元素，也不是言说它们的主体的属性，而是突然出现的事件，在一定范围内起作用，然后又消失。用斯多葛学派的话来说，福柯的话语分析研究的是意义(lekta)，言说作为纯粹的事件，关注的是它们出现的内在条件（把它们看作是事件本身的一系列相互关联的因素），而不是它们在历史现实情境中所包含的东西。这也就是为什么福柯的《知识考古学》远离任何形式的历史主义，后者将事件本身置入其历史语境——福柯则正好相反，他将事件从其现实性和历史因果性中抽离出来，只研究它们能够出现的*内在法则*。在这里我们应该记住的是，德勒兹并不是一个进化论的历史学家；他的存在和生成的对立应该不会欺骗我们。他并不只是简单地在说，所有一切的稳定的、固定的实体都只是无所不包的生命之流的凝结——为什么不呢？在这里时间观念是一个关键性的参照。让我们回想一下德勒兹（和加塔利）在描述哲学中/的生成时，是怎样明确地将生成和历史对立起来的：

> 哲学的时间是一种共存的宏观的时间，它并不排斥之前和之后，而只是在一种平层的秩序中增加了它们。这是一种哲学的无限生成，它横穿历史，却不会同历史混淆。哲学家的人生，以及那些外在于他们著作的东西，符合自然演替的一般规律；但是他们的伟大名字却是共存的和闪耀的，既像那些能把我们再一次带入到概念的组成元素中的各种亮点，又像是不断地返回到我们的底层的基点，正如濒死的星球散发出的光芒比以往任何时候都要更亮。①

因此，真正的悖论在于，先验的生成将自己内接到了实证主义的存在秩序中。后者是一种*在其对立面的掩盖之下的构成性的真实*，是一种静止的添加物，也是历史发展的一种结晶化冻结。德勒兹的这种永恒当然不是简单地外在于时间；相反，在平层的添加中，在静止的这个时刻，它就是我们所经历的时间本身。这是一种反对在事物、在

---

① 吉尔·德勒兹和菲利克斯·加塔利《哲学是什么?》，纽约：哥伦比亚大学出版社1994年版，第59页。

时间之中的进化式流动的时间。谢林追随柏拉图写道：时间是永恒的图景——这是一个远比它看起来更自相矛盾的陈述。时间这种暂时性的存在，难道不是永恒的对立面吗？时间不是衰退、腐朽和时代更迭的辖域吗？时间怎么能成为永恒的图景呢？这里难道不是涉及了两个相反的事实：即时间本身是从永恒堕入了衰朽，而另一方面，它又努力要达到永恒吗？只有一种解决办法可以使这个悖论达到它的最终结论：*时间就是永恒努力达及自身*。这意味着永恒并不在时间之外，而是时间的纯粹结构：正如德勒兹所说的，悬置了时间接续的平层添加的瞬间就是时间。简而言之，在这里，人们应该将*时间内部*的发展和*时间本身*的爆发对立起来：时间本身（具有无限潜存的生成的先验场域）是在时间的内在演进中，以*永恒*的面貌出现的。新能够出现的因素正是永恒在时间中的因素。当某种东西克服了它的历史情境的时候，新就出现了。并且，从相反的一面来说，如果真的存在一个根本的本体性静止的真实图景，它就是一个作为无穷的变化和发展的复杂网络世界的演进图景，在这个世界中，*越变化，就越静止*①：

> 我越来越意识到可以对生成和历史进行区分。尼采就说过摆脱'无历史的阴云'并不重要。……历史

---

① 原文是法语。——译者注

在事件中所获取的是它在特定的条件下被实现的方式；事件的生成是在历史的范围之外的……生成并不是历史的一部分，历史仅仅意味着一系列的先决条件。不过现在，这些先决条件常常为人们所忘记，就是为了'生成'，也就是去创造出某些新的东西来。①

为了表明这个过程，人们喜欢用为德勒兹所严厉禁止的一个词语，这就是超验：在这里，德勒兹难道不是在说，通过创造出事件，一个特定的过程可以超越它的历史条件吗？萨特（他是德勒兹的秘密参考对象中的一位）在讨论主体如何在行动综合中超越其条件时，已经在这个意义上使用过这个词。在这一点上，从电影（德勒兹提到了意大利新现实主义的诞生：它当然是出现在某种历史条件下——第二次世界大战的冲击等——但是新现实主义这个事件并不能被简单地归结到这些历史原因上）到政治中都存在着大量的例子：在政治（这让人有点想起了巴迪欧）上，对于保守主义诋毁革命性突变有着非常悲惨，甚至是可怕的结果的论点，德勒兹给予了抨击——他认为这些保守派并没有看到其中生成性的维度：

"现在，谴责革命的恐怖已经成了一件流行的事情。这起始没什么新意；英国浪漫主义对克伦威尔的反思非常类

---

① 吉尔·德勒兹的《哲学与权力的谈判》，纽约：哥伦比亚大学出版社1995年版，第170—171页。

似于当下对斯大林的反思。他们都说革命最后的结果很糟糕。但是他们却常常把两件事情弄混淆了,即革命得到其历史性结果的方式和人们的革命性生成。这关系到两类不同的人。人们仅有的希望就在革命的生成当中:这是唯一的方式,可以解除他们的遗憾或是回应那些无法忍受的东西。"①

因此,从严格意义上讲,生成直接联系到重复的概念:德勒兹的这个悖论不但不反对新事物的出现,而且是只能够通过重复出现的、真正的新。重复所重复的不是过去"实际形成"的方式,而是内在于过去的潜存,它通过其在过去的实现而表现出来。正是在这个严格的意义上,新的出现改变了过去本身,它回溯性改变的并不是真实的过去——我们并不是在科幻小说中——而是在过去的实存和潜存中的平衡。② 让我们回想一下瓦尔特·本雅明所提出的熟悉的例子:十月革命重复了法国大革命,却挽回了它的失败,挖掘并重复了同样的革命冲动。对克尔凯郭尔而

---

① 见上文所引吉尔·德勒兹的《哲学与权力的谈判》,第171页。
② 1953年,中国总理周恩来参加在日内瓦举行的为结束朝鲜战争而进行的和平谈判,一位法国记者问他如何看待法国大革命,他回答说:"现在谈论这一切还为时过早。"在某种意义上,他是对的。随着社会主义国家阵营的瓦解,为法国大革命在历史上争得一席之地的斗争又爆发出来。自由右倾的修正主义者企图推行这样一个观点:1989年社会主义的消亡是发生了一个真正好的时间:它标志着一个始于1789年的时代结束了。简单地说,从历史中实际消失的是最初由雅各宾派带来的革命模式。因此,弗朗索瓦·弗雷和另外一些史学家试图剥夺法国大革命作为现代民主开端的历史地位,而把它降级到一个历史的非正常事件。

言,重复是一种"颠倒的记忆",是一种向前的运动,它是新的生产,而不是旧的再生产。"日头下面无新事"是对重复运动的最强烈的对比。因此,事实并不仅仅在于重复是新的产生(方式之一)——更在于,*新只能通过重复产生出来*。这个悖论的核心当然就是德勒兹所指出的潜存与实存之间的差异(人们也可以把它确定为是灵与文字之间的差异——为什么不呢?)。

让我们以康德这样的伟大哲学家为例。存在着两种重复他的方式。一派着重在他的文字上,希望进一步阐述或改变他的体系,正如新康德主义(直至哈贝马斯和吕克·费希)所做的;而另外一派则希望重新获得康德在实现他的体系时所展现出来的创造性冲动(如联系到"康德所具有的远远超过他本人所发现的",这种过量的核心的意义超过其显性的体系)。因此,这两种方式都是在展现过去。这种真诚的背叛是一种具有最高保真度的理论伦理行为:人们必须背叛康德的文字以对他思想中的"精神"保持忠诚(或重复)。而有可能当人们对康德的文字保持忠诚的时候,可能已经真的背叛了他思想核心的、那种潜在的创造性冲动。我们应该给这种悖论做一个结论。事实并不仅仅在于人们可以通过背叛一位作者(表述其思想的真实的文字)来真正地忠实于他;更激进的是倒过来的这种肯定,即人们可以通过不断地重复一位作者、通过忠实于他的思想核心来背叛他。如果人们不去重复(在真正的克尔凯郭尔的意义上来使用这个词),而只是去"批判"他,然后转到其他地方,把他改得面目全非,等等,就意味着人们还是不知不觉地停留在他的界限、他的概念场域内。① 当 G. K. 切斯特顿描述他自己皈依基督教的过程时,他声称自己是"试图比真相提前十分钟。而我发现自己在这件事上已经晚了十八年了"②。那些在今天的世界里,试图通过不顾一切地追随各种的"后"潮流而赶上新的人,不也是一样的吗?他们注定要比真正的新永远落后十八年。

这使我们得以进入黑格尔和克尔凯郭尔之间的关系这个复杂的话题上。与认为克尔凯郭尔是"反黑格尔"的"官方"观点相反,人们应该肯定,可以证明克尔凯郭尔正是通过对黑格尔的"背叛"而保留了对他的实质上的忠诚。与黑格尔那些进一步"发展"了他的体系的学生们相比,克尔凯郭尔在事实上重复了黑格尔。对克尔凯郭尔而言,黑格尔的扬弃(Aufhebung)是与重复相反的。黑格尔从根本上讲是一个苏格拉底式的哲学家,他主张再记忆,主张

---

① 真正的忠实就是向虚空本身的忠实——是向丢弃、废除或消除客体的行为的忠实。为什么死亡的首先应当是附着的客体呢?这种忠诚的名字就叫作死亡驱力。在面对死去的人时,人们既不应该去哀悼,也不应该忧郁地依恋于会以鬼魂身份回来的逝者,反而应该执行基督教的箴言"让死亡把一切都带走吧"。对这句箴言的最明显的反驳是:如果逝者根本不愿意接受死亡的命运,执意要继续活在我们中间,以幽灵的身份纠缠我们,那我们该怎么办呢? 在此有人可能会说,弗洛伊德的死亡驱力的最激进维度,为我们提供了一把钥匙,教我们如何解读基督教的这句"让死亡把一切都带走吧":死亡驱力所试图抹去的并不是生物学意义上的生命,而正是来生——它力图第二次抹杀已经消失的客体,不是在哀悼(通过象征化接受这种逝去)的意义上,而是在消除这个符号性的结构的更为根本的意义上,即消除死者的精神得以存留的文字。

② G. K. 切斯特顿《正教》,旧金山:Ignatius 出版社 1995 年版,第 16 页。

反思性地回到事物总已（always-already）呈现的状态，因此黑格尔同时缺乏重复和新的出现——*作为重复的新的出现*。在精确的克尔凯郭尔的意义上，黑格尔的辩证的过程/进步实际上是一种伪发展，在其中没有任何新的东西浮现出来。也就是说，对黑格尔的经典的（克尔凯郭尔式的）反驳是，这个体系是一个再记忆的封闭循环，它不允许任何新的东西出现。所发生的一切不过是从自在过渡到自为。在这个辩证的过程中，事物只是实现了它们的可能性，明确提出了它们暗含的内容，变成了它们总已（在其自身中）是的东西。关于这个批评的第一个谜就是它总是伴随着另一个*截然相反*的批评：黑格尔展示了如何"一分为二"，这是一种分裂、丧失、否定、对抗的爆发，它影响了有机的统一体；接下来，*扬弃*的反面作为一种双重机制产生干涉作用，总是确保了对抗会魔法般地被解决，对立面总是可以在一个更高的综合中达成和解，损失一点不落地被复原，伤口也会愈合得不见疤痕。因此，这两种批评指向了相反的方向：第一个主张，在黑格尔的太阳下，绝无新事的出现；第二个则主张死局会在一种外部强加的、以双重机制出现的答案中被解决。而这种机制并不是前一种张力的内在运动结果。

　　第二个批评的错误在于它忘记了一点——即黑格尔的"和解的暂时性"。并不是张力被神奇地解决了，对立面就和解了。实际发生的唯一转变其实是主观性的，是我们观点的转变（例如，我们可能突然意识到，原来看起来的冲突已经和解）。这种暂时性的回撤是关键的：矛盾并没有被解决；我们只是确认它*之前*总已被解决。（在神学话语中，拯救并不是紧随着堕落；当我们意识到我们之前是如何［错误地］被认为是堕落的时候，拯救已经"自在地"存在了。）① 并且，令人感到自相矛盾的是，尽管这种暂时性可能看起来肯定了第一个批评（即黑格尔的过程中没有任何新的东西出现），它实际上却给了我们反驳它的能力。真正的新并不简单地指新的内容，而是一种观点的转变，通过这种转变，旧的可以在新的视域中呈现。

德勒兹对历史主义的"语境化"的绝妙攻击是正确的：生产就意味着超越一个现象出现所依赖的历史条件的语境。这就是历史主义反普遍论的多元文化主义中缺失的东西：内在于/作为生存过程的永新的爆发。抽象的普遍（比如说人权）和特殊的实体之间的经典的对立将被独异（Singular）与普遍（Universal）之间的新的张力所替代：这就是作为一个具有普遍性的独异体的新的事件。② 德勒兹在这里展现的是真实的历史性和永恒性之间的（黑格尔式的）连接：永恒的、真正的新出现在时间当中，超越了

---

① 关于对这部电影更多细节的解释，请见齐泽克的《木偶与侏儒》第三章，麻省剑桥：MIT 出版社 2003 年版。
② 拉克劳认为空虚的能指是为争夺领导权的斗争所俘获的，如果我们在这个能指的意义上重新表述普遍性，情形也还是一样：普遍的独异体不是一个空洞的、一般性的能指，其中充满并服从于某种特殊的内容。它几乎是它的对立面：这个独异体突破了存疑的普遍性的特定界限，使它向一个全新的内容开放。

自身的物质条件。去想象生成中的一个过去的现象（正如克尔凯郭尔会说的那样）就是去想象它之中潜存的可能性，是永恒性的火花，是永远存在的潜在可能性的火花。一个真正新的东西*永远都是新的*——当它的"震惊价值（shocking value）"消逝的时候，它的新却不会被穷尽。例如，在哲学中，从康德的先验到克里普克发明"严格指示词（rigid designator）"这样一些伟大的突破，永远会保留其创新的"惊人"特征。

人们常常听到这样一种说法，要理解一个艺术作品，就要知道它的历史语境。德勒兹反对这种平庸的历史主义，他的反论是，不仅太多的历史语境有可能会使与艺术作品之间的恰当关系变得更模糊（例如，要实现这种联系，人们应该从作品的语境中超拔出来），更重要的是，反过来，提供了语境的艺术作品本身可以使人们更恰当地理解特定的历史情境。今天，如果有人要去参观塞尔维亚，直接面对原始数据可能会让他一头雾水。但是，如果他去阅读一些文学作品或是观看一些具有代表性的电影，它们必定能够提供一个语境，使他可以对自己经验的原始数据有一个准确的定位。在斯大林统治时的苏联有这样一句话："他像一个目击者那样撒谎！"在这句话所透露出来的古老的、怀疑主义的智慧中，却存在着一种令人意想不到的真相。

"生成机器"

德勒兹重复概念的核心可能就是，与具有显性因果律的机械的（不是机器的！）重复相反，在一个恰当的重复事例中，重复的事件是一种根本意义上的再创造：它每一次都作为新不断地（再）出现（比如说，"重复"康德就是重新发现他的突破、他的问题式中一些具有根本性创新意义的东西，而不是去重复他的答案所说过的东西）。人们在这里可能想去联系切斯特顿的基督教本体论，在那里面，同一的重复是最大的奇迹。每天早晨，太阳都会在此升起，在这个事实中，没有什么"机械的"东西；但另外一方面，这个事实却又体现了神的创造性的最伟大的奇迹。[1] 德勒兹称之为"欲望机器"的东西与机械完全没什么关系：它是一种"生成机器"。那么这种生成存在于什么中呢？很多时候，一个过敏的强迫症患者，他/她对飞行的恐惧是有一个非常具体的图景的：他们总是不停地去想，像飞机这样一个极其复杂的机器要想能够正常地飞翔在天空中，得有多少部件——如果哪里一个很小的操纵杆断了，飞机就可能打着转向下坠落了。常常也有人用同样的方式去想象自

---

[1] 见切斯特顿的《正教》，第65页。

己的身体：要让我能够活着，得有多少微小的部分顺利地运行啊？——如果静脉中有一点点小小的血栓，我有可能就死了。当一个人开始想象有多少事情可能出错的时候，他就必然会经历极大的、无法摆脱的恐慌。而另一方面，德勒兹兴高采烈地把这一无限复杂的机器等同于我们的身体：他把这个非人格化的机器当成他的最重要的主张，在机器不断的撩拨中心满意足。当德勒兹强调，我们在这里得到的不是一个*比喻*（无聊透顶的、关于"机器取代人类"的陈旧话题）的关系，而是一种改变的关系，是人的"生成机器"的关系。在这里，"还原论"的议题是不对的：问题不是把意识还原到神经的"物质"过程（即用人脑过程的语言去代替意识的语言，把前者翻译成后者）；相反，是要弄明白意识如何单单通过嵌入社会关系和物质添加的网络中而浮现出来。换句话说，真正的问题不是"嗨，机器如何能够完全模仿人类意识？"，而是"人类意识这种同一性如何依赖于外在的机械补充？它是怎样组成机器的？"

不要去哀叹，我们的精神能力在"客观的"工具中的不断地外在化（从用纸张写字到依赖计算机书写）如何剥夺了我们人类的潜能，人们反而应该去关注这种外在化的解放维度：我们的能力越被置换到外在的机器上，我们就越表现为"纯粹的"主体，因为这种清空等于无实体的主体性的出现。只有当我们完全能够依赖于"思维机器"的时候，我们才能去面对空虚的主体性。2002年3月，媒体曾报道了伦敦的凯文·沃维克变成了第一个电子人：在牛津的一家医院里，他的神经系统已经被直接连接到了一个计算机网络上。于是他就成了第一个不经过五种官能而由数据来直接喂养的人。这就是未来：是人的意识与计算机的融合（而不是用后者来代替前者）。

在2002年5月的时候，我们曾经尝到了这种未来的另外一番滋味。有报道说纽约大学的科学家们将一个计算机智能芯片贴在小鼠身上以直接接收来自小鼠脑部的信号，这样他们就可以通过操纵机械装置来控制小鼠（决定它将要奔跑的方向）。用同样的方式人们可以操纵一个远程控制的玩具汽车。这并不是在大脑和计算机网络之间建立联系的第一个例子。这样类似的连接已经建立起来：以不通过视觉感知器官（眼睛等）直接进入大脑的方式帮助盲人获得关于他们周围环境的基本视觉信息。在小鼠的事例中的创新在于一个活生生的动物的"意愿"：它关于自己将要采取的行动的"自发"决定，第一次被一个外在的机器所控制。当然，这里的一个重大哲学问题是，这只不幸的小鼠如何才能"体验到"自己这种实际上是由外部决定的运动呢？它是继续把它当成某种自发的东西（比如，它是不是根本没有意识到它的行动是被操纵的呢）来"体验"呢，还是说它意识到"某些事情不对劲"、存在另外一种外力在决定它的运动？当在人类身上做这个实验时，运用同样的推理就显得至关重要（尽管这当中还是伦理问题，但从技术上讲,它不应该比小鼠的例子复杂太多)。在小鼠的事例中,有人可能会争论说,人们不应该把"体验"这样的人类范畴运用在小鼠身上;但在人类的事例中,人们就无法避免问这样的问题。所以,我们要再一次发问,一个被操控的人类还能把他自己的行动"体验"为某种自发性的行为吗?他是不是完全意识不到他的行为是被操纵的?或者说他是不是能够意识到"某些事情不对劲",另一种外力在决定他的行为呢?或者,更准确地说,这种"外力"是如何体现为某种"内在于我"的东西,某种无法停止的内在冲动,抑或只是一种简单的外部强制呢?① 这种情况可能就是本杰明·李贝特在他著名的实验中所描述的②:被操控的人类继续将这种行动的冲动"体验"为他的"自发的"决定,但由于著名的半秒延迟的效应,他或她可能会获得极小的自由来*阻止*这一决定。

其实,能注意到科学家和报道记者所提到这种机制的应用,是十分有意思的事情。上面提到的第一个用处是有关人道主义援助和反恐战争(人们可以用操控的小鼠或其

---

① 认知主义者经常建议我们要依靠常识证据:当然我们可以在思辨中纵情驰骋,去思考我们如何能够不成为我们行动的理性代理人,以及我们的身体行动如何被一种神秘邪恶的灵所操控,因此这在表面上看起来似乎我们可以自由地决定我们要做的行动。但是,在缺乏很好的原因的时候,这种怀疑主义就不能被简单地保证了。不过,被操纵的小鼠的实验难道不是给我们提供了一个中肯的理由来考虑这样的假设吗?

② 见本杰明·李贝特的《在自愿行动中无意识的理性主动和有意识意愿的原则》,引自《行为和脑科学》(剑桥:剑桥大学出版社1985年版),第八卷,第529—539页;以及本杰明·李贝特的《我们有自由意志吗?》,引自《意识研究杂志》(夏洛特维尔:Imprint Academic 出版社1999年版)第一期,第47—57页。

他动物来联系地震中废墟下的受难者或是在不牺牲人类生命的情况下袭击恐怖分子)。而在这里人们要记住的关键是,这种人类意识直接与机器相整合的神秘经验并不是未来的幻想或是某种新的东西,而是对某种总已在继续的东西的揭示,而这种东西从一开始就在那里,它和象征秩序同样重要。这里发生的改变是,当面对机器的直接物化——即它与神经网络的直接整合——时,人们不再能够保持独立的个人性的幻想了。众所周知,需要透析的病人最初是体验到一种无助的碎裂感:一个人生存的希望就连接在那些我能够看到的、就摆在我面前的机械装置上,这是令人难以接受的。然而,这对我们所有人都一样。更夸张一点地说,我们全都需要一个精神象征性的透析仪。

计算机发展的趋势也是朝向它们的不可见性。那种闪烁着神秘灯光的、大型的、轰鸣作响的机器将越来越被那些悄无声息地置入我们"正常"环境中的微小的物件所代替,后者更能够顺利地发挥作用。计算机将会变得越来越小,无处不在,微不可见——它们如此强大,会从肉眼的可视范围消失。人们只需要想想今天的汽车就会明白,它们的很多功能之所以能够平稳地运转,是因为那些我们几乎意识不到的微型计算机的存在。在不远的将来,我们还可能会拥有电脑化的厨房,甚至是衣服、眼镜或鞋子。这可不是什么遥远的将来的事情,这种不可见性已经在这里了。飞利浦公司就计划不久之后在市场上推出一款电话和音乐播放器，它们将被纺织进外套的面料里，这样不但可以以普通的方式来穿戴外套（不用担心会对数字机器发生影响），甚至也可以对它进行常规的洗涤，而不毁坏它的电子元件。这种从我们的感觉（视觉）经验场域的消失远不是看起来的那么简单。使得飞利浦外套能够被简单地处理的最重要的特点（它不再是一个笨重而脆弱的机器，而是我们身体的一个准有机化的增补），赐予了它自身如全能不可见的神一般的幽灵式的特质。这种机器的增补并不只是我们与之发生相互作用的一个外在的装置，而是组成了我们作为鲜活的有机生命的自我经验的一部分——也因此对我们的内在产生一种离心的作用。正因为这个原因，计算机逐渐增长的不可见性与大家所熟知的、人们对越了解的东西越无意识的这个事实之间的相似性，被误导了。我们学会一种语言的标志就是，我们再也不需要集中注意力去关注它的法则：我们不仅仅是"自发地"说它，甚至当我们主动地关注法则的时候，可能就无法流利地使用它了。不过，在语言的例子当中，我们之前是已经被迫学习过它了（"把它记在心中"），而那些我们周围的不可见的计算机们就摆在那里，它不是"自发地"而是静默地发挥着作用。

在这里，我们需要再进一步：博·达波对丹尼特的批评是正确的[①]，他坚持意识具有*社会性*的特征——这并不

[①] 见博·达波《意识是人造的》，选自博·达波主编的《丹尼特及其评论》，牛津：布莱克威尔出版社1993年版。

仅仅指那些主张意识显然是以其历史、社会语境为条件的理论（丹尼特的竞争性的多层理论不也表明它的竞争、离心化等主题是根植于"后工业的"晚期资本主义社会的吗？）——这其实是一个被弗里德里克·詹姆逊发展了的观念，他提出把《被阐释的意识》解读为对今天的资本主义世界的一个讽喻。丹尼特所坚持的工具——人们所依赖的外在化的智能——成为人类身份（如果不去考虑其工具所构成的复杂网络，而仅把人类想象成一个生物学的实体，这是毫无意义的——这样的观点就好比说是没有羽毛的鹅）所内在的一部分，更重要的是，我们要将这个观点所开辟出来的道路推行得更远。既然，用传统的马克思主义的话来说，人是其全部社会关系的总和，那为什么丹尼特不在逻辑上再进一步，而直接分析这种社会关系网络呢？这种从工具到语言的"外在智能"的辖域，形成了它自身的一个辖域，也就是黑格尔称之为"客观精神"的辖域，是一个人造实体反对自然实体的辖域。这就是博·达波的公式：从"意识的社会"（只是一个被明斯基、丹尼特和其他一些人发展了的观点）到"社会的意识"（人们的意识要想出现和发挥作用，必须要在由社会关系和可以将智能"客观化"的人造机械增补物所构成的复杂网络中）。

有朝一日会成为经验主义的世纪吗?[①]

德勒兹本体论的基本坐标系是潜存与实存之间的"谢林式的"对立:实存的空间(当下的真实的行为,经验现实以及作为已经形成的个体的人)始终伴随着其潜存的阴影(原型现实的场域,多元独异体的场域,后来会被综合进我们现实经验的非人格化因素)。这就是德勒兹的"先验的经验主义",他对康德的先验进行了独特的扭曲:真正的先验空间实际上是多元的独异可能性的潜存空间,是"纯粹的"、非人格化的、独异的姿态、情感和感知(它们还没有成为一个现在的、稳定的、自我认同的主体的姿态-感情和感知)的空间。这就是为什么德勒兹会大谈特谈电影的艺术:它将目光、图像、运动以及最根本的时间本身都从一个既定的主体的属性中"解放"了出来。当我们欣赏一部电影的时候,我们可以看到从"机械的"摄像机镜头的视角产生的图像的流动,这是一个不属于任何主体的视角;通过蒙太奇艺术,运动也可以从一个既定的主体或客体的属性中被抽象或解放出来:这是一种非人格化的运动,它只能在之后被间接地归入某些实证的实体上。

---

① 原文为法文——译者注

不过在此，这个建构的第一个裂缝产生了。在一种并非自明的跳转中，德勒兹将这个概念的空间与生产和表征之间的传统的对立联系在了一起。这种潜存的场域被（再）解释为生产性的力量，与表征的空间相对立。这里我们就进入了具有生产性的多元克分子（即摩尔）点被总体化的分子组织所局限的经典话题。于是，在生成与存在之间的对立的标题下，德勒兹似乎将这两种逻辑同一化了，尽管它们从本质上是不相容的（有人倾向于将这种把他推向第二种逻辑的"坏的"影响归结到菲利克斯·加塔利身上）。① 生产的场所并不是潜存的空间，相反，而是由潜存向被建构的现实的过渡，是多样性及其振动向一种现实的垮塌：生产从本质上讲是对潜存的开放空间的限制，是对潜存的多样性的确定和否定（这就是为什么德勒兹会把斯宾诺莎的"全部决定是一种否定"解读为反黑格尔的）。

真正的德勒兹方法是在他非常早期的专著（主要是《差异与重复》和《意义的逻辑》）和他的一些短小精悍的介绍性著作（如《普鲁斯特与符号》和《萨克·莫索克导读》）当中。他晚期两本关于电影的著作，标志着他又回到了《意义的逻辑》时期的话题。这一系列必须要与德勒兹和加塔利合著的那些著作区分开来，这样人们仅仅会觉

---

① 在这里，我同意阿兰·巴迪欧，我广泛地借鉴了他对德勒兹的解读：见巴迪欧的《德勒兹：存在的喧嚣》，明尼阿波利斯：明尼苏达大学出版社 2000 年版。

得遗憾的就是，盎格鲁-撒克逊对于德勒兹的接受（以及德勒兹的政治影响）主要是一个"加塔利化的"德勒兹。最重要的是要注意到，德勒兹没有一个单独的文本直接就是政治性的，"自在的"德勒兹是一个非常精英主义的作家，他对政治无动于衷。那么，唯一的严肃的哲学问题就是：是什么样的内在的迷局使德勒兹转向了加塔利？被争相认为是德勒兹的最糟糕的著作《反俄狄浦斯》，不正是试图通过一种简化的"平面的"解决办法来避免面对整个难题的结果吗？这就仿佛谢林转变到"肯定"和"否定"的二重性哲学上以逃避他在《世界时代》时期的问题，或是如同哈贝马斯转移到工具理性和交往理性的二元性上来逃避"启蒙辩证法"的僵局。而我们的任务是再一次直面这个难题。因此，德勒兹之所以被推向加塔利，难道不是因为加塔利出具了一个不在场证明，一个可以避开他之前立场僵局的方便的逃生门吗？德勒兹的概念建构，难道不正是依赖于这两种在他的著作中共存的逻辑、两种概念性的对立吗？这种洞见是如此明显，几乎接近于法国人所说的"自明之理（lapalissade）"，但奇怪的是在此之前却没有被普遍地认识到：

（1）一方面，意义的逻辑，就是将非物质性的生成当作意义-事件、当作身体性的物质过程所引起的效果的逻辑，这是一种生产性的过程与其非物质的意义-

效果之间的根本性鸿沟的逻辑:"多样性,即物质原因的非实体化效果,有意或无意地成为静止的实体。一种纯粹生成的时间,同时是总已过去的和即将到来的时间,形成了多样性的无感或静止的时间维度。"① 电影不正是表面生成的静止流的根本性例子吗?电影图像从本质上讲是静止的无感的,它只是有形原因的纯粹效果,尽管它获得了一种伪自主性。

(2) 另外一方面,生成的逻辑就是存在的生产:"大量的特性的出现应该被当作一个单独的过程,在这个过程中,一种连续性的潜在的空间时间逐渐地与它自身区别开来,形成了真实的、不连续的时-空结构。"②

比如说,德勒兹在对电影和文学的分析中,强调了对情感的去实体化:在一个艺术作品中,一种情感(比如说无聊)不再被归结到某个真实的人身上,而是成为一种自由流动的事件。那么,这样一种非人格化的情感-事件的强度怎样才能联系到人的身体上呢?在此,我们遭遇了同样的不明确性:这种非物质的情感是由相互作用的身体(作为纯粹生成的静止表面)所产生的吗?还是说它是通过其

---

① 曼纽尔·德兰达的《强度科学和虚拟哲学》,纽约:Continuum 出版社 2002 年版,第 107—108 页。
② 见上文所引曼纽尔·德兰达的《强度科学和虚拟哲学》,第 102 页。

现实化（从生成过渡到存在）使身体得以出现的潜在强度的一部分呢？

而这个对立不正是唯物主义与唯心主义的对立吗？在德勒兹那里，这意味着《意义的逻辑》V.S.《反俄狄浦斯》。要么意义-事件这种纯粹生成的流，是复杂的身体性物质原因的非物质效果（中性的，既不主动也不被动）；要么实证性的身体实体本身就是纯粹的生成之流的产物；要么潜存的无限场域是相互作用的身体的非物质性效果；要么身体本身从这个潜存的场域中浮现出来，实现自身。在《意义的逻辑》中，德勒兹本人进一步展开了这个表现为现实起源的两种可能方式之间的对立：前一种起源（现实从作为纯粹生成之流的非个人化意识的内在性中出现）要辅以真正的起因，而后一种非物质性的事件表面本身怎样从身体的相互作用中产生出来。有时，当德勒兹遵从第一条路径的时候，就会危险地接近"经验主义的"公式：最初的事实就是不属于任何主体的，既不主观也不客观的纯粹的经验之流——作为固定实体的主体或客体，都只是这一流动的二次"凝聚"。这不仅让人们想起了俄国"经验主义"的主要代表波格丹诺夫（他为人们所熟知是因为他是列宁写于1908年的《唯物主义和经验批判主义》的批判对象）的基本哲学立场：

"如果……我们假定经验的基本元素是感觉，那么显然我们平常认为是经验世界的一切就不可能不经过组织化的过程而出现……我们认为是物质世界、自然、常识世界的一切,是经过系统的组织化的经验的产物,具有社会基础。也就是说,经验的一般世界已经在由感觉的原料所构成的人类历史的过程中逐步地形成了……除了对所有人都一样的世界之外,还存在着私人世界。换言之,除了系统的组织化的经验之外,还存在着以观念或概念形式出现的组织化。后者因人而异,因群体而异。有各种各样不同的观点,不同的理论,不同的意识形态。"[①]

波格丹诺夫强调这种感觉之流先于主体。这种流不是主观性的,而是在主体和客观现实的对立中中立的——主体和客观现实都来源于这种流。"经验一元论"难道不是经验主义者的一种自我指定吗?——德勒兹的"先验的经验主义"不也是一种充分的指定吗?更不要说波格丹诺夫的"机制",即他关于发展的"机械的"观点。拉康对德勒兹是不是又一次的辩证唯物主义对经验批判主义呢?德勒兹是不是又一个新的波格丹诺夫?波格丹诺夫以一种类似于德勒兹的方式,指控把物质当成是客观存在的"物自体"的维护者们,是犯了以未知来解释已知、以未经验的来解释已经验的形而上学的原罪——这一点正如德勒兹拒绝任何形式的超验。而且,波格丹诺夫是一个青睐机器实验的激进左派分子。他的基本立场就是将感觉流的"活力"与

---

① 弗里德里克·克普莱斯顿《俄国哲学》,印第安纳诺特丹:圣母大学出版社1986年版,第286页。

机器装置连接在一起。尽管波格丹诺夫支持布尔什维克，反对改良主义的机会主义，但他的政治立场仍然是激进左翼的，即主张"从底层"自发的组织化，而非由某种中央权力自上强加的组织化。①

当德勒兹在《意义的逻辑》中展开了两种起源——超验的和现实的——的时候，他难道不是在追随着费希特和谢林的脚步吗？费希特的起点是，人们可以以两种基本的方式来实践哲学，即斯宾诺莎的方式和唯心主义者的方式。或者，人们可以从客观现实出发，力图从它发展出自由的主体性的起源，或者从绝对主体的纯粹自发性出发，力图发展出作为主体的自我设定之结构的全部现实。早期谢林和《先验唯心主义体系》更进了一步，因为他宣称，在这个选择中，我们要面对的并不是一个抉择：这两个选项是相互补充，而不是排他性的。主张主体和客体同一性的绝对唯心主义，可以以两种方式被表达出来：要么从精神演化出自然（先验唯心主义，直到康德和费希特），要么从自然的内在运动逐渐演化出精神（谢林自己的"自然哲学"）。不过，谢林的《世界时代》做出了一个关键性的新

---

① 列宁的《唯物主义和经验批判主义》在哲学上的意义寥寥，要嘲笑它是一件很容易的事。但是这本书对于理论上的阶级斗争的"政治直觉"却是百分之百正确的。我们都知道，黑格尔在《逻辑学》中说，"普遍的具体财富的内在展开是永恒神圣的绝对观念的自我展开"，对此列宁在书的边缘上批注道："第一条线索深刻而正确，第二条线索则是神学垃圾！"——人们也有可能会在《唯物主义和经验批判主义》的书页上批注道："哲学的政治多元决定论的展开——深刻而正确，这本书的内在哲学价值——垃圾！"

进展，他在这个二选一的题目中加入了第三个选项，即精神（逻各斯）并不由所谓的自然（一种自然现实建构而成的范围）形成——而是由神的（或神自身中的）本质所构成。不过，"神自身中的并不是神"，而是在神当中存在的前本体的真实的深渊，是"非理性"热情的盲目的旋转运动。正如谢林清楚地表明的那样，这个领域还不是本体性的，而是在某种意义上，比自然现实更具有"精神性"：这是一个以"活死人"的身份不断地返回来的隐晦的幽灵的阴暗领域，因为它们不能在完全的现实性中实现自己。①如果不考虑时代穿越的问题的话，使神真正完全成为神（神圣的逻各斯）的这段前史、起源，不是在事实上非常接近于量子物理学认为量子振动的潜存状态先于构成性现实的观点吗？

那么，量子物理学的结果实际上如何呢？如果物质只是一种具体化的波振动又如何呢？如果，不把波设想成元素之间的振动，而元素只是不同的波及其振动之间的节点、接触点又怎么样呢？这是不是使德勒兹的从潜存强度中产生出身体现实这样的"唯心主义"话题有了一些科学的可信性呢？有一种办法可以以一种唯物主义的方式将"无中生有"概念化：我们不要把这种创生的方式当作一种神秘的过量，而是把它看成能力的释放——损失。这种在现代

---

① 见 F. W. J. 谢林《世界时代》，阿尔巴尼：纽约州立大学出版社 2000年版。

物理学中被称之为希格斯场（Higgs Field）的东西不正是指向了这个方向吗？一般地说，当我们从某个既定体系中拿走一些东西的时候，我们就降低了它的能量。不过，这里存在一个假设，即有某种物质，"某种东西"是我们在不*提高*体系能量的情况下无法取走的：当这个"希格斯场"在一个空无的空间中出现时，它的能量就将被降得更低。①有一种生物学理解，认为生命体系的最大特点可能就是可以动态地避免吸引子的体系（生命过程被保持在或接近转变阶段），它指向的不也是同一个方向吗，即认为弗洛伊德的死亡驱力反对所有的生命都具有朝向涅槃的趋势这一观点？死亡驱力恰恰意味着一个活的有机体的最根本的趋势是保持一种紧张状态，以避免在获得了完全的自我稳定之后出现最后的"松弛"。作为"对快乐原则的超越"，"死亡驱力"正是一个有机体坚持不断地重复紧张状态。

因此，人们不应该害怕说，当我们肯定了现实是一种无限可分的、无形的虚空的虚空后，"物质就会消失"。电子信息革命、生物起源学革命和物理学中的量子革命都是人们喜欢称之为"后形而上学唯心主义"的东西。想想切斯特顿的观点，物质为了要完全肯定现实，与一切自己所服从的"更高的"形而上学秩序之间进行的斗争，都使现

---

① 对"希格斯场"更详细的解读，请见斯拉沃热·齐泽克《木偶与侏儒》。对于其科普性解释，请见高登·科恩的《超对称》，剑桥：赫里克斯出版社2001年版。

实本身的损失达到了最大：对物质现实的肯定最终变成了量子物理学的公式范围。不过，这真的是一种唯心主义的形式吗？因为激进的唯物主义主张说不存在世界，世界就其整体性而言就是空无，唯物主义与沉闷的、密集的物体毫无关系——相反，它真正的形象应该是星丛，物质在星丛中似乎会"消失"，就像超弦的纯粹摆动或量子的振动一样。另一方面，如果我们能看到，我们总是在一种原生的、惰性的物质中而不是假想的检查中支持某种唯灵论的。正如在塔可夫斯基的《索拉里斯星》中，行星上的一种密集的、可塑的物质直接形成了意识。这种"灵性唯物主义"有三种不同的形式：在信息革命中，物质被归结为纯粹数字化信息的媒介；在生物起源学中，生物学的身体被归结为基因密码再生产的媒介；在量子物理学中，现实本身，密集的物质被归结为波振动的潜存的崩塌（或者，在相对性的广义理论中，物质被归结为空间弯曲的效果）。在此，我们遭遇了唯心主义/唯物主义对立的另一个关键性的方面。唯物主义不是对湿重的、密集的惰性物质的肯定——*这种*"唯物主义"总是可以用来支撑认知学的唯灵论的反启蒙主义。与其相反，一种真正的唯物主义会愉快地假定"物质的消失"，即只有空无存在。

因为生物起源学，尼采对身体进行的着重的、入迷式的肯定事业就这样结束了。身体不再作为一种根本的参考，它丧失了其神秘、令人无法理解的密度，变成了某种可以技术性操作的东西，我们可以通过改变其基因公式来产生或改造这种东西——简言之，这是一种抽象的基因公式的"真实"。于是，很重要的一件事就是去设想今天的科学（神经科学将我们的经验"唯物主义"地还原到神经过程，量子物理学将其还原到现实本身的潜存化）中几乎察觉不到的两种表面上截然相反的"还原"，它们就像是同一枚硬币的两面，它们同时还原到了同一个第三层面。古老的波普主义的"第三世界"的观念在这里被引至极限：我们最终得到的既不是"客观的"物质性也不是"主观的"经验，而是将两者都还原到物质化的"非物质"过程的科学真实。

于是唯物主义与唯心主义对立的问题在这里就变得更加复杂了。如果我们接受量子物理学的主张，我们经验的现实是从潜存强度的先在场域（从某种意义上就是"非物质性的"量子振动）中建构性地浮现出来的，那么这种具体的现实就是对纯粹的事件式的潜存性的实现。如果这里的存在是一种双重的运动呢？首先，实证主义的现实本身，是通过"非物质的"可能性的潜在场域的现实化而建构起来的；接下来，思维和感觉的出现标志着这种建构性的现实与其潜在的起源重新连接在了一起。当谢林宣称，在意识、人类思维的爆发中，最初的纯粹可能性的深渊爆破开来，在被创造出来的实证主义的现实中获得了其存在（即人是独特的生物，他直接［再］联系到一切事物形成的最初的深渊），他追求的不也是类似的东西吗？① 当罗格·潘罗斯相信在量子振动和人类思维中存在某种联系的时候，他有可能是正确的。②

准原因

因此，一方面，曼纽尔·德兰达在其对德勒兹的本体论所做的精彩评论中，肯定了"产品下暗藏的消失过程"的逻辑，即依赖于"具体化"的悠久历史（也是黑格尔-马克思式的）的逻辑："暗藏在产品之下的这个取消的过程的主题，是一把解读德勒兹哲学的钥匙，因为他的哲学方法至少部分地是要克服由这种取消所形成的客观幻象。"③ 生产的层面也就清楚地指向了潜存性的层面。在被建构的现实性——即"最终产品的广度的和质性的属性"④ ——之中和表面之下，人们应该会发现潜存性的强度过程的痕迹——存在和生成，作为实存和潜存，联系在一起。在潜存作为产生建构性现实的场所的前提下，我们是如何把对它的明确无误的肯定与"潜存是由实存所生产出来的"这样的肯定结合到了一起呢？

---

① 见上文所引谢林的《世界时代》。
② 见罗格·潘罗斯《意识的阴影》，牛津：牛津大学出版社1994年版。
③ 见上文所引德兰达的《强度科学和虚拟哲学》，第73页。
④ 见上文所引德兰达的《强度科学和虚拟哲学》，第74页。

"多样性不应该被设想成是主动通过这些系列与另一者相互作用的能力。德勒兹仅仅赋予了它们一种被影响的能力,因为用他的话来说,它们都是'无意识的实体——无意识的结果'。多样性的这种中立性或静止性可以以下面的方式来解释。尽管它们的不同的普遍性使它们不依赖于任何特殊的机制(同一个多样性可以在几个因果性的机制中实现),但它们却依赖于一个经验事实,即某种另外的因果机制确实存在……它们不是超验的实体,而是内在的实体……德勒兹把多样性看成是*有形原因的无形的结果*,即不具有自身因果力量的真实原因的历史结果。另一方面,正如他所写到的,'就它们本质上与其原因相异的程度来说,它们与另一者一起进入了*准因果性*的联系。它们也与一种*准原因*联系起来,后者本身就是无形的,确保它们获得一种特别的独立性'。……与那些总是有力量去影响和被影响的真实的能力不同,潜在的情感被明确地划分成了一种被影响的纯粹的能力(由无意识的多样性表现出来)和一种主动发挥影响的纯粹的能力。"①

准原因的概念可以防止向简单的还原主义的倒退:它指定了先验因果性的纯粹的代理人。让我们来看看德勒兹自己在《时间影像》中所举的例子,即电影中新现实主义

---

① 见上文所引德兰达的《强度科学和虚拟哲学》,第 75 页。

的出现。人们当然可以用一整套的历史条件（第二次世界大战的创伤，等等）来解释新现实主义。但是，在这种新的出现中却有一种过量：新现实主义是一种不能被简单地归结为其物质/历史原因的事件，而"准原因"就是这种过量的原因，它是使得事件不能被还原为其历史条件的原因。人们也可以说，准原因是第二级的原因，是超越其（有形）原因的过量的效果的元原因。这就是人们应该如何去理解德勒兹所说的被影响。只要无形的事件是一种纯粹的情感（一种无意识的-中性的-静止的结果），只要某种新（一个新的事件，或者是作为新的事件）只有在它的有形原因的链接还没有封闭的情形下才能出现的话，人们就应该去假定，在有形原因网络之上，还有一种纯粹的、先验的、影响的能力。这也是拉康如此欣赏《意义的逻辑》的原因：德勒兹的准原因难道不正等于拉康的"客体小 a（objet petit a）"，这个被当作欲望的客体-原因的纯粹的、无形的、灵性的实体吗？

在此，大家要格外谨慎，不要弄错意思。德勒兹并不是在像约翰·希尔勒的意义上肯定一般的精神-物理的二元论；他也不是对同一个事件提供两种不同的解释。并不是说，同一个过程（比如说，一个演讲行为）可以以一种严格的自然主义的方式来描述为根植于其现实因果性的中性的、身体性的过程，或是描述成在意义的层面上，"从内部"出现的东西，而在这其中，因果性（"我回答你的问题是因为我懂")是一种伪因果性。在这样一种方法中，物质-有形的因果性是完整的，然而，德勒兹本体论的基本前提却是，有形的因果性是不完整的。在新的出现过程中，发生的事情并不能完全在有形原因和效果的层面上来描述。准原因就不是这种阴影的假想性剧场，就像小孩子认为自己有魔法、可以使一个玩具跑动一样，他完全不知道实际发挥作用的是机械的因果性——相反，准原因却*填补了有形因果性的鸿沟*。在狭义的意义上，只有当事件是意义-事件的时候，准原因就是内在于意义的非意义：如果一个演讲可以被还原为它的意义，那么它就会堕入现实性中——意义与其定义的现实之间的关系有点像是世界中的客体之间的关系。胡说是停留在自主的意义层面上的纯粹生成的表面流动，与被定义的现实相关（"指示物"）。那这是不是让我们回到了把不幸的"生殖能指"当作没有所指的"纯粹"能指了呢？这种拉康式的阳具不正是意义流所蕴含的非意义的主题吗？

因此，人们应该质疑德勒兹思想中非常根本性的二元论，即表现为不同版本的生成和存在的对立（游牧 V.S. 国家，摩尔 V.S. 分子，精神分裂 V.S. 偏执狂）。这种二元论最终被多元决定为"善与恶的对立"：德勒兹的目的就是将生成的内在性力量从其向存在秩序的自我奴役中解放出来。这种质疑的第一步可能就是以存在和事件的二元论去面对这种二元论，强调它们在根本上的不相容性：事件不可能被简单地等同于产生了存在秩序的生成的潜在场域——相反，在《意义的逻辑》中，事件被着重地强调为"静止的"，它只能是伪因果性。因此，在存在的层面上，如果我们拥有由相互作用的特殊体构成的不可还原的多样性，如果事件就是那个发挥作用的总体化/统一化的基本形式，又会怎么样呢？

从"具体化"的结果中倒退回其生产过程这样老套的人本主义-唯心主义的话题被德勒兹重新征用，但这种征用在此简直是搬弄是非。德勒兹在两种模式（作为无意识效果的生成；作为生产性过程的生成）之间的摇摆不正类似于在马克思主义的传统中两种"具体化"模式之间的摇摆吗？第一种模式，即具体化/拜物教化以其为依据，将属于一个客体（该客体是社会象征联系中的一部分）的属性错误地理解为其直接的"自然"属性（例如产品"自在"地成为商品）；第二种模式是青年卢卡奇（等）的更为激进的模式，依据它，"客观的"现实就是某种"具体化的"东西，是将隐藏的生产的主观性过程拜物教化的结果。因此，如德勒兹一般，我们不应该在第一个层面上将客体的社会属性与其直接的自然属性（在商品的例子中，即其满足我们需要的物质属性、交换价值①）混淆起来。同样地，我们也不应该把一种与身体性原因相关的、非物质性的潜在情感设想（或还原）为身体的物质属性。接下来，在第二

---

① 应该是使用价值，疑为作者笔误。——译者注

个层面上,我们应该将客观现实本身理解为社会生产过程的结果——对于德勒兹也同样是如此,实存的存在是生成的潜存过程。

德勒兹的界限可能就在于他的活力论,在于他把生命的观念提高到了生成,这个生成是唯一真实的、无所不包的整体,是存在的"一"本身。当德勒兹将纯粹的生成流的逐渐的自我分化,描写成向不同的实体的逐渐的"具体化"过程时,他实际上是不是在表现一种柏拉图的"流溢(emanation)"的过程呢?人们应该反对这种"唯心主义"的立场,坚持追随巴迪欧,将数学当成唯一充分的本体论,当成纯粹存在的唯一科学:它是纯粹多样性的无意义的真实,是空无的无比巨大的冷漠。在德勒兹那里,差异指的是多样的独异性,它表现了无限生命的"一";而在巴迪欧那里,我们所获得的多样性之下并没有潜在的"一"。在德勒兹那里,生命本身就是回答"为什么有'有'而不是'无'?"这样问题的答案;而巴迪欧对这个问题的答案更加深沉,更接近于佛教和黑格尔:存在的只有空无,正如黑格尔所说的,所有的过程都"通过从无到无、从无中"产生出来。

从建构的现实向生成的潜在空间的转换,削弱了对建构现实的理论上的决定,德勒兹强化了这两个层面。而这两个层面在海德格尔的《存在与时间》中,形成了最根本性的本体论对立,即"在手之物"(Vorhandene)与"上手之物"（Zuhandene）的对立。在德勒兹看来，这种普遍的态度*同时*将客体当成了在抽象的几何空间中占据了特定位置的、孤立的经验实体，当成了沉思性再现的对象，*也*当成了通过主体存在的立场所设想的客体，并且这种客体可以被还原到主体的兴趣、计划、欲望等的可能性使用上来。（对海德格尔和晚期胡塞尔来说，这种基本性的形而上学立场正是从生活世界的沉浸中撤退到一个抽象的观察者的位置。）这种缩合的事实并不意味着对德勒兹的直接的批评。可以很容易地表明，他定义为哲学的概念性工作（或者在另一个不同的层面上的艺术作品）的东西，*同时*削弱了我们在生活世界的浸润和我们作为现实的抽象观察者的立场。当一个哲学家创造出一个新的概念，或者是当一个艺术家以一种新的方式表达出一种从位于特定的实证现实中的主体的封闭循环中解放出来的情感时，他粉碎了我们在习惯性的生活世界的浸润和作为现实的观察者的安全立场。我们丧失了抽象的观察者的位置；我们不得不承认新的概念或艺术作品是我们从事的生产的结果。然而，同样地，哲学或艺术也削弱了我们在特定的习惯性生活世界的浸润。①

---

① 什么是概念？这并不仅仅意味着，我们平常打交道的是伪概念，是概念的再现（representation/Vorstellungen）；有时候，更有趣的是，概念也可以存在于它表面上的一般的表达中，甚至是一个粗陋的表达中。在1922年，列宁驳斥道："知识分子，是资本的走狗，他们自以为是国家的大脑；实际上它们不是大脑而是粪便。"（引自艾琳娜·卡赫·邓可斯的《列宁》，纽约：赫尔墨斯-梅耶出版社2001年版，第308页）关于萨特的著名的"反共产主义者是狗"的声明，人们应该像巴迪欧那样，不是羞愧地假装没看见这句话，而是勇于冒险、去阐述"粪便"的潜在*概念*。

作为生产性的生成地点的潜存与作为静止的意义-事件地点的潜存之间的对立，不正同时是"无器官身体（BwO）"和"无身体器官（OwB）"之间的对立吗？一方面，纯粹生成的生产流是不是一个"无器官身体（BwO）"，一个并没有被构架或确定为一系列功能性器官组织的身体呢？而另外一方面，这个"无身体器官（OwB）"不正是纯粹情感的潜在性——它从它对于身体的植入性中被抽离出来，就像《爱丽丝漫游仙境》中那个独自存在的微笑，甚至当柴郡猫的身体已经不在了，它还依然存在吗？——"'好吧！'猫说着就慢慢地消失，先从尾巴尖开始，直到那张笑脸，笑容比身体其他部分停留的时间还要长一些。'哈！我常常看见没有笑脸的猫，'爱丽丝想，'可是还从没见过没有猫的笑脸。这可是我到现在为止见过的最奇怪的事情了！'"这个被抽离出来的"无身体器官（OwB）"的观念，从《时间影像》中在此有力地出现了，它表现为"目光"本身，正如一个不再依附于任何身体的独立的器官。① 这两种逻辑（事件是产生现实的力量；事件是身体性的相互作

---

① 关于意识与身体发生联系的方式，其中一个比喻就是磁场的比喻，这似乎指的也是同一个方向："正如一块磁铁产生出它的磁力场一样，大脑也产生出了它的意识场。"（威廉·哈斯克《自我的出现》，纽约州伊萨卡：康奈尔大学出版社1999年版，第190页）因此这一场域拥有其本身的逻辑性和连贯性，尽管它只能在其有形基础存在的情况下才能保存。这是不是意味着，思想不能在身体不存在的情况下独自存活呢？在这里，物理学中的另一个类比使这扇大门部分地打开了。当罗杰·潘洛斯声称，在身体垮塌成一个黑洞之后，人们可以将这个黑洞想象成一个自我维持的重力场。因此甚至在物理学之内，人们也可以把这个由物质客体产生出来的场域想象成一个在客体不在场情况下继续存在的场域。（见前文所引哈斯克《自我的出现》，第232页）

用的静止的、纯粹的效果）也围绕着两种隐秘的心理学立场：生成的生产性事件依赖于"精神分裂"的生产性力量，这是一个统一的主体在非人格化的、多样的欲望强度中的爆发，而这种强度随后受到了俄狄浦斯模型的限制；而作为静止的、非物质性效果的事件，则依赖于受虐狂的形象，受虐狂可以在一种沉闷的、重复性的、仪式性游戏中获得满足，这种游戏的作用就是永远地推迟性宣泄（passage à l'acte）。精神分裂者将自己毫无保留地投入了多元化的热情之流，而受虐狂则蜷缩在他自我剧场的阴影里、在其中这种沉迷于细节的舞台性表演一遍又一遍地重复着同样静止的姿态。人们还能想象出比这两者的对比更强烈的例子来吗？

因此，如果我们把德勒兹的相互交织的物质身体与意义的非物质效果的对立看作马克思主义的物质基础和上层建筑的对立的延续，又会怎么样呢？生成上层建筑的流难道不正是从物质生产的场所中本体性地剥离下来的阴暗的、静止的剧场吗？它不也是事件唯一可能的空间吗？在对法国大革命的讽喻性评论中，马克思将革命的热情与"破晓之后"的清醒反应对立起来：崇高的革命爆发的真实结果，自由-平等-博爱事件的真实结果，正是充满了市场算计的功利主义/自我主义的卑鄙世界。（那么，在十月革命的例子当中，这两者之间的鸿沟不是更宽吗？）不过，人们不应该把马克思简单化。他的用意并不是常规性地去理解一个充满商业气息的粗鄙的现实如何成为革命热情的"真实的"表演场,"这有什么大惊小怪的。"在作为事件出现的革命性爆发中,另外一种乌托邦维度透露出来,这是一种普遍解放的维度,是接管了"今后的"市场现实所显现出来的过量——这种过量并没有被简单地作为毫不相关的东西废除,而是被转化到了潜存状态,继续在一种解放性的想象中不断出现,而后者更像是一个希望被实现的梦境。革命性热情超过其自身的"真实社会基础"或物质的这种过量,也就是属性-效果超过其自身的物质原因的过量,这是一种幽灵般的事件,正等待着它合适的肉身。正是 G. K. 切斯特顿在他的对规则统治的批判中,对那些在以尊重传统为名的掩饰下,继续为现存的不义和不公背书的人们,发出了左派最间接的、平权主义的斥责:"贵族统治不是一种制度,贵族统治是一种原罪:一般说来,它是一种非常轻微的原罪。"①

在此,我们可以推断出,在什么样准确的意义上,德勒兹想成为一个唯物主义者。人们几乎是倾向于把其放在经典的斯大林主义的话语中:机械唯物主义简单地将意义流还原到其物质性原因上,而与其相反,辩证唯物主义则能够在其相对的独立性中来思考这种流。也就是说,德勒兹的全部问题在于,尽管意义是物质原因的一种无意识的、

---

① 见切斯特顿的《正教》,第 127 页。

静止的效果，它却有其自己的独立性和实力。意义的流是阴影的表演场，但这并不意味着我们应该忽视它，而关注"真实的斗争"——从某种意义上而言，这个阴影的表演场正是斗争的*关键性*场所；一切最终都在这里被决定。

威廉·哈斯克很明显将注意力转移到了一个奇怪的事实上，即对还原主义的批判，他非常不情愿地承认了，反对激进的还原主义的论争是错误的："为什么这么多非取消主义者强烈地反对取消主义已经被确凿地反驳了这个观点呢？"① 他们的反对显示出对前景的一种恐惧，即如果他们的立场失败了，他们就需要还原主义作为最后的避风港。因此，尽管他们都认为取消主义是错的，却仍然奇怪地依附于它，像是把它作为某种（"退守的"）保护区，这显示了他们对于自己所主张的关于意识的非还原主义、唯物主义解释的不信任——这是一种不负责任的理论立场的最好例子，也是理论上的拜物教分裂的最好例子。（他们的这种立场不正类似于那些开明理性的宗教研究家吗——他们希望隐秘地维护自己所常常批判的更"原教旨主义"的神学立场？那么，在谴责对于以色列人进行的自杀式炸弹袭击的以色列人那里，我们也遭遇了同样的分裂式立场：他们的这种谴责并不是全心全意的，而带有某种内在的保留——这就好像如果"民主"政治失败了，人们难道应该

---

① 见上文所引的哈斯克《自我的出现》，第24页。

敞开大门，通向"恐怖主义"的选择吗？）在此，我们实在应该回到巴迪欧和德勒兹，因为他们真正地、彻底地拒绝了这种还原主义。在他们看来，对于意义-事件层面的独立性的肯定，并不是一种与唯心主义的妥协，而是一种真实的唯物主义的必要主题。①

并且，最关键的一点是，德勒兹的两种本体论之间的张力，很明显地转化成了两种不同的政治逻辑和实践。创造性生成的本体论清楚地导向多元的摩尔群体的自组织这样的左派主题，它们反对和削弱了作为权力的总体化体系的分子——自发的、非等级性的生命多样性的老套观念与压迫性的、具体化的体系形成对立：在这个典型的例子中，左派激进主义与哲学上的唯心论的主体主义发生了联系。问题就在于，这是将德勒兹提出的思想进行政治化的唯一模式。而另外一种本体论，即静止的意义-事件的本体论，看起来却是"非政治的"。但是，如果这另外一种本体论也有一种自己的政治逻辑和实践、一种德勒兹本人都没有意识到的逻辑，那又会怎样呢？那么，我们是不是应该如列宁在1915年所做的那样，当为了重新为一种革命实践奠定基础的时候，他回到了黑格尔——当然并不是回到了黑格尔在政治学方面的文本，而是从根本上回到了他的逻辑。

---

① 但是，像帕翠西亚和保罗·契齐兰德的立场（类似于丹尼特对于"感受性质［qualia］"）在这里却有一种特殊的诱惑力：他们决绝地否定了我们的"直接的"经验。这难道从根本上来讲不是一个悖论吗？反对一切超验主张、坚持物质现实直接性的唯物主义者最终转而否定我们现实的最直接的经验？

同样的，这里是不是也会发现另外一种德勒兹的政治学呢？在这个方向上的第一个提示就是前面已经提到的*有形原因/非物质流*这一对范畴与马克思主义的*物质基础/上层建筑*这一对范畴之间的同构性：这样一种政治学同时考虑了在现实中所发生的"客观的"物质/社会经济过程所具有的不可还原的双重性，和革命性事件的爆发（即前面提到的政治逻辑的爆发）。如果政治学的辖域从本质上而言就是静止的，如果伪原因的辖域虽然是阴影的表演场，但在实践转化的过程中却是关键性的，那又会如何呢？

不爱斯宾诺莎，是否可能？

德勒兹无法超越的一个参照点就是斯宾诺莎，而向他的回归可能会帮助我们解开德勒兹本体论建构的暧昧性。德勒兹对斯宾诺莎的无条件的仰慕并不是独一无二的。从法兰西到美利坚，今天，学术界的潜规则之一就是人见人爱的斯宾诺莎。每个人都爱他，从阿尔都塞主义的"科学唯物主义者"到德勒兹主义的精神分裂的无政府主义者，从宗教的理性主义批判家到主张开明的自由和宽容的党派分子，更不要说像吉纳维夫·罗德这样的女性主义者，他主张将《伦理学》中第三种类型的神秘知识解读为女性的直觉知识（一种超越了男性的分析性理解的知识）。既然如此,还有可能不爱斯宾诺莎吗?谁能去反对一个孤独的犹太人——除此之外,他还是一个被犹太社群开除教籍的犹太人呢?对斯宾诺莎的这种爱最令人触动的表达之一,就是人们是如何经常性地将最神圣的能力都归结于他——正如皮埃尔·马修莱在他的最为人赞叹的《黑格尔还是斯宾诺莎》(反驳黑格尔对斯宾诺莎的批评)中所宣称的那样,人们不可避免地会有这样一种印象:斯宾诺莎已经提前阅读了黑格尔并解答了他所有的责难。因此,要质疑斯宾诺莎的这种状态,最合适的第一步可能就是注意一下这个事实:对斯宾诺莎的这种热爱与今天的文化研究中占据统治地位的立场是完全不相容的,即对解构的伦理-神学的犹太转向(德里达/列维纳斯这两位很好地阐述了这一点)——还有比斯宾诺莎更远离这个方向、更远离犹太世界的哲学家吗?犹太世界就是作为完全的*他性*存在的上帝的世界,是神圣之谜的世界,是那个以否定性的禁止代替肯定性的命令的神的世界。那么,犹太教的教士们将斯宾诺莎开除教籍,难道不对吗?

不过,不要执着于将斯宾诺莎与列维纳斯对立起来的这种非常无趣的学术界营生,人们应该冒点儿风险,对斯宾诺莎进行一种有意的、黑格尔式的解读——斯宾诺莎派和列维纳斯派所共同的是一种激进的反黑格尔主义立场。在现代思想史中,异教徒-犹太教-基督教的三合体重复了两次,第一次是斯宾诺莎-康德-黑格尔,第二次是德勒兹-

德里达-拉康。德勒兹将"一-实体"布展成多样性的中立媒介；德里达把它颠倒成了与自身相异的、绝对的他性；最后，在一种"否定之否定"中，拉康把这种割裂、鸿沟，弥合成了"一"本身。这里的问题不是要将斯宾诺莎与康德相互对立，以此来保证黑格尔的胜利；相反，要在一种前所未闻的激进性中来展现三位哲学家——也就是说，从某种程度而言，斯宾诺莎-康德-黑格尔合成了哲学的全部。

那么，斯宾诺莎是什么？本质上讲，他就是实体的哲学家，而这出现在一个特殊的历史时刻：笛卡尔之后。因此，他能够将这个概念的全部（对我们大多数人来说，是没有意想到的）推论从中提取出来。实体首先意味着在属性之间没有中介：每一种属性（思想、身体等）都是自在的无限；它没有使其会接触到另外一种属性的外在的界限。"实体"就是多样的属性的绝对中立的介质的另外一个名字。这种中介的缺乏正如主体性的缺乏一样，因为主体本身就是一个中介。它存在于（或借助）德勒兹在《意义的逻辑》中称之为"黑暗先驱"的东西，即两种不同系列的中介者、它们之间的缝合点。因此，斯宾诺莎当中缺少的是描述否定性的辩证颠倒的"扭曲"，这是一种从欲望的放弃转变成放弃的欲望之间的颠倒。对于斯宾诺莎来说不可想象的是弗洛伊德称之为"死亡驱力"的东西：这个观念意味着"自然倾向（conatus）"是建立在一种自我破坏的基本行为之上的。斯宾诺莎对"自然倾向（conatus）"作出了肯定，他认为在这种倾向中，每个个体都力图保持和增强其存在，并力图获得快乐。可以看出，斯宾诺莎是还停留在亚里士多德关于"幸福生活是怎样的"框架中。而超出了他范围的是康德称之为"绝对命令（categorical imperative）"的东西，这是一种无条件的介入，它寄生于人类主体当中，而完全不考虑主体的幸福，是"在快乐原则之外"的东西——而对于拉康来说，这就是最纯正的欲望的名字。

"实体"这个观念的第一个哲学推论就是德勒兹一直坚持的主题：存在的单一性。在其他所有事物中，这种单一性意味着，斯宾诺莎所描述的建立本体性连接的机制，在"好的"和"坏的"效果之间是完全中立的。因此，斯宾诺莎避免了常规路径的两个陷阱：他既不需要搁置构成多众（非理性的毁坏之源）的机制，也不需要将它吹捧成利他性的自我克服和联合的根源。当然，他深深地，并且痛苦地意识到"多众"的破坏性潜能——只要想一想他生命中的巨大的政治创伤、野蛮的暴徒对德-维特兄弟——他的政治同盟——所处的私刑就知道了。不过，他也知道，最高尚的集体行动也正是在这同一个机制中产生的——一言以蔽之，民主和滥用私刑的暴徒拥有同一个根源。正是因为这个中立性，奈格里、哈特与斯宾诺莎之间的距离和分歧就变得很清晰了。在《帝国》中，我们发现作者把"多众"欢呼成一种抵抗的力量；而在斯宾诺莎那里，作为人群的

"多众"概念从根本上是模糊不清的：多众是对强制性的"一"的抵抗，但同时，它也派生出我们称之为"暴徒"的东西；野蛮的、"无理性的"暴力爆发，通过仿效他人自身的情感（imitatio afecti），满足和推动自身。斯宾诺莎的这种深刻的洞见在今天关于多众的意识形态中已经丢失了。群体的"不可决定性"一直贯彻到底："群体"指的是产生社会连接的一种特定的机制，而正是这同一种机制既支持了，比如说，社会团体的热烈形成，也支持了种族主义暴力的爆发性扩张。"仿效的情感"所带来的就是个体际的往复和交流。正如德勒兹后期以一种斯宾诺莎式的脉络而发展的那样，情感不是属于某一个主体的，它从一个主体传递到另一个主体；情感在前主体的层面上，以一种不属于任何人的、自由流动的强度发挥作用，并在一个主体性间际"之下"的层面上循环往复。这就是"情感仿效"当中新的东西：情感，作为精神分析中所谓的"部分客体"，直接地发生循环。

另外一个哲学推论是对否定性的彻底拒绝；每一个实体（entity）都努力达到它的完全实现——每一个障碍都来自外界。简而言之，因为每一个实体都努力维持自己的存在，没有什么可以从内部被摧毁，因为所有的变化都必须从无中产生。斯宾诺莎以其对否定性的拒绝摈除的正是象征秩序，因为，正如我们已经从索绪尔那里知道的那样，对象征秩序的最小定义就是每一个个体可以被归结到一个差异的群体("束"[faisceau]——它和法西斯主义[fascism]有着同样的词根!):能指的身份只存在于它相别于其他能指的差异中。这说明了不在场也可以发挥一种肯定的因果性影响——只有在一个象征世界中,狗居然不叫的事实才能成为一个事件。而这就是斯宾诺莎希望免除的东西——他所承认的只是原因和效果连接起来的单纯肯定的网络,而从定义上来说,不在场就不可能发挥任何肯定的作用。或者,也可以换一种说法:斯宾诺莎没有准备承认,在他对人格化的上帝观念的批评中,他自己描述为一个错误观念的本体论秩序,只是填补了我们知识范围内的空缺——也就是说,一个呈肯定性存在的物体,将身体交给一种匮乏。所以,在他看来,任何的"否定性"都是"假想的",是我们的拟人化的、有限的、错误的知识的结果,这种知识不能掌握住真实的因果联系。仍然停留在他的理论范围之外的否定性概念将会被我们假想性的(误)认知弄得一团迷糊。当然,当假想性的(误)认知聚焦在匮乏上时,匮乏就总是会与某种肯定性的程度相对了(例如,相对于神而言,我们是不完美的;而相对于自然而言,我们的知识是不完全的)。使它迷惑的是一种"肯定性的"匮乏概念,是一种"生产性的"匮乏。

正是这种对存在的肯定性的主张,成了斯宾诺莎将权力与权利激进地等同起来的根本基础。正义意味着,每一个实体都被允许自由地展开其内在的权力-潜能,即,自由所赋予我的等于我的权力。在此，斯宾诺莎最根本的攻击是反重法主义的：政治无力的模式对于他而言就是力量的参照关系。在斯宾诺莎看来，一种"权利"就是一种去"做"的权利，是依照它的本质对事物发生作用的权利，而不是去"拥有"，去占有事物的"司法"权利。在他的《神学政治论》的最后，斯宾诺莎将这种权力＝权利的等式，用来作为对女性在"本质上的"劣势地位的关键性论证：

"如果从本质上来说女性和男性是平等的，可以同样地通过人格和能力（人的权力和人的权利主要都存在于这之中）来进行区别；那么在众多不同的国家中，就肯定可以发现，在一些国家当中，两性互相支配，而在另外的一些国家中，女人支配男人。这就导致一个结果，他们可以较少地利用自己的能力。正因为这种情形根本没有发生，我们就可以根据这种完美的恰当性断言，女性在本质上并不拥有和男人平等的权利。"①

不过，与其做这样轻松的连接，我们在此更应该将斯宾诺莎与资产阶级的一般性自由意识形态对立起来，后者会公开地向女性保证让她们拥有和男性同样的地位，而把她们的劣势划归到一种与法律不相关的"病态的事实"（事实上，从费希特直到奥托·魏宁格，所有伟大的资产阶级

---

① 巴鲁赫·斯宾诺莎《神学政治论》，纽约：多弗出版社1951年版，第387页。

反女性主义者都会很谨慎地强调:"当然",他们并不意味着应该把性别上的不平等转化成法律上的不平等);并且,人们应该将斯宾诺莎的这个"权力=权利"的等式解读成对帕斯卡尔著名的《思想录》背景的反对:"财产的平等无疑就是权利,但是,因为人们不能使威权服从权利,就使权利服从威权。因为他们不能增强正义,就将力量合法化,所以权利和威权共生在一起,和平占据主导地位,这就是至高的善。"① 在这种过渡中关键的是潜藏的*形式主义*的逻辑:正义更关系到它的*形式*,而不是内容——正义的形式应当被维护,甚至根据其内容而言,它也是其反面,即非正义的形式。也许有人会说,形式和内容之间的这种矛盾并不是特殊的、不幸情境的结果,而正是正义观念的构成部分:正义是"自在地"存在于其观念中,而非正义的形式则是一种"合法化的力"。通常,当处理一场结果已经提前被政治和权力利益所确定的、虚假的审判时,我们会说这是一场"正义的歪曲"——它假装是正义,但实际上只不过是把原始的权力或腐败的展现当成正义罢了。如果正义观念"本身"就是这样,那"歪曲"呢?当帕斯卡尔以一种顺从的方式总结说,如果权力不能达到正义,那么正义就应该掌握权力,他所暗示的难道不就是上面所说

---

① 布莱士·帕斯卡《思想录》,英格兰哈蒙德沃斯:企鹅出版社1965年版,第51页。

的吗？

正义这种终极的状态不正是最纯粹、最激进的空想的状态吗？甚至在解构理论中，甚至在晚期的法兰克福学派那里，正义正是作为德里达所说的"不可解构的"终极的地平线发挥作用的。尽管正义既不来自推理也不来自正义，它完全内在于我们的经验，由直觉而进行预设（"必须要有一种正义"），否则一切都没有意义，我们整个的世界就会崩溃（康德，以其对纯粹实践理性的"设定"来追踪正义的这种状态）。因此，正义是一种纯粹的预设构架——不管它真实与否，它都必须被预先设定。换言之，这是一种终极性的"我知道，但还是……（原文是法文）"：尽管我们知道它有可能是一个幻想，但我们还必须依靠于它。正义在伦理学与本体论之间提供了秘密的连接：世界上必须要有正义，尽管它是作为隐藏的潜规则。因为甚至连"解构"都必须在这个神学地平之内，人们就可以明白为什么它很难成为一种无神论。

当康德在"普通的恶"（出于某种"病态的"动机而违背道德，例如贪婪、好色、野心，等等）、"激进的恶"与"残忍的恶"之间做出区分时，他自己也陷入了类似的困境。这样看来我们似乎在处理一种简单的线性等级："普通的恶"、更"激进的恶"以及最终的、不可思议的"残忍的恶"。不过，如果更仔细地审视的话，就会清楚地明白，这三种类型根本不在同一个层面上。换言之，康德混淆了不同的分类原则。① "激进的恶"指的并不是一种特定种类的恶的行为，而是人类本质的一种先验的倾向（行动上的自我中心主义，对病态动机的偏好超过普遍的伦理责任），它为"普通的"恶的行为开辟了空间，而这种行为是植根于人类本质中的。与之相反，"残忍的恶"实际上指的是一种特定种类的恶的行为：这种行为不是由任何病态的动机所驱动，而是想做只因为"任性"，此种恶行出于*非病态的动机*——某种近似于波（poe）所说的"任性的小恶魔"的东西。当康德声称"残忍的恶"并不会实际发生（人类不可能将恶本身上升到普遍性的伦理准则）的时候，他不过是在主张人们应该将它当作一种抽象的可能性提出来。非常有趣的是，他所提到的具体的例子（在他的《道德形而上学》的第一部分），是一个被审判的弑君者的例子，是法庭对这位杀害国王的人进行宣判的过程。康德声称，与那种暴徒只杀死国王一人的普通的叛乱相反，这种（借助法律原则的具体化）宣布国王之死的审判过程，从内部摧毁了法律（原则）的形式，把它变成了一种令人害怕的歪曲。这就是为什么正如康德所说的那样，这种行为是一种永远不能被宽恕的"不可磨灭的犯罪"。不过接下来，康德又激烈地论证道：在另两个这种行为的历史性事例（分别发生

---

① 我在这里的讨论基础是阿兰卡·苏潘契克的《真实的伦理学》，伦敦：Verso出版社2000年版。

在克伦威尔治下和1793年的法国）中，我们所接触的只是一群复仇的暴徒。为什么在康德那里会有这样的摇摆和分类上的混乱呢？因为如果他要肯定"残忍的恶"的现实可能性的话，他就无法将它与善区别开来：因为这两种行为都是非病态动机所驱动的，正义的歪曲就变得与正义本身无法区分。从康德到黑格尔的转变不过就是从康德的不连贯性转变到黑格尔胆大妄为地假定了"残忍的"恶与善本身的同一性。"激进的"恶与"残忍的"恶之间并没有一种清楚的划分，它们之间的区别是人类本质中的一种普遍的、不可还原的倾向与一系列特殊的行为（尽管是不可能的，却是可想象的）之间的区别。那么，为什么康德需要这种超越了"普通的"病态性恶的过量呢？因为缺少了它，他的理论就不能将善与恶之间冲突的传统观念解释成人类本质中的两种倾向之间的冲突：自由自主行动的倾向和在病态的、自我中心主义动机驱使下行动的倾向。① 从这个观点出发，在善与恶之间的选择，本身并不是一个自由的选择，因为只有当我们在义务面前可以匿名地行动的时候，

---

① 根据康德的理论，如果一个人发现自己和另外一个沉船事件的幸存者都浮在海面上，而附近有一块漂浮的木头，仅能承载一人浮动，这时候，道德考量就不再有效了。没有什么道德律令禁止我为了争夺木筏上的这个位置与这个幸存者拼死斗争，我做这件事情的时候，在道德上完全可以不受任何处罚。人们在这里可能就会遭遇到康德伦理学的界限：如果有人不是出于病态的原因而自愿地牺牲自己给其他人生存的机会呢？既然没有任何道德原则强令我去这样做，是不是就意味着这样的行为不具有伦理上的合理性呢？这种奇特的例外是不是表明，冷酷的自我中心主义、对个人生存和获取的关心，是康德伦理学中"沉默的"病态预设呢——即只有当我们将人的"病态"图景沉默地预设为一种冷漠的、功利主义的自我中心论者的时候，康德的伦理学建构才可能存在。

我们才是真正自由地行动（当我们遵从病态的动机的时候，我们是被束缚在自己的本质之上）。不过，这一点就反对了康德伦理学的基本论证，根据后者，对恶的选择是一种匿名的、自由的决定。

回到帕斯卡尔。他的权力和威权的统一难道不正类似于尼采的"命运之爱（amor fati）"和同一的永恒轮回吗？既然，在我生命中的这个特殊的时刻，我被过去所施加在我身上的重担所约束，对我的无条件的权力意志的肯定就总是会被一种有限性所阻碍。而这就是当我被迫被预设为一个既定存在的时候，被抛进特殊情境的存在所具有的有限性。于是，要有效地肯定我的权力意志的唯一方式就是，将我转移到一个新的状态，在其中我可以有自由的意志、可以肯定我意志的结果，相反我所经验的是外在的命运强加给我的东西；而要做到这一点，唯一的办法就是去想象在将来发生的"同一的永恒轮回"，这是我当下困境的一种重复，我已经完全做好了准备去自由地假设它。但是，这种推理是不是也隐藏了与帕斯卡尔同样的形式主义呢？它的潜在的前提是不是"如果我不能自由地选择我的现实并克服决定我的必然性，我就可以从形式上把这种必然性本身提高成为我所自由地假定的某种东西呢？"或者如尼采最大的复仇者瓦格纳一样，在他的《众神的黄昏》中所说的："对众神没落的恐惧并不使我悲伤/因为这正是我所希望的！/在纷争的巨大痛苦中/我曾在绝望中盼望/而如今，我可以自由地表演了，充满欢欣和快乐。"这不正说明斯宾诺莎的立场建立在同样被指定的同一性上面吗？因此，斯宾诺莎，不正是直接反对了犹太教-列维纳斯-德里达-阿多诺对于最后的救赎的盼望吗？这种盼望的理念就在于，我们的世界并不是"万有一切"，不是最后及最终的真实，因此我们必须牢牢地依靠于某种作为他者的弥赛亚的承诺。德里达认为，"这种弥赛亚性，被剥夺了一切"[1]。他的这种观点实际上非常接近于晚期法兰克福学派对于宗教的态度。但在后者那里，这一点被麦克斯·霍克海默所使用的拜物教式的否定公式很好地包装了起来。他在为批判理论著文的时候写道："他知道没有神，但他却信靠他。"[2]

在斯宾诺莎为数颇多的"道义论"维度的激进悬置中，之前所有的特点达到了峰值。这就是我们通常理解为"伦理的"（这里说明的是当我们有选择的时候，我们应该如何去做的标准）最后一个特征——这种在一本书中被称为*伦理学*的东西，是一种自在的完成。在斯宾诺莎对堕落的著名解读中，他声称神必须要说出那个禁令，即"你不可吃那棵智慧树上的苹果"，因为我们感知真实的因果联系的能力是有限的。对于那些有知识的人们，我们应该说："吃智慧树上的果子对你的健康是危险的。"这种将禁令完全翻译

---

[1] 雅克·德里达《信心与知识》，见 J. 德里达和 G. 瓦蒂莫所主编的《宗教》，剑桥：普利提出版社1998年版，第18页。
[2] 麦克斯·霍克海默《全集》第14卷，法兰克福：Suhrkamp Verlag 出版社1994年版，第508页。

成认知性陈述的做法，又一次将世界去主体化，它暗示着真实的自由并不是选择的自由，而是对决定我们的必然性的准确洞见。下面是他的《神学政治论》中的一段重要论述：

因此，上帝肯定什么与否定什么，永远含有必然性或真理；所以，如果上帝对亚当说他不要他吃善恶知识树的东西，那就要发生一个矛盾，就是亚当是能够吃善恶知识树的东西的，并且一定不应该吃，因为神的命令含有一个永恒的必然性与真理。但是，既然《圣经》仍然说上帝恰给了亚当这个命令，而且亚当还是吃了树上的东西，我们就不能不说，上帝启示于亚当，若是吃树上的东西是会有灾祸的，但是并没有启示这种灾祸必然要实现。那么，亚当没有把这个启示当作一个永恒的必然的真理，而是当作了一条律法，就是说，当作了戒律，随之以赏罚，赏罚不一定根据动作的性质，而是完全由于秉权的人的一时的兴致和绝对的威力，所以只是在亚当看来那个启示是一条律法，上帝是个立法者与秉权的人，这也完全是因为亚当缺乏知识，他才这样想。由于同样的原因，即缺乏知识，十诫在希伯来人眼中看来，是一条律法，因为，他们既然不知道上帝的存在是一条永恒的真理，一定是把十诫中所启示于他们的，即上帝存在，与只有上帝才应该被崇拜,当作一条律法。①

在此,想象和观点的层面与真实知识的层面是相互对立的。想象的层面是人格化的:我们面对的是这样一种叙事,某些代理者们制定了秩序,我们可以自由地选择遵守或不遵守,如此等等;在这里神本身是施与了仁慈的最高君王。相反,纯粹的知识,它传达的是非人格化的真实之间的彻底的神人同形同性意义上的因果连接。人们喜欢说斯宾诺莎是以犹太人的方式反对犹太人。他把不能拜偶像的禁令延伸到人自己身上——不仅"不要以人的形象来描画神",而且"不要以人的形象来描画人本身"。换句话说,斯宾诺莎在这里比"不要把诸如目标、仁慈、善、恶这样的人类观念"投射到自然身上这样的常规警告走得更远了一步——我们甚至不应该用它们去思考人类本身。在前面所引的段落中最关键性的话是"因为缺乏知识"——法律、禁令、道德命令等整个"拟人化的辖域",都建立在我们忽视的基础上。所以,斯宾诺莎所拒绝的是拉康称之为"主人能指"的必然性,它是填补了能指匮乏的反思性能指。在这里,斯宾诺莎自己关于"上帝"的精彩例子非常重要:当神被想象成一个强有力的人的时候,它只是表现了我们对真实的因果性的忽视。在此,人们应该想起诸如"热素"

---

① 见上文所引斯宾诺莎《神学政治论》,第63—65页。(本段译文参照商务印书馆温锡增译本——译者注)

或马克思的"亚细亚生产方式"这样的概念,或是今天的"后工业社会"的事实——这些概念表面上看起来指的是一些肯定性的内容,但实际上仅仅是表现了我们的疏忽。斯宾诺莎前所未有的努力就是在强度、戒律等"拟人化"道德范畴之外来思考伦理学本身。他提出的是一种狭义上的"本体伦理学",这是一种被剥夺了"道义论"维度的伦理学,是一种没有"应该"只有"是"的伦理学。那么为了悬置这个"主人能指"的戒律的伦理维度,他付出了什么样的代价呢?精神分析给出的答案非常清楚:超我。超我与知识站在一边:就像卡夫卡的法律一样,它对你毫无所求——它就在原地等着你。这就是我们今天到处都可以看到的操作性命令:"吸烟有害健康"。什么也没有被禁止:你只是被告知了一个因果联系。同样的,"当你真正享受它的时候再去做爱!"这样的禁令,是最好的破坏享受的方式。这个结论看起来有点奇怪。在第一种路径中,如果曾经有过一个哲学家完全不提及超我,这就是斯宾诺莎。他的思想不正表明了一种几乎可以说得上圣洁的无差别的独特态度吗?这种态度不仅被抬升到普遍的人类热情和兴趣之上,而且也被抬高到愧疚和道德愤慨等一切情感之上。他的世界不正是充满了不否定生命的否定性的、纯粹肯定之力的世界吗?他的态度不正是对生命的一种快乐的肯定吗?不过,如果超我就是这种无差别性和对生命的纯粹肯定的另一个秘密的名字,那又怎样呢?

康德，黑格尔

正是在这个点上，康德——康德的间断——插入了进来。斯宾诺莎和康德共同认为，美德是其自身的奖赏，不需要其他。他们都蔑视并且拒绝那种流行的观点，认为在死后，我们的善行会被奖赏而恶行会被惩罚。不过，康德的论点却是，斯宾诺莎那种缺少了无条件"应该"的道义论维度的知识立场是不可能维持的：在存在的构架中有一个不可还原的断裂，通过这种断裂，"应该"的"道义论"维度介入进来——"应该"填补了"是"，即存在的不完满。当康德说，他缩小知识的领域，为宗教信仰留出空间时，事实上已经是采取了激进的反斯宾诺莎的方式：从康德的观点来看，斯宾诺莎的立场，看起来似乎是主体被简化成提线木偶的噩梦般的情景。那么，准确地来讲，木偶到底代表了什么呢——是一种主体性的立场吗？在康德的《实践理性批判》中的一个题为"人的认识能力之巧妙适应于其实践归向"的神秘子章节中，我们可以发现"木偶"这个词。在这一节中，他力图回答当我们想要找到通向本体（noumenal）领域、通向物自体（Ding an sich）的时候，到底会发生什么：

"道德法则出来讲话,要把这些性好局限在它们应该在的界域之内,甚至把它们屈抑于一个不肯顾及性好的较高目的之下,这样,似乎道德心不得不伴着性好相与周旋搏斗,最初它告败绩,但后来渐占优势,终于双方对立颉颃的局面消除;殊不知上帝和永恒以其大可寅畏的威严,不休竭地出现于我们的眼前……所以,多数合一于法则的行为是出自畏惧而不敢不如此,少数行为则本着希望心而做成,但绝无因义务感而致者。于是行为的道德价值,可以说全等于零。其实在最高智慧的心目中,是专凭这道德价值以估定人格,甚至全世界价值之高下有无。倘使人的本质依然故我,他的品格行为就不免变成机械性,有似傀儡戏中一切活动固然煞是好看,然而全无生命,木偶而已。"①

因此,对康德而言,通向本体领域的直接道路会将"自发性"从我们身上剥夺走,而这种自发性形成了先验自由的核心:它将把我们变成无生命的机器人,或是用今天的话来说,变成"思维机器"。这段话所暗含的意义比它表面上看起来的要激进和矛盾得多。如果我们抛弃它的不一致(恐惧和无生命的手势怎么能共存呢?)它的结论是,在

---

① 伊曼努尔·康德《实践理性批判》,纽约:麦克米兰出版社1956年版,第152—153页。

现象和本体的层面上，我们——人——只是一种没有自主性和自由的"单纯的机制"而已。作为现象，我们不是自由的，我们只是自然的一部分，是"单纯的机制"，完全从属于因果联系，是原因和效果连接的一部分；作为本体，我们也不是自由的，但可以被还原为"单纯的机器"。（康德所描述的那个直接知道本体领域的人，从狭义上说，不正类似于被快乐和痛苦的微积分所完全决定的功利主义的主体吗？）*我们的自由仅仅存在于现象和本体之间的那个空间*。所以，这并不是说，康德只是简单地把因果性限制在现象层面，是为了可以肯定我们在本体层面是自由、独立的代理人：只有当我们在现象范围之内时，我们才是自由的，而本体层面是我们无法企及的所在。我们在这里又一次遭遇了两种真实概念之间的张力，即不可企及的本体的"物自体"的真实和作为重复与同一之间的鸿沟和裂缝的真实：康德的真实是现象之外的本体的"物自体"的真实，而黑格尔的真实则是现象与本体之间的鸿沟本身，这是使自由得以维持的鸿沟。

要走出这种困境，我们是不是只要声称，当我们在本体上具有自主性的时候我们就是自由的，*但我们的认知观点却仍然受现象层面的限制*？这个主张是说，我们在本体层面拥有"真实的自由"，但如果我们要以认知的方式来体察本体层面的时候，这种自由就是毫无意义的，因为这种体察总是会决定我们的选择——当我们面对行恶的代价就是受神圣的惩罚的时候，谁还会选择恶呢？但是，对于"什么是真正的自由行为"这个问题，这个假想的例子真的为我们提供了一个合理的答案吗：本体性实体的自由行为，真正的*本体性自由*的行为？这将是即使知道选择恶的一切必然的可怕的结果，*还毅然决然地选择了恶*。这是一种真正的"非病态的"行为，是一种不出于任何的个人病态兴趣的行为。

所以，康德的先验回归的基本立场就是将阻碍颠倒成一种肯定的条件。在经典的莱布尼茨的本体论中，我们作为有限的主体，可以自由地行动，而不受限于我们的有限性，因为自由是将我们与无限的神统一起来的火花；而在康德那里，这种有限性，是源于我们与绝对的分离，正是我们的自由的*肯定性*条件。简单来说，不可能性的条件就是可能性的条件。在这个意义上，当苏珊·雷曼评论说，"对关于表象与真实之间差异的激烈讨论的担忧，并不是因为害怕世界事实上可能并不是我们看到的那样——而是害怕它将会变成什么样"①，她的确是对的。这种恐惧最终是伦理性的：表象与真实之间鸿沟的弥合将剥夺我们的自由以及我们伦理上的尊严。这就意味着本体性真实和表象之间的鸿沟是加倍的：人们必须区分"自在的"本体性真实和本体性真实在表象范围内（也就是说，在我们的经验自

---

① 苏珊·雷曼《现代思想中的恶》，新泽西，普林斯顿：普林斯顿大学出版社2002年版，第11页。

由和道德律令范围内)所*显现*的方式。区分这两者的微小边界就是崇高与可怕之间的边界。上帝对于我们而言是崇高的,从我们有限的观点——自在的经验来看,上帝有可能会变成一种令人压抑的恐怖。

不过,大家要非常小心,不要错过康德针对的对象。首先,表面上他只是假设了斯宾诺莎已经预示过的某种特定的位置:在知识的同形同性论立场不能成立的情况下,他宣布不可达及的存在的本质性秩序,是我们理性的禁区,因此只为道德开放了空间。(在今天新康德主义对生物遗传学的反应中,不也同样可以清楚地发现这种立场吗?哈贝马斯说,尽管我们现在知道我们的性情都是依靠无意义的基因偶然性形成的,但让我们假装不是这样并付诸行动,这样我们就可以维护我们的自尊和自主的意义——这里的矛盾在于,只有禁止去考虑那些对我们有决定作用的盲目的自然偶然性时,这种自主性承诺才被维护。也就是说,自相矛盾的是,我们是通过限制我们科学介入的自由性来维持我们的自主性的。)不过,事情要更复杂得多。在《词与物》中,福柯引入了"经验-先验双重构造"的观念:在关于主体性的现代哲学中,主体从定义上被分裂为一种内在的世俗的实体(经验的人,作为实证科学和政治管理的客体)和先验的主体,世界本身的建构性代理人——这个不确定的谜团就是将两者联系在一起的脐带。并且,只有在反对这一点的背景上,人们才能去衡量海德格尔的成就:

他将"先验"维度（定在［Dasein］是作为世界开放的场所）建立在人的有限性之上。道德，这一真实的局限的标志不再是假想的永恒主体的一种瑕疵；它正是其独特地位的源泉。这里不再能接受新康德主义者（卡西尔）认为人本身就处于两个领域中，即理想价值的永恒领域和自然的经验领域；也不再能接受胡塞尔的病态的想象，他认为人的整体性已经死于一场瘟疫，而只有先验性的自我可以从中幸存下来。在此，我们应该坚持这种双重机制的分裂，赞同一种前康德主义的问题式，即把人分成特殊性的/感性的/动物性的方面和普遍性的/理性的/神性的方面。康德的先验不可还原地根植于经验性/时间性/有限性——当它发生在时间性的有限维度里的时候，它就是跨经验的了。先验性的这一维度（它特别反对本体的维度）就是斯宾诺莎那里缺失的东西。

相应的，难道我们没有在康德的先验转向的核心发现，对于我们而言，事情表面上怎样呈现与它实际上如何呈现之间的差别吗？现象的现实并不仅仅是事情向我们显示的方式。它显示了事情如何"真正地"向我们显示的方式，这是它们构成现象现实的方式，与单纯的主观性的/假想的表象相对。所以，当我在我的现象现实中误解某个客体的时候，当我把它错误地当成另一个不同客体的时候，所犯的错误并不是我不知道事物如何"真正自在地存在"，而是我没有意识到它们如何"真正地向我展现"。我们不能高估这种康德式转变的重要性。对康德主义这样的哲学，最终应当从康德主义革命的最有利的位置来进行解读，即它不是一种希望达到"绝对知识"，达到对现实总体的全部了解的天真的想法，而是在处理位于世界中的实体时所预设的前理解领域的布展。因此真正的哲学是自康德（他的先验概念）而始的。我们以前所拥有的是一种简单的世界本体论，它是一种关于"万有"的知识，而不是关于世界的先验-解释学领域的观念。所以，后康德主义思想的最基本的任务就是"仅仅"思想康德，直到终结。在其他思想家当中，海德格尔就是希望通过《存在与时间》，回到康德解读本体论的历史——也就是说，把亚里士多德的物理学当作一种对希腊人眼中的存在、生命等观念的解释学阐释。（不幸的是，海德格尔后来放弃了这个想法，希望作出一个康德式的突破，不再把康德的先验转向看作是在对存在的主体性忘却过程中的更远的一步。）最讽刺的是德勒兹在某种程度上完全意识到了这个事实。在他1978年关于康德的演讲中，他声称，对于康德而言，"在表象背后根本就没有一个本质，它是事物表象背后的意义或非意义"；它证明了"思想的一种全新的氛围，关于这一点，我们可以说我们在这方面全都是康德主义者"。①

黑格尔在这个星丛中添加了什么呢？他完全不是斯宾

---

① 吉尔·德勒兹《讲座一》，见网站 www.deleuze.fr.st.

诺莎和康德这两个极限之间的"调和者"。相反，从一种真正的黑格尔主义的观点来看，康德的问题在于*他还是太斯宾诺莎了*：存在的无缝的、完整的肯定性仅仅被转移到了不可达及的"自在"上。换言之，从黑格尔的观点来看，这种对可怕的自在本体的迷恋就是根本性的诱惑。因此，在这里要做的事情不是再回到旧式的莱布尼茨的形而上学中——甚至当它宣称要历史地强迫我们进入"黑暗的本体性的中心"并直面它的恐怖——而是将这一割裂了我们与本体性绝对之间的不可逾越的鸿沟转变为绝对本身。因此，当康德肯定我们知识的界限的时候，黑格尔并没有直接回答说他可以克服康德的这个鸿沟，而通向一种以前批判的形而上学式的绝对知识。他宣称，康德式的鸿沟已经是一种解决方案：存在本身就是不完满的。这就是黑格尔的那句格言"人们不应该把绝对想象成实体，而应该想象成主体"所表达的意思："主体"就是存在构架中的裂缝。

黑格尔1：从后体位袭击德勒兹

萨默塞特·毛姆在他的自传中谈到，他总是如饥似渴地阅读许多伟大哲学家的著作。在这其中，他从他们身上发现了一些值得学习的有趣的地方，一种同他们建立联系的方式——只除了黑格尔，这个对他来说完全陌生和不可参透的家伙。黑格尔，就如同绝对他者一样，是一个自己与自己相区别的哲学家（"不管这意味着什么，它都很明显地与黑格尔的绝对知识不相容"），在当代哲学中的影响意志延续到德勒兹。除了黑格尔之外，还有三位哲学家也为德勒兹所憎恶：柏拉图、笛卡尔和康德。不过，对于这后面的三位，他却找到了一种"违背他们自己意愿"的方式来解读他们，即发现在他们的理论实践中，过程（创造概念的过程、"展现"概念的过程）提供了一种削弱他们的"官方"立场的方式。要明白这一点，只需要去想一想他在《意义的逻辑》的附录中对柏拉图的解读。在那里，他几乎把柏拉图阐释成了一个反柏拉图主义者，也对笛卡尔在构建"我思（cogito）"概念时所使用的"蒙太奇"和展现的过程进行了详细的解构，更把康德的理性的多重能力变成了反对主体的先验统一性。在这三个例子中，德勒兹试图进入他的论敌的领域，并最终成功曲解了这位本应成为他最大敌人的哲学家。但是，对黑格尔他却没有这么做，在他看来，黑格尔是"从头坏到脚"，不可救药。德勒兹把他解读其他哲学家的这种方式概括为被一种驱使所引导，即

把哲学史看作一种鸡奸或完美的概念。我认为自己是鸡奸了一位作者，给他生了个孩子。这是他自己的后代，不过是个怪物般畸形的后代。是他自己的后代这一点真的非常重要，因为这位作者就不得不完全

按照我强迫他的方式来言说。而这个孩子也必然是畸形的，因为它从转移、变形、混乱以及我非常得意的隐秘的排泄物而来。①

这种令人出乎意料的、对鸡奸的哲学实践的提法，最好地阐释了德勒兹通过他所主张的存在的单一性所真正瞄准的东西：一种将分散的、不相容的事件或命题（"完美的概念""鸡奸""哲学解释"）想象成发生在同一个本体层面上的态度。因此，最重要的是要明白，对于"鸡奸哲学家"这样命题的正确态度，不是将它当作一种隐晦的、傲慢的、鄙视的讥讽，而是一种非常朴素的严肃的态度：德勒兹并不是故作惊人之语地来跟我们搞笑。福柯也采取了同样的路径，他在系谱学中把哲学陈述、经济争论、司法理论、教师的禁令和性建议都放在了同一性的相同层面。这种鸡奸的哲学实践将德勒兹与解构领域区分开来；这两者之间鸿沟的最明显标志就是德勒兹对后者的"怀疑的解释学"的强烈反对。他建议他的学生要：

> 相信你所研究的作者。照你自己的意思去前进……你必须熄灭你自己内心中反对的声音。你必须让他自己说话，分析他自己话语的频率，他自己迷恋

---

① 吉尔·德勒兹《哲学和权力的谈判》，第6页。

的类型。①

（如果德勒兹在解读黑格尔的时候，也遵从这种方法，显示出某种可读性的话那该多好。）与此相联系的是将德勒兹与解构区分开来的第二个特点，这就关系到他的"间接的自由言论"的哲学风格。德勒兹和德里达都通过对其他哲学家进行一种详细的解读来布展自己的理论，也就是说，他们都拒绝对哲学体系进行前康德式的、非批判的、直接的展现。对于他们两者而言，今天的哲学只能在元哲学的模式中，被实践为一种对（其他）哲学家的解读。但是，当德里达以一种批判性解构的方式来消解已经被诠释过的文本或作者的时候，德勒兹却以他哲学上的鸡奸，把被阐释的哲学家自己最隐秘的立场归咎给哲学家本身，并努力将这种立场从他那里抽离出来。因此，当德里达使用"怀疑的解释学"的时候，德勒兹却对这位被阐释的哲学家施加了太多的善意。在直接的物质层面上，德里达不得不一直求助于引号，这表明他所使用的概念并不真是他自己的；而德勒兹却核准了一切，他不使用引号，直接通过被阐释的哲学家的间接的自由言论来说话。当然，我们很容易证明德勒兹的这种"善意"比德里达的解读更暴力、更具有

---

① 这引自安德鲁-皮埃尔·克伦巴的《文学和哲学中的三种力量》，摘自伊恩·比克能主编的《一个德勒兹的世纪?》，北卡杜海姆：杜克大学出版社1999年版，第204页。

颠覆性:他的鸡奸行为产生出了真正的怪物。

我们应该反对一种倾向,即将德勒兹的内在性概念和生成之流的"纯在"概念归结为直接的德里达式的批评(解构式的解读),而责备德勒兹是一种"存在的形而上学"。一般地来讲,这种批判并没有错,但是它太过于"切中要害"了,太过于直接地攻击到它的靶子上了。当然,德勒兹肯定存在(presence)反对表征(representation),等等,但正是这一明显的事实使我们在这里作出了一种根本性的误解。这一批判忽视了一个事实,即德里达和德勒兹言说的差异性,他们使用的是两种完全不相容的语言,其间没有任何共通的基础。

德勒兹在此是深深地拉康主义的:拉康在他"以萨德"来解读康德的时候有没有做同样的事情呢?雅克-阿兰·米勒曾经用和德勒兹一样的语言来形容这种解读。拉康的目的就是"鸡奸康德",生下一个萨德式的怪物作为康德自己的后代。(那么,海德格尔对前苏格拉底的碎片的解读是不是也采取了同样的路径呢?那他有没有鸡奸巴门尼德和赫拉克利特呢?他对于巴门尼德的"存在与思维的同一"的扩展性的解释是不是哲学史上最伟大的鸡奸行为之一呢?)从《意义的逻辑》开始,"完美的概念"这个术语就毫无原因地与非生产性的意义流联系到了一起。德勒兹的解读并没有在原因与效果的真实叠加的层面进行;他坚持把"现实主义"的解释当成是肛交之所以区别于阴道性交的地方。

这就是德勒兹的间接自由言论的"真相":这是一个哲学鸡奸的过程。德勒兹甚至介绍了鸡奸一个哲学家的几种不同方式。他声称,在他关于尼采的书中,事情颠倒了过来,是尼采鸡奸了他,而斯宾诺莎拒绝被鸡奸,等等。不过,黑格尔是绝对的例外——仿佛这个例外是构成性的。由于禁止在鸡奸哲学家的行为中出现乱伦,所以反而提供了很多其他的可以鸡奸的哲学家。如果我们在此面对的真的是乱伦的禁令,又会如何呢?这就意味着,黑格尔在一种不被承认的方式中,与德勒兹有着*神秘的相似性*。

因此,简而言之,为什么我们不应该冒一下险去鸡奸德勒兹本人呢?为什么不能以*黑格尔去鸡奸德勒兹*呢?这也就是这本小书的根本目的。如果我们用黑格尔的幽灵去鸡奸德勒兹,会产生出什么样的怪物来呢?这个完美概念的子孙会长什么样呢?黑格尔真是一个"不可鸡奸的"哲学家吗?如果恰恰相反,黑格尔是哲学史上最伟大而独特的自我鸡奸犯,又如何呢?如果"辩证的方法"是最永恒的自我鸡奸,又如何呢?萨德曾经写道,对于一个男人而言,最终极的性愉悦就是刺穿他的直肠(当勃起的阴茎足够长又足够富有弹性、能被弯曲的时候,就有可能做到这一点)——这种自我鸡奸的封闭循环有可能就是黑格尔的循环的"真相"。(但是,在谈到把哲学当作鸡奸行为时,德勒兹与黑格尔-拉康之间还是存在区别的:德勒兹本人是施行此行为的鸡奸犯,而黑格尔和拉康却位于乖张的观察者的位置：他们筹划了这场鸡奸的景象，并等着看结果将会怎样。所以，拉康设计了萨德鸡奸康德的情景——这就是人们如何"以萨德来阅读康德"——想看看萨德-康德会生出怎样的怪物；黑格尔也是一种哲学构架下的自我鸡奸的观察者，因此也产生出了另外一种哲学的怪物。）

最近，在一场关于背叛的伦理学（尼采的"高贵的背叛"是尊重的最高标志，甚至也是忠诚的最高标志）的演讲之后进行的公开讨论中，作者（一个德里达主义者）被问到了他自己关于德里达的态度：对于德里达，一个他从来没有批评过的对象，他自己的"高贵的背叛"在哪里呢？作者回答道，德里达根本不需要这一点，因为他已经一直在背叛自己（不断地质问他自己先前的立场，等等）。但是，对拉康来说不更是这样吗？他不是一直不断地在改变立场？因此当他在自己最著名的否定性生命中，哀怨地宣告"没有他者的他者"的时候，我们要问的问题应该是，最初声称有"他者的他者"的那个可怜的傻瓜是谁。答案当然是数年前的拉康本人。拉康对黑格尔最经典的攻击是在他说的"无论我怎么说，有一件事是确定的：这并不是黑格尔的绝对知识，而是黑格尔的辩证和解的完美循环"这句话中，这是不是上面说的这个过程的最高级的例子呢？如果这个"不"就是拉康对"这不是我的母亲的翻版"，又如何呢？这一点对于德勒兹是不是也是同样的？如果黑格尔这个拒绝被鸡奸的例外的人物，表达的是对过多的相似性的恐惧，那又如何呢？如果德勒兹之所以不得不把黑格尔拔高到不会被自由的间接言论所居有的绝对的他者地位，是因为鸡奸黑格尔将会产生出一个德勒兹本人也无法接受的怪物来，那又如何呢？

德勒兹等于黑格尔：这是不是最终的无限的判断？或者，正如卡特琳娜·玛拉波所说的那样①，*德勒兹：黑格尔＝亚哈船长：大白鲸*（固定的例外，作为多样性之下的统一体的"一"）——没有复杂性，没有非人格化的强度，没有多样性，只有实体化的虚伪。这就是为什么德勒兹会命令我们遗忘黑格尔。这个绝对的拒斥，这种把黑格尔"愚蠢化"、把他说成一个稻草人形象（玛拉波已经论证得很充分了）的冲动，当然隐藏了一种否认的亲缘性。弗里德里克·詹姆逊注意到了一个事实，即《反俄狄浦斯》的核心参照对象，它的更庞大的历史构架的秘密计划就是"前资本主义生产方式"，这是《政治经济学批判大纲》手稿中的一个不短的篇章。在这篇著作中，我们遭遇了一个最黑格尔主义的马克思（它的世界历史运动的整个计划依赖于黑格尔从实体到主体的过程）。那么，德勒兹的其他核心概念又怎么样呢？例如他的"具体的普遍性"等一些从字面上看起来就受黑格尔影响的概念呢？（德勒兹在这里用"具体的普遍性"所针对的是生成过程在形式上的产生方

---

① 卡特琳娜·玛拉波《谁在害怕黑格尔的狼?》，摘自保罗·帕顿主编的《德勒兹：一个批判性的读者》，牛津：布莱克威尔出版社1996年版。

式,它是用来反对将存在方式和既定现实范畴化的"抽象的"普遍性〔属、种的普遍性〕。)难怪德勒兹对柏拉图的理念的普遍性类型——它所指的是由类型所组成的因素中的相同性质(属性的集合)——逻辑的批评,与黑格尔对抽象的普遍性的批评那么接近了。

黑格尔的"观念的自我运动"事实上又是关于什么呢?只需要想一下任何一本乏味的关于哲学问题准则的教科书,所列举的一系列占统治地位的观点和主张就知道了:"哲学家 A 声称灵魂是不死的,哲学家 B 却说没有灵魂,而哲学家 C 则主张灵魂是身体的唯一形式……"这样来表达一堆"哲学家的观点"实在是明目张胆地可笑和欠缺——为什么呢?我们读者其实也能多少感觉到这一点并不是哲学,因为一种"真正的"哲学必须要能够系统地解释这些不同的"观点"(立场),而不是仅仅将它们罗列出来。简而言之,我们希望得知的是,一种"观点"如何从另外一种"观点"的不一致和不足中产生出来,所以这些"观点"的链接可以形成一个有机的整体——或者,如黑格尔所说,哲学史本身是哲学的一部分,而不是一个只介绍不同的观点是对是错的比较报告。这种观点(立场)之间的有机交织正是黑格尔所谓的观念的"自我运动"。有人——甚至如弗朗西斯·福山,他声称自己是一个黑格尔主义者——总喜欢以"黑格尔相信……"来开始一个句子。但这就是为什么他的这种做法使他不仅是一个不合格的黑格尔主义者,也是一个不合格的严肃哲学家。哲学根本不是关于不同个人"信仰"的报告。

那什么是与唯名论的"观念（Notion）"相对立的黑格尔的"概念（Begriff）"呢？它是将不同的特殊客体的共同特点抽象化的结果吗？我们无意中发现了一个并不完全"适合"它的一般性种类的特殊例子，即一个"非典型的"例子；下一步就是要承认每一个特殊的客体都是"非典型的"，因为*一般性的种只存在于例外当中*，在一般与特殊之间存在一种结构性的张力。在这一点上，我们意识到一般不再是一种对于其子种类的空洞的、中性的囊括，而是一个和与它同种的每个实体都存在张力关系的实体。普遍性的"观念"因此获得了自身的动力。更准确地说，真正的一般正是一般与特殊之间相互对立的动态平衡。也正是在这一点上，我们从"抽象的"一般过渡到"具体的"一般——也就是当我们承认每一个特殊都是一个"例外"的时候，一般也就不再是包含了其特殊内容却*排斥*它（或为它所排斥）的东西了。这种排除赋予了一般本身的特殊性（但这并不是真正的一般，因为它并不能把握或包含特殊的内容），然而这种失败却正是它的力量所在：因此，一般同时地被表达为*特殊*。这种姿态在政治上最精彩的例子是革命"委员会"接管的时刻——这是一个"非历史性的"集体自由的时刻，是一个"在时间中永恒"的时刻，也是本雅明称之为"辩证的悬置"的时刻。或者，如阿兰·巴迪欧以柏拉图的术语来表达的那样，在这样的历史时刻中，自由的永恒理念出现/泄露了。即使它的实现总是"有瑕疵的"，人们也应该坚守这个永恒的理念，它并不只是一种自由的特殊经验的"普遍化"，而是它们的内在衡量。（对此，黑格尔当然会反驳说，热月革命的发生是因为这样一种自由的现实化依序以恐怖的形式出现。）人们应该将这种表明的自由置入独特的时间性与保罗最初阐述的弥赛亚时间——这个时间就是当"末世即将来临"，是时间的终结的时间（如吉奥乔·阿甘本所说），即当处于一种本体的"紧急状态"时，人们应该悬置对自己的社会象征身份的完全认同，忽视这种身份的重要性，把它当成一种无感的东西——的系列中来。（这种独特的时间性必须与对秩序的入迷-狂喜般的悬置严格地区分开来，在后者中，事物被以一种普遍化的狂欢方式上下倒置了过来。）

　　黑格尔化的德勒兹故事是永远讲不完的。当提到达尔文的时候，德勒兹强调，在一种普遍性的种属之内的变异为什么不是种属的非本质性的、偶然的特殊性，而能成为进化的一种关键时刻，成为新的出现的关键时刻。这不正说明了他比自己愿意承认的更黑格尔化吗？更有甚者，德勒兹的"转化阶段"与（晚期的、辩证唯物主义的）黑格尔量变到质变的观念——他对于量不依赖于质而存在的观点的批判——不是出奇地接近吗？（难怪德勒兹在这里的参考对象之一是伊利亚·普里高津，在今天的理论家中他显得非常独特。他非常勇敢地提出，被当作自在真理的辩证唯物主义的哲学，在其意识形态作用之外，并不是没有优点的。①）因此，如果如亚哈船长的"生成大白鲸"一样，德勒兹本人也被一种奇怪的"生成黑格尔"所捕获，那又如何呢？在这里，德勒兹与黑格尔之间的差异远比它表面上看起来的更难以确定：大体上而言，德勒兹想肯定分化的生产过程的首要性，而反对任何形式的普遍性存在，而黑格尔的目标却是将（自我）运动引入概念普遍性的核心。不过，在这个意义上，黑格尔是不是也如德勒兹一般变成"概念的唯名论者"了呢？当德勒兹将普遍性设想成个体时，他是不是又更接近于黑格尔的（在对其特殊属性的自我关联的否定中）作为普遍性的个体性观念呢？

德勒兹反黑格尔的伟大主题是一种绝对肯定性的伟大主题，是他对否定性的彻底拒绝。对于德勒兹而言，黑格尔的否定性正是将差异从事于同一性的方式，也是将其还原到同一性的"自我调和"的扬弃时刻（同一与差异的同一）的方式。因此，对黑格尔的指控是双重的。黑格尔将否定性引入了存在的纯粹肯定性中，而黑格尔之所以引入否定性是为了将分化还原到一种肯定的"一"的从属或扬弃的时刻。对于德勒兹来说不可想象的只是，否定性并不仅仅是"一"的"自我调和"过程中的一段弯路。"一"在

---

① 见伊利亚·普里高津的《从存在到生成：物理科学中的时间和复杂性》，纽约：W. H. 弗里曼出版社1981年版。

这里为黑格尔所做的辩护是：黑格尔最终对否定性所做的难道不是"将否定性本身进行前所未有的肯定化"吗？别忘了在夏洛克·福尔摩斯的故事《银色马》中的一些文字："'你希望把我们的注意力引到什么地方呢？''晚上出现的奇怪的狗。''这只狗晚上并没有做什么啊。''这正是奇怪的地方。'夏洛克·福尔摩斯说道。"

不在场本身在这里被设想为一种肯定性事实；我们因此获得了一个奇怪的领域，其中，不在场伴随着在场，如同一对肯定性的事实。可能这就是人们应该如何解读帕斯卡尔的方法："一张包含了在场与不在场、快乐与不快乐的照片。现实摈除了不在场和不快乐。"① 照片（在这里与德勒兹所谓的意义-事件流同义）是一种非物质的结构，在其中，不在场本身是一种肯定性的存在。这种结构与身体性的真实形成对立，在后者中，如拉康所说，没有缺乏，也不存在不在场。2003年2月，当科林·鲍威尔在联合国安理会发言，赞成对伊拉克采取攻击时，美国国务院要求将发言者讲台背后墙上所挂的毕加索的《格尔尼卡》(*Guernica*) 的大幅复制品用其他的装饰画来覆盖。尽管对此的官方解释是，《格尔尼卡》不能为鲍威尔演讲的电视转播提供充分的视觉背景，但美国国务院的每个人很明显都在害怕：《格尔尼卡》，这幅反映了在西班牙内战中，

---

① 帕斯卡尔《思想录》，第107页。

德国空袭的炸弹对西班牙城市所造成的灾难性后果的作品，如果作为鲍威尔赞扬更为强大的美国空军空袭伊拉克的讲话背景的话，会带来"错误的联系"。这就是最根本的否定性的力量。如果美国国务院没有要求将《格尔尼卡》进行覆盖，可能没人会把鲍威尔的演讲与他背后墙上所挂的画联系起来——这个改变，这个对画作进行隐藏的行为，反而把人们的注意力转向了它，强制施加了一种"错误的联系"，肯定了它的真实。

德勒兹与黑格尔的另外一个地下连接就是*内在性*概念。如果曾经有过一个对无条件的内在性进行肯定的哲学家，这就是黑格尔。黑格尔的基本性过程不是被他在《现象学》导言中的一段名言很好地涵盖了吗？根据"为我"与"自在"之间的差异本身是"为我"的：在我们思想的内在性中，存在的正是我们自己。它体验到了事物向我们显现的方式以及事物自在地存在的方式之间的区别。这种表象和超验的真实之间的区别本身就是我们的经验性表象的事实；当我们说一个事物以某种方式自在存在的时候，这就意味着它以这种存在方式向我们*显现*。更广泛地来讲，绝对的内在性也决定了黑格尔对康德批评的状态和康德对于对立/矛盾的处理方式。我们关于一个事物的经验所居有的对立或矛盾的特点，并不是否定了我们向物自体的达及，而是将我们带到了与它的直接联系中。这也是黑格尔趋近卡夫卡的方式。自在和城堡或法庭不过是我们思维经验的内在-

运动的具体化的投射——它不是不可达及的物-城堡，而是在我们不连贯的经验中不充分投射的影像。相反物-城堡的幽灵是我们经验的固有的-内在投射的结果。最终，在《现象学》中，从一个"意识的形成"到"另一个意识的形成"不也是依赖于向绝对的内在性的转向吗？当黑格尔反对禁欲主义的时候，他并不是说它对于事物的客观状态是不充分的；他只是将其与禁欲主体的内在的"生命实践"相比较——正是这种实践（用德勒兹的话说，一个禁欲主体以禁欲主义原则所行的才代表禁欲主义）反驳了禁欲主义"是什么"。

德勒兹指向绝对内在性的"连贯性平面"的概念所付出的赌注，是他所坚持的存在的单一性。在他的"平面本体论"中，所有异质性本体的装备（assemblage）可以被设想在同一个层面上，不存在本体论例外和本体论优先。为了指出不连贯的分类所具有的为人所熟知的悖论，连贯性的平面就成为某种类似于被抛弃的元素通过发散的多元标准聚合的混合体（想想博格斯著名的分类系统［taxonomy］：棕色的狗、属于皇帝的狗、不叫的狗，等等——直到不属于这个清单上的那些狗）。在这里却不能过于简单地说，拉康的"真实"正是那些拒绝被包含在连贯性平面内部的、异质性装配所不具有的原因。相反，这个"连贯性的平面"难道不正是拉康所谓的没有例外的、因此也不是一个总体化能动性的"阴性的""并非全部

(non-All)"的组合吗?① 在讲座十一的结尾，当拉康把斯宾诺莎当成一个哲学家的普遍性能指以及康德真正的对应体②时，他这样说：斯宾诺莎是一个具有*阴性*装配的哲学家，而作为阳性例外的哲学家的康德（道德律悬置了现象性的原因和效果的交织），与他正好相反。因此，斯宾诺莎的"一－整体"是一个没有总体化的真实，它把我们带回到了拉康的根本主题上：真实不仅仅是外在于象征界的，象征界本身也剥夺了它的外在性，以及它的创始性例外。

那么，黑格尔又怎么样呢？如果他借助于把康德的现象与物自体之间的本体性对立还原到内在于现象本身的绝对的内在性张力上，而把康德"阴性化"了，那又该怎么办呢？所以在康德那里，"越轨（Transgression）"的逻辑——即为了达到真理或终极的真实，人们必须违背肤浅的秩序（及其规则），强迫通向另一个维度的通道隐藏起来——已经被悬置了。黑格尔无疑会完全同意德勒兹对巴塔耶——一个主张"越轨"的思想家——的尖刻批评：

"'越轨'，这是在教皇或神父的律法统治下的神学生们——他们都是骗子——最喜欢的概念了。乔治·巴塔耶

---

① 见雅克·拉康《讲座集：第二十书：仍然》的第六章，巴黎：Seuil 出版社1975年版。
② 见雅克·拉康《精神分析的四个基本概念》，纽约：诺顿出版社1977年，第253页。

正是一个法国作家。他泄露了文学的本质，就是一个骨子里是神父，而一直眼睛长在头顶的母亲。"①

在萨默塞特·毛姆后期写的一个故事中，一个老年的法国人要付钱给他的一个年轻的情妇。当他发现她和一个年轻男人在床上而她又承认他们之间是真心相爱时，老人提出了一个独特的解决方法。两个年轻人应该结婚；他可以给他们提供一套公寓和给男人一个工作——代价就是，每两个星期，当这个年轻男人出去工作的时候，老人就会来拜访年轻的妻子并和她做爱。这个解决办法是普遍性情形的一种颠倒：这个年轻的女人不再是和一个老人同居却爱着一个年轻的情人，她将要和她真正所爱的年轻人生活在一起，却和一个年老的、毫无魅力的男人保持着不正当的关系。这个故事不是为巴塔耶的"越轨"提供了最清楚的说明吗？巴塔耶最根本的地平就是同质性与其异质性的过量之间的张力——这也是世俗与神圣之间的张力，是交换的领域与纯粹的消费过量之间的张力。（只要巴塔耶的同质性与异质性之间的对立回应了拉康的"普通"能指和"主人能指"这对 S2 和 S1，人们就应该在拉康的《仍然》讲座中去这样解读 S1 的系列：不是把它们当成一个序数的系列，而是当成过量的系列本身。）② 或者，用切斯特顿的

---

① 吉尔·德勒兹和克莱尔·帕奈特《对话二》，纽约：哥伦比亚大学出版社 2002 年版，第 47 页。
② 见雅克·拉康《讲座集：第二十：仍然》的第十一章。

话来说，奇迹不再是扰乱了理性秩序的非理性例外，因为一切都变成了奇迹；不再需要肯定过量而反对标准，因为一切都变成了过量——在一种无法忍受的强度中，过量无处不在。这里存在的就是真实的越轨。当普通的现象现实与真实的事物的"越轨的"过量之间的张力被废除时，越轨就发生了。换言之，真正具有颠覆性的代理者肯定了存在的单一性，把同一个"连贯性平面"之内的所有的异质性元素都装配到了一起。不用再做强迫既定秩序去达及它备受创伤的、超验的核心这种荒谬可笑的虚假的英雄主义，我们立刻在伦理和鸡奸这样的悖论系列中找到了一种极其中性的内容。

黑格尔2：从认识论到本体论，从本体论到认识论

这把我们带到了德勒兹最基本的黑格尔式主题上，即他对问题和答案之间经典关系的颠倒，他对问题之于答案的不可简化的过量——也是潜存之于其实现的过量——的肯定：

"在德勒兹的路径中，被充分阐述的阐释性问题与它们或对或错的答案之间的张力是潜存与实存的本体论关系在认识论中的对应物。阐释性的问题是潜存的多样性的对应物，因为德勒兹说，'潜存拥有一项将要执行的任务和一个

将被解答的问题的现实性'。另一方面,个别的解答,是实际的个体存在的对应物:'一个有机体只能是一个问题的答案,就如同每一个分化的器官,例如眼睛,只能解决光的问题一样。'"①

这种"认识论和本体论之间的密切关系"的哲学推论是关键性的:认识论与本体论的传统对立应该被丢到脑后了。现在的情形不再是,我们,作为科学调查的主体,以一种困难的方式渐进式地接近想要探索的客观现实,表述并解决问题;而现实就在那里,完全是建构性和给定性的,对我们缓慢的过程毫不关心。以一种非常黑格尔的方式来说,我们形成知识、困惑和寻求答案的痛苦过程,正是将我们自己与现实的在手性分离的过程,是现实本身最内在的组成成分。当我们试图在动物身上确立某个器官的功能时,我们也是在重复动物"发明"某个器官以用来解决某个问题的"客观"过程本身。我们趋近构成性的客观现实的过程重复了这种现实本身生成的潜在过程。因此,我们不能"完全了解"现实的这个事实,并不标志着我们知识的局限性,而标志着现实本身就是"不完满的"、开放的,

---

① 曼纽尔·德兰达《强度科学与虚拟哲学》,纽约:Continuum 出版社 2002年版,第135页。

是生成的潜在过程的实现。①

这种通过主体假设大他者的不存在而进行的反思性歪曲，定义了分析者的主观性位置，即拉康所谓的"分析家驾驭"，并且他清楚地提示我们，这实际上就是黑格尔的立场。在他的第十七场讲座（"精神分析的朝向"）中，拉康以一种表面上看起来不连贯的方式，将黑格尔指认为"最崇高的歇斯底里症患者"，并把他作为主人的一个示范性例证，作为大学话语的一种模式。在第 20 页上，拉康强调了在黑格尔那里，哲学就是在"主人话语的层面上"这个主张是多么地扎眼（c'est saillant chez Hegel）；在第 38 页上，黑格尔被指认为"最崇高的歇斯底里症患者（le plus sublime des hysteriques）"；在第 200 页上，他写道，"黑格尔，这个知识话语（le discours du savoir）以及大学知

---

① 这也是德勒兹如何确定哲学和科学之间差异的方式。科学旨在寻求答案，而哲学则会把引导科学家们搜寻方向的问题从答案中抽离出来。不过，与库恩的科学范式的观念（科学作为一种范式）相比，德勒兹将哲学概括为（语言学上的）组合关系（syntagmatic）的主张，还是有一种根本的不明确性。相对于运动在哲学上的加速，科学是一种慢镜头，是定格的过程，是向一个固定的功能性坐标体系的还原；另一方面，德勒兹称，科学是在一种系列性的时间（线性的发展、断裂、再连接）中运行的，而哲学则是根据一种"地层学"的时间来运行的，在这种时间中，后出现者总是会被叠加到先出现者之上。但是，与"地层学"的结晶化即模式化的添加相比，这种系列性的时间不正是*组合性*（时间上的线性承继）的吗？而关键就在于这两种时间形态的准确含义："地层学"的模式化添加正是时间在一个内在的皱褶当中追上自己的结果，是在未来的影像上添加过去的"晶体影像"的结果，而科学的时间则是构成性现实在时间中的线性的、暂时的运动时间，而这意味着，它已经处于现实存在的某种固定范式中。因此，真正的对立不仅是运动结构和静止结构之间的对立，而且是与一定范式秩序相关的时间中的运动，和在过去与现在的短回路中的时间本身的运动。这种终极的运动，这种对静止秩序的根本性的颠覆，正是一种"地层学"的静止，在其中，过去和将来在一种叠加性的晶体影像中重合。

识话语（savoir universitaire）① 的最崇高的代表"。很明显，这里的每一个指认在其言说方式中都是合法的。黑格尔的体系就是无所不包的大学知识的一个极端例子，它为每一个特定的话题都分配了自己的一块地盘；如果在哲学史中曾经存在过一个屹立的主人形象的话，这就是黑格尔；并且，黑格尔的辩证过程可以被确定为是对主人的领导形象的永恒的歇斯底里化——歇斯底里的追问。那么，这三个立场中的哪一个是"真实的"黑格尔呢？答案显然是：*第四种，分析者的话语*——在献给这四种话语的这个演讲中，拉康致力于前三种话语（主人，歇斯底里症患者，大学），而遗漏了第四种。这个例子是不是清楚地体现了"借来的壶"的逻辑？也就是弗洛伊德所说的，为梦的奇怪过程赋予透明性，即，对一种责备（我把一个破了的水壶还给了朋友）列举互相排斥的答案：（1）我从来没有向你借过一个水壶；（2）我还给你的时候它没有破；（3）我从你那借到的时候壶就已经破了。对弗洛伊德而言，这种不一致的争论当然肯定了它*通过否定*（per negationem）想否认的东西，也即"我还给你一个破水壶"的事实——或者说，在黑格

---

① 我应该把这些标识归功于奥兰登·道拉。并且，顺带说一句，（黑格尔作为大学话语的代表的）最终的确定必须被解读为是反对拉康提到亚历山大·考杰夫（他把斯大林主义的官僚国家阐释为是对黑格尔的"历史终结"在历史中的实现）对黑格尔的解读的背景——难怪对于拉康来讲，"在所谓的苏联社会主义共和国中占统治地位的就是大学"（雅克·拉康《讲座集：第十七书：精神分析的朝向》，第237页），换言之，在苏联，"知识就是君王"（见上文所引雅克·拉康《讲座集：第十七书：精神分析的朝向》，第238页）。

尔的例子中，他占据了分析者的位置。这个事实的一个进一步的证据就是拉康声称分析者的话语不仅仅是四者中的一者——它同时也是我们从一个话语穿越到另一个话语时（比如说，从主人话语穿越到大学话语）浮现出来的话语。那么，如果说分析者的话语是位于从一种话语到另一种话语的穿越或转变中的话，那既是主人、又是歇斯底里症患者、同时还是大学话语代理人的黑格尔的真实位置不就是在这三者之间进行不断地穿越，即处于分析者的位置吗？

在此，我们可以清楚地确定，具有争议的德勒兹对黑格尔的关键性误解是反对/超出康德的：德勒兹继续以一种传统的方式解读黑格尔，正如那些将康德回归到绝对形而上学（它阐述了存在所具有的完全自明的且完全实现了的逻辑结构）的人一样。德勒兹已经在《差异与重复》中从他的"问题性"的观点出发，将康德的先验理念阐释为超越答案的问题的过量：一个超验的理念并不指向一种理想，而是指向没有答案、没有实现的一个问题，一项任务，它只能被完全地经历。因此，德勒兹只能把超越答案的问题的过量解读为一种反黑格尔的主题，因为他把黑格尔理解成既填补了康德体系空隙，又从康德的开放性和不确定性通向观念完全的实现/确定的人物。① 不过，如果黑格尔没

---

① 要对德勒兹用来把斯宾诺莎、康德和黑格尔这个三位体联系起来的复杂、变换和不连贯的方式做一个简洁的说明，请见克里斯汀·柯斯勒克的《哲学的眩晕：德勒兹和内在性的问题》，选自《激进哲学》，第38页。

有在康德之中加入任何肯定性的内容，不能填满这些缝隙的话，又该怎么办呢？——如果他只是在/通过问题显现为自己答案的方式上完成了观点的转变，又该怎么办呢？如果，对于黑格尔而言，"绝对地感知"并不是"全知"的荒唐立场，而是洞察到通向真理的路径如何已经成为真理自身，洞察到绝对为什么正是——用德勒兹的话说——它自我实现的永恒过程的潜存，那又该如何呢？

至此我们已经触及了*自由*问题的真正核心：拯救自由的唯一方式就是通过认识论和本体论之间的这种短回路——在这一刻，我们将知识的过程还原到外在于物本身的过程，还原到向物的无限接近中。自由迷失了，因为"现实"被想象成存在的一种完成的、肯定的秩序，想象成一个完满的、详尽无遗的本体论领域。在此，康德关于自由的不连贯性，在其结构化的必然性中是至关重要的。一方面，主体在本体的意义上是自由的——它的自由证明了这样一个事实，主体并不属于原因和效果的现象性交织的领域，它具有绝对的自发性。另一方面，自发性是先验的，而不是超验的：它是主体向自身显现的方式——正如我们在《实践理性批判》第一部分的最后一段中知道的那样，在本体层面的我们自身中，我们是全能上帝手中的提线木偶。在这里，唯一的解决办法是一种黑格尔-德勒兹式的办法：将不完满性和开放性（潜存超越实存、问题超越答案的剩余）转换到*物本身*中去。

这种出人意料的转换并不是没有喜剧性方面的。贝尔托·布莱希特就曾经写道，没有幽默就没有辩证法：辩证的颠倒与喜剧性的扭曲和观点的意外变换深刻地联系在一起。弗洛伊德在他关于玩笑的书中提到了一个著名的故事，一个中间人试图说服一个年轻人娶他所代表的一个女人，他的策略就是把每一个反对意见都重新解释为一种夸奖。当这个年轻人说"但是那个女人太丑了！"他回答道"这样你就不用担心她和别人有不轨关系来欺骗你了！""她太穷了！""这样她就不会习惯于太浪费你的钱！"如此等等。直到最后，当这个年轻人提出了一个无法进行再解释的抱怨时，这个中间人爆发了："但你到底想要什么？完美吗？人非圣贤，孰能无过！"① 在这个玩笑中，是不是也不可能分辨出对真实的社会主义政权进行合法化的潜在结构？"商店里没有足够的肉食和有营养的食品！""所以你不用担心会长胖而得心脏病！""没有足够的有意思的戏剧表演和电影，也没有好书可看！""这不正好可以培养你进行丰富的社会生活的能力，你不是可以经常去拜访你朋友和邻居吗？""秘密警察完全控制了我的生活！""所以你可以轻松下来，

---

　　① 令人备感有趣的是，我注意到，拉康在他的《无意识的形成》（巴黎：Seuil出版社1998年版）的第五个演讲中重新讲述了这个故事，他省略了最后一个颠倒——这个特点在今天的我们看来显得更像拉康的中心思想，他只是说这种批评性评论和答案的游戏可以不定期地玩下去。这个分裂不正是一个最好的证据吗？它说明了拉康在那个时期（二十世纪五十年代中期）仍然受制于进行不断解释的意指过程，而不能对中断这种能指漂移的切口在结构上的必然性做准确的概念化吗？

无忧无虑地过一种安全的生活！"等等，直到……"但是附近的工厂对空气造成的污染是如此严重，我孩子们的生命受到了肺病的威胁！""你到底想要什么？哪一个社会体制没有半点缺点！"

因此，在这短短的几行文字中，到底是什么使悲剧变成了喜剧，使最后的悲剧性视角变成了最后的玩笑式的歪曲？在很多的精彩笑话中，当讲述本身的立场堕入到讲述的内容中时，就发生了出人意料的最后的歪曲。只要想一下关于一个波兰人和一个犹太人的熟悉故事就知道了。他们合用一间火车隔间，波兰人开始跟犹太人聊天，他问道："告诉我，你们犹太人是怎么成功地榨干别人的最后一厘钱的？""好的，"犹太人回答说，"但是你要为此付出10美元！"当犹太人得到钱后，他继续说，"在半夜的时候，你去墓地，点燃一堆由特殊的木头弄起来的火堆……""什么木头？"波兰人急切地问道。"为此你还得再付10美元！"犹太人就这样不断地将球踢回，直到波兰人暴怒了，"根本就没有最终的秘密，这个故事无穷尽，你只不过是在试图榨干我们所有的钱……""现在你知道我们犹太人是如何……"犹太人平静地回答道。简单地说来，这个可怜的波兰人太急切地想要获得他最初提问的那个问题的答案，所以就完全关注在这上面，而忘记去考虑当他在寻求秘密的时候被带进的那个过程。问题在于，什么使这个故事（如果它不是一个合适的悲剧，至少是一个故事）不成为一个笑话——因为它最后的包袱是令人痛苦的,并不能带来笑声——呢?是不是只要波兰人自己意识到就足够了呢——例如,在某个时刻,他叫道:"哦,天哪,现在我知道你们犹太人是如何……"或者,是不是一个简单的、更为戏剧性的歪曲就足够了呢?——想象一下,波兰人被榨干了最后一分钱,他的家庭毁了,自己也病倒了,宣称自己一点儿钱都没有了的时候,犹太人(被丑化成邪恶的形象)挂着阴险的笑容告诉他:"根本就没有什么秘密!我不过是想给你一个教训,向你真正表明我们犹太人是如何……"或者,以一种相反的方式问同样的问题,既然俄狄浦斯的故事涉及的也是一个类似的扭曲(在他的寻找中,英雄忘记把他自己包括进去),什么样的改变足以使它变成一个喜剧呢?事实上,人们可以想象一下《费加罗的婚礼》中一个类似的故事,男主人公突然发现,他为了钱与之结婚的那个年老的、有钱的寡妇就是他的母亲。有没有可能用这种方式把这个基督教的基本故事重新讲成一个有着出人意料的包袱结局的笑话呢?一个信徒抱怨道,"有应许说神会与我同在,会给我神圣恩典,而我却是完全孤独的,神离弃了我,我困乏、痛苦,只有死荫的幽谷在等待着我!"于是一个神圣的声音回答他,"你看,你现在与神同在了,与基督耶稣同在十字架上受苦!"如果我们去思考这个根本性的辩证转变的极端性推论,那么黑格尔的"绝对感知"本身就以一种新的方式显现出来:它不再是那个叫作"黑格尔"的个体（他在十九世纪二十年代说，他"知道并且能够推断出一切要知道的东西"）所作出的狂妄自大的宣告，而是希望能够勾画出根源于其历史性星丛的知识的基本闭合/有限性来。在"绝对感知"中，我们知识的界限与感知星丛本身的界限联系在一起，于是它的"绝对的"特征在这两种极限的交叉点上出现了。

黑格尔3：最小差异

实际上，黑格尔与德勒兹的差异到底在哪里呢？这种差异可能不是内在性与超验性之间的差异，而是细流与鸿沟之间的差异。德勒兹的"先验的经验主义"的"根本性事实"在于纯粹生成的连续流所具有的绝对内在性，而黑格尔的"根本性事实"则在于内在性之中的/不可还原的断裂。在此，我们应该想起爱因斯坦从狭义相对论到广义相对论的转变：对于黑格尔而言，现象与它的超验基础之间的鸿沟是现象本身之中/绝对的内在鸿沟的从属性效果。超验是对现象的内在性的断裂的、破碎的、不连贯的这一事实的一种假想性反射。以有点简单化的方式来说，不是现象是破碎的，而是我们拥有多重的片面的观点，因为超验的物不在我们的把握之中；相反，这个物的幽灵却是现象的不连贯性的"具体化"效果。如果这种内在性（它不是由超验性引起的，其本身就是自己的原因）之中的把握是德勒兹不能接受的东西，那会怎样呢？黑格尔的真实教训就摆在那里：内在性产生了超验性的幽灵，因为内在性在其本身中已经是不连贯的了。"基督教的三段论"可以很好地代表这种运动，它包含了三个判断/分隔（Ur-Teile）：

（1）起始点是超验的经验：人们提出了人与超验的上帝之间的根本性分裂——这一点最好的例子是雅各的形象，他深深地为上帝在他身上所行的而感到困惑；

（2）在第二个判断中，这个分裂反映在上帝本身之上，它表现为父神与基督的分裂：在死于十字架上的基督的形象中，上帝本身变成了一个无神论者，他在父神的离弃中体验自身；

（3）最后，这个分裂落到了人与人性的基督之间的分裂，这是将两者割裂开来的"最小差异"。这最后的形象就是整个运动的"真实"。

这个三段论证明了内在性并不是一个起点，而是一个结论：*内在性不是一种直接的事实，而是当超验牺牲了之后，落到了内在性上时所发生的结果*。① 想一下那个完美

---

① 难道我们没有发现在精神分析的治疗中也有同样的结构吗：自我分析在结构上是不可能的，因为人们必须从"主体应该知道"的让渡性幻想出发？

地展现了黑格尔三段论的著名逻辑的笑话:三个朋友在一个酒吧里喝酒,第一个人说,"我做了一件可怕的事情。在旅行社,我原本想说'买一张去匹兹堡(Pittsburgh)的票(Ticket)!'结果我说成了'派一个纠察队(Picket)去红灯区(Tittsburgh)!'"第二个人回答道,"你这多大事啊。吃早餐的时候,我想对我老婆说'亲爱的,你能把糖递给我吗?'结果我说成了'你这个臭女人,你毁了我整个生活!'"第三个最后说道,"直到听到你们说的事儿,我才知道我到底出了什么事儿。有一天我花了一整个晚上想鼓起勇气在第二天早餐的时候对我老婆说你说出来的那句话,但临了,我却说'亲爱的,你能把糖递给我吗?'"于是,在绝望的最根部,我们看到了最常见的家庭中的一幕,丈夫请求妻子把糖递给他。简单地说来,这个笑话应该被解读成展现了常规化的日常家庭生活的隐藏的根源:正常的家庭生活的内在性是建立在沉默的绝望基础上的,所以我们不仅背叛了我们的梦想,而且甚至不可能发怒来反对这种失败。

或者,用尼采的话来说,真实不是一个"真的"观点反对另一个假的观点;它仅仅发生在从一个观点到另一个观点的穿越中(这不正是拉康在"演讲二十"中希望说明的吗?——他强调了分析者的话语只出现在从一个话语到另一个话语的穿越-变换中)。勒内·基拉尔对雅各书也进行了同样的解读。使它看起来如此具有颠覆性(简而言之,是如此真实）的正是从一者观点（神圣）到另一者观点（雅各）的转变，还有这两种观点之间根本的不相容性。①类似地，内在性只出现在超验的变换中——即在某个时刻我们突然意识到，将我们与超验的彼岸分离开来的鸿沟，正是内在性内部的鸿沟（就是"普通的"现象与彼岸所"折射"的现象之间的鸿沟）的一种拜物教化的误识效果罢了。这就是关于真实（表征的不可企及的彼岸，我们的表征围绕着其运转的坚硬内核）的相似的三段论：

（1）我们首先把真实作为一种超验的内核提出来，它总是被以一种折射的方式来想象；

（2）然后我们完成了一个"后现代的"颠倒：因为折射的表象就是全部，所以不需要任何超验真实的彼岸；

（3）前两个立场的"综合"是向真实的回归，但这是一种去实体化的真实，是一种被还原到表象之间的神秘的"最小差异"的真实：真实就是折射的原因，而不是折射之外的内核。

我们应该如何理解这一点？回到十九世纪二十年代，在朴素的马克思主义关于物自体的可知性的争论中，卡

---

① 见勒内·基拉尔《雅各：他的民的受害者》，斯坦福：斯坦福大学出版社，1987年版。

尔·考斯基认为很容易达到物自体（如在被认识的客体中，确立物体向我们所显现的表面和其属于物自体的层面之间的差异）。我们只是比较了对于同一个客体的不同认知，而这其中的不同是由我们的认知造成的，其中的相同则源于物自体。拉康的真实颠倒了这个设计。现实是始终在那里的相同的东西，而我们以一种总是片面的、扭曲的方式去认知它；而真实却是这种扭曲的原因，就是那个X，正因为它，我们对现实的认知总是扭曲的。因此真实不是我们无法达及的、一直不变的同一性的核心；相反，它处于将我们的不同认知进行割裂的鸿沟中——如德勒兹所说，即不同认知的"缝隙"中。

想想阶级斗争这个老套的经典例子。假定阶级斗争的每一个观点都暗示着我们是支持阶级斗争的，那么在阶级斗争中就没有"中立的"观点。因此，阶级斗争中的"真实"是阻止我们接受关于它的一种中立观点的障碍。这个三段论的第三版就是关于真实本身的三段论：

(1) 首先，真实是被作为不可达及的彼岸提出来的，它是某种主体只能接近却永远不可能触及的东西；

(2) 然后，非中心化地转向精神分析的真实观念，把它当成分裂与扭曲之间、"常规话语"的缝隙之间的介入；当我们话语的连续线被打断和扰乱时，真实就爆发了；

(3) 最后，我们到达了第三个位置，即我、真实、我说的位置。① 从主体到客体的转移在这里是关键性的。并不是主体所说的是真实的，而是真实真身在言说，从预言（对主体陈述的证明）到主体（阐述）。在此真实变成了一种"开始言说"的无身体的器官。

前面的两个三段论有一个共同的观念，即主体是一种不可达及的彼岸，它们正是它的两个翻版：因为它的位置是在彼岸，那么真实就不可能"直观"地呈现，而总是只能以折射或扭曲的方式——或者，如拉康所说，*真实只能半遮半掩*(la verité ne peut que se mi-dire)。只有在这第三种形式中真实才能言说。——如何言说呢？以故事，或者准确地说，以傻瓜（或者，小丑）的话语方式——从把自己指认为一个小丑的保罗到尼采。（在更进一步的分析中，人们应该把第二种模式一分为二：折射或扭曲是不是事实的效果，作为无法达及的自在的本体的真实是不是可以在这种效果之外继续存在？还是说这些折射"一直在那里"，根本没有引起它们的彼岸？）然而，*真实通过某人直接言说的这种立场*不正是一种根本性的有悖常理的假想吗？它不显然是依赖于某个大他者（正如在斯大林主义的"马克思-列宁主义"当中，党把自己当作历史必然性的执行者）的

---

① "听着，人们，现在我把秘密告诉你们。我，真实，我说。"雅克·拉康《伦理学》，布鲁斯·芬克译，纽约：诺顿出版社2002年版，第114页。

存在吗？这个反论涉及一种关键性的误解：*开始言说的"客体"就是代表了大他者中的缺乏/不连贯性的客体，也就是代表了大他者不存在这一事实的客体。*"我，真实，言说"并不意味着通过我，形而上学的真实言说了，而是意味着，我言说中的不连贯和裂缝直接联系到真实本身的不连贯性和片面性上。因此，拉康的"我，真实，言说"必须要与"真实总是半遮半掩的"一起来解读，这在他后期《电视》的开篇段落中阐释得很清楚：

"我总是言说真实。不是全部的真实，因为根本就没有办法把它们说完全。把它们说完全严格地来说是不可能的：言多必失。但是透过这种不可能性，真实却紧紧抓住了事实。"①

这意味着，思想的真正任务是将*"言说的客体"*观念与大他者的不存在放在一起思考。"我，真实，言说"并不涉及对怀疑主义和不确定性的神奇克服，而是涉及这种不确定性向真实本身的转变。（基督就是那个言说的客体，他的话语是典型的"我，真实，言说"，它是在作为神的大他者的死亡那一时刻出现的。）在这里，人们克服有限的主体性的立场，即克服"我们不可能知道真实本身，我们只能得到它的片毛只羽，我们的知识为我们的主体性位置所限，我们不可能声称真实通过我们言说……"这种立场：如果

---

① 雅克·拉康《电视》，选自《十月》第 40 期（1987 年春季刊）第 7 页。

真实本身是片面的,受到不可归约的对立的真正不可能性所影响,会如何呢?不过,德勒兹不也是遵从这种路径的吗?在《时间影像》的关键性段落中,他不也说了同样的话吗?

"重要的是……不同的影像之间、两个影像之间的裂缝:这个间距意味着每一个影像都被从虚空中拉出来,再落到上面……给定一个影像,要选择的另一个影像必须要保证两者之间有缝隙……这个缝隙主要是关系到一种结合……这个裂缝变成基始性的,而且越来越大……[这个缝隙]在边缘性的、可见的两种行动、两种情感、两种认知、两种视觉影像、两种声音影像、声音和视觉之间:它几乎不可识别……整体遭受了一种突变,因为它不再是'存在的一',而是为了变成影像之间的建构性间隔。"①

这种不是追寻特定差异而是追寻最小差异("纯粹的"差异不是将一个元素同其他特殊的元素区分开来,而是将它同其本身、同它自己被铭刻的位置区分开来,最小的差异并没有保证这个元素的[特定的]同一性,而是将这种同一性内爆成分化的无限/不确定的生产性过程)的策略,是不是就是黑格尔辩证法的核心(也许有人还会加上一句,是不是也是拉康的"能指逻辑"的核心)呢?更准确地说,这种纯粹的差异是不是先在于这两者(它们之间的差异并

---

① 吉尔·德勒兹《时间影像》,伦敦:阿斯隆出版社1989年版,第179—180页。

不是对立的真实的定义）的差异呢？在所有的对立（从性别差异到阶级斗争）中，"裂缝是基始性的"——正如在列维-斯特劳斯的熟悉例子中，两幅同样描绘村庄地图的画都寻找它们缝隙处的缺口，每一幅画都试图掩盖这个缺口。

当恩斯特·拉克劳在阐述他的差异逻辑与相等逻辑之间的根本性对立时，他肯定了对立面之间的重合：这两种逻辑并不是简单对立的，每一种被引至其极限的逻辑都可以转换成它的对立面。也就是说，正如他不止一次指出的那样，一个纯粹的分化系统（一个完全由其元素的分化结构所定义的系统，没有对立，也不可能否认它）将导致其所有元素间的纯粹相等——相对于它们域外（Outside）的空无，它们都是相等的。在另一个极端，一个根本没有结构，只是"我们"和"他们"的纯粹对立的极端的对立系统，和"我们"与"他们"（作为肯定性存在的相对立的种属）之间的自然化的差异相一致了。不过，从黑格尔的立场来看，这种逻辑的限制，在于它继续依赖于外在对立的两极——每一个从对方中抽象出来（它被引至一种极限状态，不再需要对方作为它的对立面）的对立面，都落入了对方，这只不过证明了它们之间的相互依赖。我们需要做的是从这种外在的对立（或相互依赖）更进一步，走到直接的内在化的重合，后者意味着：不仅仅是从对方中抽象出来并被引至极致的一极，与它的对立面相一致，而且两极在最开始就没有"原始的"二重性，仅仅是"一"的内

在性鸿沟。相等最初不是差异的对立面,只有在差异的体系不能完成它自身,它仅仅是这种不完满性的结构性效果的时候,相等才会出现。(类似地,在性别差异方面,女性不是男性的对立的一极,*女性的存在是因为男性不能完全成为其自身*。)因此,相对于内在性本身的宏观而言,内在性和超验性之间的张力也是次要的:"超验性"是一种视角的幻象,是我们对内在性本身所固有的鸿沟/不一致(错误)认知的方式。同样地,跟同一与其自身的不一致相比,同一与他者之间的张力也是次要的。

那么,这两种差异——元素与其位置之间的最小差异和构成对立的差异——是如何联系起来的呢?"最小差异"是普遍性与直接表现了这种普遍性的"临时的"特殊之间的差异;这种自相矛盾的特殊,只要它在普遍性的结构内部没有地位,就直接使普遍性具体化。那么,这种"独一的"普遍性是怎么与对立发生联系的呢?唯一的解决办法是一种激进的办法:对立的内核不再是整体的两个部分/两极之间的冲突。相反,它内在于整体本身。它在整体的两个方面(模式、观点)之间发挥作用:被有机构架起来的整体包含了它的所有元素,在其自身内部为每一个元素都分配了一个地位 V.S. 整体具体化为"独一的普遍性"。这就是作为等级化结构的社会与它所排斥的内容(民主党员,第三阶级,异见者)所代表的社会直接的裂缝。

"最小差异"这个观念也为理解拉康声名狼藉的"离心

（decenterment）"观念提供了线索。当拉康把精神分析的颠倒定义为不是用另一个（对的）中心来代替一个（错的）中心，而是与自身不一致的"离心的中心"的相互中介的位置时，他在此处的原创性参考对象当然就是开普勒：真正的革命不是哥白尼的革命（把太阳而不是地球作为行星运转的中心），而是开普勒的革命（他认为行星并不是在做圆周运动，而是沿着一个椭圆形的轨道运动——椭圆，不正是一个有着"离心的"/两个中心的圆吗？）。正是在反对这一背景的前提下，拉康对弗洛伊德革命进行了阐释。弗洛伊德的革命不是用一个新的中心（"更深层的"无意识自我）代替一个旧的中心（有意识的自我），而是维持一个椭圆形的"离心的"中心。基督教的独特性不正在于它所围绕的事实是同样的"离心的中心"的矛盾吗？基督教不是异教徒的多神论和"纯正的"犹太教（或伊斯兰教）的一神论的折中体；它并没有在独一的真神之外添加其他的神祇。相反，它对这个独一的真神内部进行了离心化，用的是将父神与神子基督相分离的"最小差异"。

  这种将一个领域的外在性重新刻画到领域本身的做法是真正的黑格尔式的态度。对于黑格尔而言，法律不仅仅是一种管束多重犯罪或违规的外在的总体化力量，而是犯罪行为的内在自我扬弃，是一种被拔高到绝对的犯罪行为，因此法律和犯罪行为的对立是罪行本身所固有的（这里不要理解为一种错误的黑格尔主义，认为这种对立为法律所固有，因此我们可以把犯罪行为还原到法律的自我调节的次要时刻）。这种第三立场就是真正的颠覆性立场：法律不是作为罪行的对立，而正是罪行的一种最高形式。同样的，我们需要追问的问题不是"俄狄浦斯矩阵是如何压抑欲望机器的自由流动的？"而是相反的，"什么样的欲望机器是俄狄浦斯？"用德勒兹的术语来说，人们在非场域的内部，应该将游牧的欲望机器、将"官方的"（家庭的，正常化的）俄狄浦斯情结的"黑暗先驱"分离出来。或者，用黑格尔式的（Hegelese）来说，由对立所决定的俄狄浦斯情结，正是欲望机器的压抑力量在它的他性中遭遇其本身的地方，它是众多的欲望机器中的一种。

因此拉康的"分层（doublure）"（现象内在性表面之中的不连贯性或裂缝）与德勒兹的"缝隙（interstice）"之间的差异，对于德勒兹而言是与多样性相关的"在其中"，而对于拉康而言，当之中"二元的"张力被转化为多样性的差异时，它就被扁平化或同质化了。这就是一个元素与其神秘的加倍之间的张力中的独特东西，也是一个元素与其位置的最小差异中独特的东西。当我们从一个隐藏的对立走向多重对立的时候，我们实际上是赞成了非对立性的"一"的逻辑：对立的不断衍生的多样性与作为其介质的中立的"一"（它本身并不是用对立来标志或切割的）的背景是相反的。这就是为什么对于政治来说，将一种对立"凌驾于"其他的对立之上是至关重要的。"今天，我们知道阶级斗争不再是其他所有斗争的参照物，而是标志了社会生活的多重对抗性斗争中的一种"，这句话中所展示的表面上看起来无辜的逻辑已经使社会生活"平静化"了，并使对抗的影像中性化了。对于将一种抵抗凌驾于其他之上的做法会导致"二元"逻辑的观点，人们应该强调性别差异的事实，所表现的正是"二元逻辑"的失败，是将"掩盖"性别差异的两个象征的失败——正如拉康所说，之所以有性别差异是因为二元能指最初被压抑了。换言之，"一"当中/的对立并不意味着二（对立的原则，等等）之间的和谐的张力，而意味着"一"本身所具有的内在张力，即自我一致的不可能性——或者，按照阿兰·巴迪欧以一种简练的方式所说的那样，"无神论最终只是'二'的内在性而已"①。

通常的解构运动是从紧实的同一性的领域"撤回"，而进入它们产生的偶然性过程中。比如说，对于所有的社会现象，人们应该力图证明政治为什么不仅仅是全球化的社会体系的一个领域（"子系统"），正是因为确定什么是政治、什么不是政治的分界线的行为本身首先是一种政治态度，因此，非政治化的领域开始如纸牌屋一般崩塌：市场经济是政治，艺术是政治，性和婚姻也是政治。不过，从政治上来说，它对立的方向是不是更重要呢？不用去证明

---

① 阿兰·巴迪欧《"二"的景象》，选自《拉康墨迹》第21期（2003年春季刊），第55页。

为什么"一切都是政治的",人们反而应该关注相反的问题:为什么存在本身是政治的,为什么在我们的本体空间架构中,一切都要被政治染指,无可逃脱?当然,答案——或者说,答案之一——就是前面所描述的从"一"内部对其进行分隔的鸿沟的解构,是内在的分层,它是最根本性的本体论事实。

这最终把我们带到了"主体"的话题上。根据拉康的理论,主体是在"最小差异"的缝隙中,在两个能指之间的最小鸿沟中出现的。在这个意义上,主体就是"存在的无,存在的空"。也就是说,对于动物而言,我们无法详细说明那个使其成为有机体的"一"的统一性——这个统一性总是理想性的,因为如果我们分析这个身体,就只会发现物质性的零件,而无法发现那种使它们统一的东西。一个有机体的"一"从我们的指缝中蒸发了。(这些悖论,黑格尔在他的《现象学》第二章关于"感知、物和欺骗"的部分已经详细讨论过了。)在这个意义上,"一"就是"空"的另一个名字。随着主体性的出现,"空"被当作"一"提出来了——它变成了自为的存在——而空洞的能指,这种"空"的标志,"为其他能指表示了主体"。在这其中就是从休谟到康德的过渡:休谟力图证明为什么没有"自我"(当我们审视我们自身时,我们仅仅遭遇到特殊的观点、印象等,根本没有一个所谓的"自我"),而康德则声称这种"空"就是"自我"。

那么，这就是在德勒兹将主体还原到（另一种）实体的时候出错的地方。主体的维度并不是属于被建构的现实秩序中的不同实体的实现层面，而是指*在实存的秩序中潜存的再次出现*。"主体"命名了在被建构的现实内部潜存爆发的独特空间。根据《意义的逻辑》，意义是纯粹声称的非物质流，"主体"并不是指其"谓语"（属性、财产、能力、等等），是一种意义-事件的本体性实体，而是一种反本体，是一种否定性的、颠倒的本体——是保存了意义流的非物质的、独一的、纯粹抽象的点。这就是为什么主体不是一个人。用德勒兹的话说，"人"属于被实现的现实的秩序，它指向的是拥有肯定性特点和属性的个体（individual），而主体则在德勒兹的意义上被切分成反对个体的"部分（dividual）"。通常，"人格主义"坚持每一个个体都具有独有的特征，是各种特征的联合体，不可能被重复，它是通过一种隐秘的、无法确定的，"我不知道为什么"的方式被原创性地编织成一个神秘的人格。相反，主体则是可以不断重复和分隔的；它只是分隔/重复的永恒过程而已。

因此，主体与实体之间的关系就像是生成与存在之间的关系一样：主体是"绝对的、不停歇的生成"①（即从其产生的观点来看的事物的一种状态）。费希特（德勒兹也提到了他）已经把主体设想为一种自我设定的活动：这种活

---

① G. W. F. 黑格尔《逻辑科学》。新泽西，亚特兰大高地：人文国际出版社1965年版，第545页。

动不是主体所具有的一种谓语或属性,恰恰是因为主体只能"是"它自身的自我设定活动。换言之,用严格的德勒兹式的术语来说,主体是一种纯粹潜存的本质:一旦它被现实化,它就转变为实体。

用另外一种方式来说,主体性就是"真正的无限性"的场所。那么,难怪当德勒兹把纯粹生成的无限性肯定为包含了一切实现化的潜存性时,他又变成了隐秘的黑格尔主义者。只要想一下,在黑格尔的逻辑中,"量的"(虚假的)无限与"质的"(真实的)无限之间的差异就足够了。① 第一种无限性位于超越有限性的行为中:作为客观结果的自在的有限性,是同一的一种静止重复,它自身中的无限正是不断越界的行为。在这里,我们遇到了生成与存在、行为与结果的对立。当我们看待结果的时候,其中没有无限性;无限性只是一种越界的主体性冲动,是两种重复的创造性的"居中"。这不正是我们从政治到艺术中都不断遇到的主题吗?固定的结果总是背叛我们;重要的是运动。为此我们只需要去想一下达希尔·哈梅特的《马耳他之鹰》中的一个著名片段,它可以作为对"永恒的革命"的最精炼的表达:山姆·斯倍德讲述了他的故事,他被雇佣去寻找一个突然离开自己稳定的工作、家庭而消失了的男人。斯倍德没办法找到他的踪迹。但是,几年以后,他

---

① 见上文所引 G. W. F. 黑格尔《逻辑科学》,第 226 页及其后。

在另一个城市的一间酒吧里碰到了这个男人,那个男人在这个城市用了一个假名,过着一种与他逃离之前(在那时,一个建筑工地上的一束电波差一点击中了他的头)的生活极为相似的生活。在一起喝了一杯酒之后,男人告诉他,尽管他现在过着几乎相同的生活,但他的消失和他新的开始却并不是没有意义的。这种重复不正是"最小差异"的模式吗?在同一的重复中,主体性最小的过量出现了。或者,用另外一种方式来说同样的意思,这个"最小差异"不是被叙述的内容层面的差异,而是在被叙述的内容和叙述之间的张力层面上的差异。在被叙述内容的层面"根本没有差异",而被叙述内容与叙述之间却存在着"纯粹"差异。莉莉安·海尔曼在描述关于她和同一个哈梅特之间一波三折的关系时写道,"早些年,我会说,'多告诉我一些关于旧金山的那个女孩的事。就是住在松树街礼堂对面的那个傻女孩'。他就会大笑着说,'她就住在松树街礼堂的对面,而且很傻'。"① 在此,我们又一次遭遇了叙述与纯粹的被叙述的(内容)之间的差异:在被叙述内容的层面,哈梅特的重复并没有增加任何东西,而在叙述的层面(他言说的主体性立场层面),他的回答是能说明问题的,因为它显示了一种顺从的、具有嘲讽性的自我分离的姿态。简单地来说,除了"住在松树街礼堂对面"和"很傻"以外,

---

① 莉莉安·海尔曼《引言》,见达希尔·哈梅特的《螺丝起子》,纽约:温塔什出版社 1972 年版,第 5 页。

我们对那个女孩没法知道得更多了。但正是通过这个事实，我们却对哈梅特本人了解得更多了。与之相反，真正的无限性提供了倒置的悖论：有限行为的后果正是一个无限的结果。对此只需要回想一下黑格尔把国家当作无限的社会实体的主题：成千上万的有限的意志发挥作用并斗争，其结果自我关联到国家的无限性上。我们在此又一次发现了欢呼无限的颠覆性运动和关注结果之间的政治张力。并且，对于基督本身也是如此。并不是在被叙述的内容层面上的他的死亡（有限性）肯定了他的叙述立场的无限性（永恒），相反，是他的被主观性假设的有限性（他叙述立场的有限性）产生出了圣灵的无限的集体性。①

德勒兹对黑格尔在这里有一个例外的、奇怪的还原主义误解。这个误解说，不要（这是德勒兹伟大阐释的原则）以著名的"自由的间接的方式"去描写一个作家，这样德勒兹本人就可以使用这个被阐释的作家作为他的"接收体"，并通过他言说（阐述德勒兹自己内在的立场）。为什

---

① 男性和女性与勃起之间的关系有多重不同的自反性。在这个问题上，我们也可以得出类似的结论。对于女性而言，一个男人的勃起显然是她自身魅力的一种反射性的确定：她从她的伴侣的勃起那里看到/读到的是她自己的性魅力的反射（即，勃起的事实将她自己能使男人勃起的能力实体化了）。相反，对于一个男性而言，正如我们从奥托·威灵格那里得知的，既然一个女人是他的幻象形成，那么裸体女人的吸引力本身就是他的性渴望的投射。不仅仅是一个有魅力的女人让一个男人勃起，更进一步，女人的魅力正是男人对她的欲望在她身上的反射。不仅仅是男人想要漂亮的女人，成为欲望的客体会使女人变得更漂亮。在这里，人们应该重复马克思关于国王的言辞：并不是男人想要一个自在美丽的女人；她的美丽仅仅是把男人的欲望客体化了。从这个立场出发，勃起具有双重的自反性和自淫性：它将男人对自己产物的迷恋重新铭刻在男性的身体上。

么会有这种误解呢？在黑格尔（和俄狄浦斯情结）的例子中，我们所获得的不是这种暴力的生产性的再居有，而是一种平面的、完全同质性的"敌人"的影像。当我们面对这个"敌人"时，"我们"直接与"他的"立场相对立。我们每一个人都完全以他的名义来说话，不需要那种"自由的间接的方式"，那反而会使清楚的画面混乱。这可能就回答了詹姆逊关于德勒兹为什么会对无条件的一元论如此执着的原因：

"矛盾的［无条件的一元论］是后来的二元论的根源。因为欲望本身的原则就是一元论：一切都是力比多投入，一切都是欲望；没有不是欲望的东西，也没有什么在欲望之外。这当然即意味着，法西斯主义也是一种欲望……官僚体制是欲望，国家是欲望，资本主义显然也是欲望，甚至为了施加其根深蒂固的威力，有害的俄狄浦斯情结也必须符合某种欲望……如果'一'的任务是使一切类型的假想的配对、双重性和对立居于次要地位，那么它就证明了我们仍然处于二元论中，因为这项工作是被设想通过二元论与一元论之间的对立——即二元论来实现的。"[1]

那么，我们又在哪里遭遇二元论呢？德勒兹与福柯之间一种奇怪的互补关系为我们提供了答案。德勒兹和福柯之间的张力有时候看起来具有一种互相暗示的结构。在由

---

[1] 弗里德里克·詹姆逊《马克思与二元论》，选自伊恩·比克能主编的《一个德勒兹的世纪？》，北卡杜海姆：杜克大学出版社1999年版，第30页。

《规训与惩罚》(还有《性史》的第一卷)所标志的他的理论发展的高峰处,福柯设想了一种从权力中的解放,而这种解放是权力本身所固有的。因为权力产生了对自己的抵抗,力图将自己从权力的魔爪中解放出来的主体已经是权力的一个产物,是其规训和控制机制的一个产物。例如,管束我们的性生活的"压抑"机制将性作为一种过量生产出来,它是"需要被管制"的"黑暗的大陆"。德勒兹至少是在《反俄狄浦斯》中以一种严格对称的方式,设想了内在于欲望的"压抑的"力量。在一种尼采式的系谱学中,德勒兹和加塔利试图从欲望的内在布展的角度,解释匮乏和放弃的被动的、否定生命的态度。在上面这两个例子中,结构正是相反的两极的绝对内在性的结构。因此,回路是封闭的,除了反方向地行进。用黑格尔的话来说,在福柯那里,权力是包含了自身和其对立面(对自身的对抗)的统一体;而在德勒兹那里,欲望才是包含了自身和对其"压抑"(如它的否定性力量)的统一体。当然,这里的关键性问题是,这两种处理是完全对称的还是在两者之间有一种隐蔽的不对称?在此人们应该遵循黑格尔的路径:问题是包含了过程主体的问题。对于德勒兹而言,(无头的、匿名的、非人格化的……)主体就是欲望本身,它包含/产生出了它的对立面("压抑");然而,对于福柯而言,(也是无头的、匿名的、非人格化的……)主体就是权力,它包含/产生出了它的对立面("对抗")。在此,黑格尔的态度是从这个被预设的、无所不包的主体的统一体中爆发出来：主体过渡到它的谓语上。换言之，在这个过程的一开始，欲望就产生了权力的结构，然后这一结构又回溯性地将自己当作过程的主体提了出来——这就是黑格尔称之为"主体思辨地过渡到其谓语"的过程。

换句话说，黑格尔在这里是德勒兹和福柯的对立立场的一种辩证综合，即，是他们的思辨的同一。只有这种不断地取代其主体的过程本身的"一神论"才允许我们去克服二元论。我们越执着于一个主体，二元论就会作为我们的一神论的必然结果返回来。这里的矛盾当然是，当我们责备德勒兹没有能找到黑格尔那样的主张时，他实际上是不够德勒兹的：他的从一神论到二元论的转换证明了他的生成过程本身是被隐秘地锚定在一个统一化的主体中。当德勒兹将存在与生成对立起来，当他坚持生成不是一个作为既定的本体的存在的生成，而是建立存在并转化它们的过程本身时，他不正是指向了黑格尔的"思辨的判断"——后者是主体与其谓语交换位置的一个过程——吗？因此过程不是主体的过程，而是产生出了本身的新的主体，关系到从一种主体性向另一种主体性的转变。① 那么，从这个黑格尔的观点出发，德勒兹攻击黑格尔主义的不正是

---

① 难怪科特费罗在他谈及黑格尔的《现象学》的影响（时期涵盖了从黑格尔死后直到今天）时，把德勒兹——一个反黑格尔主义者——解读成了这整个过程的一个总结性时刻。见安德鲁·科特费罗的《拂晓时的猫头鹰：黑格尔〈精神现象学〉的影响》，阿尔巴尼：纽约州立大学出版社1955年版。

其把主体当成（静止的）实体，当成一个过程的自我同一的基础/根基，而不是当成一个空的、非实体性的主体吗？这意味着主体的主题要坚持：它废除非人格化的强度与肯定性的、自我同一的主体之间的对立。（当晚期的福柯重新肯定主体性的主题时，他感觉到了这一点。）

不过，即使在对德勒兹的"二元论"的责备中有一点儿对的地方，或是在说游牧与国家、克分子与分子等之间的对立不是善（游牧等）与恶（国家等）之间的简单对立的时候也没错的话，德勒兹也不是在肯定这两个极端之间的任何一种互补关系（在以下这个意义上，当分子国家作为自身的压迫性的时候，它阻碍了欲望的流动；那另外一极，作为对国家的彻底的废除，就意味着"退回到"纯粹的、前俄狄浦斯的欲望流的疯狂的、自我毁灭的暴怒中）。因此，我们表面上所需要的就是这两者之间的正确平衡。这也是为什么在其他研究者中，茱莉亚·克里斯苔娃读懂并理解了德勒兹：当她称赞德勒兹将欲望的创造性从国家权力的约束中解放出来的时候，她也警告了把国家看作一个应该废除的否定性障碍可能会引起的毁灭性后果：为了避免直接的自我毁灭，对国家的彻底的革命性废除总是会颠倒为一种新的秩序，甚至是比之前更具有压迫性的秩序。在这个意义上，克里斯苔娃赞扬暴动——它是"未开化的"前俄狄浦斯的创造性力量的解放，这种解放主要不是政治性的，而是更私人的、精神的、宗教的、艺术的……——

它谴责革命是一种新秩序的建立，是暴动的创造性能量的凝固。① 从一种真正的黑格尔式的、德勒兹式的和/或拉康式的路径出发，这种论证的界限应该被完全拒绝：真实的激进性不在于走到极端并毁灭体系（如，完全搅乱维持体系的平衡），而是在于*改变定义这种平衡的坐标系*。比如说，一旦我们接受了现代资本主义市场经济以及福利国家的社会民主观念，就会很容易宣称应当避免两种极端（如一方面完全的自由市场，另一方面过度的国家干预），并找到两者之间的正确平衡。不过，真正的革命在于改变社会结构的整个平衡，在于执行社会生活的一种新的结构性原则，这种新的原则将使市场和国家之间的对立领域废弃。或者，让我们来看一看关于对自发性的自由放任和严苛的规则之间的正确平衡的陈词滥调。革命不是对自发性的肯定和对所有规则的拒绝，而是重新对什么是真正的自发性或规则进行根本性的定义。例如，在康德的哲学革命中，真正的（先验的）自发性不是在当我遵从我的自然本能和需求时发生，而是在当我发挥我的自由时出现，而后者恰恰意味着我的行动是违背了我"自发的"自然冲动。

在《超人（三）》（电影）中有一个精彩的细节：当超人对世界感到愤怒的时候，他瞬间变得邪恶无比，他飞去了比萨，把斜塔扯直了。事实上，什么让比萨那么有趣呢？

---

① 见茱莉亚·克里斯蒂娃《暴动的意义和非意义》，纽约：哥伦比亚大学出版社2000年版。

恰恰是这个塔有点"不在状态"的愚蠢事实,即它不是完全直立的。人们能做的最糟的事情莫过于把它弄直——这个行为把比萨斜塔扔回了让人无感的状态,剥夺了它被认可的标志。这个故事的教训是普遍性的并且包含了根本的本体性推论:对于某些存在之物,它必须依赖于某种特点来为人所识,而这种特点恰恰是打乱了平衡的东西。正如量子宇宙论所教给我们的:宇宙起源于空无,是无中生有,它正是通过对平衡的扰乱或打断而实现的。

意义的扭曲

对唯心主义批判的传统经典主题是在概念布展/表达(逻各斯)遭遇失败并触及了其极限的点上,叙事(神话)必须介入进来——这一点从柏拉图经由谢林(他在《世界时代》中,试图以先于逻各斯的绝对的叙事来补充黑格尔的概念的自我发展)直到马克思(资本的原始积累的叙事)和弗洛伊德(原始群的叙事)都是这样的。在面对处于神圣核心地位的不可言传的、隐秘的神话这个永恒的神学主题的时候——对于这个主题,切斯特顿说"这个问题比对它进行的一般性讨论要更黑暗、更可怕……这是一个许多伟大的圣徒和思想家都害怕接近的问题"①——人们试图指出另外一条相反的道路：该叙事形式中神秘的不可言说性(除了把上帝本身当作恶的根源的"异教徒式的"观点之外)并不是指向非理性的维度，它只不过是概念本身的清晰度的否定层面而已，它是概括了概念内在的自我运动的自我分化可以被表达为叙事的唯一方式。换言之，(当黑格尔所谓的)被局限在表征或理解领域的思想，将这种不可言说性提出来作为一种逃离了其掌握的超越的时候，人们可以肯定这种超越就是概念本身——这是对它理解为"非理性的"理性本身的"单纯理解"的一种最高嘲讽。

在此，黑格尔与斯宾诺莎胜利会师了：斯宾诺莎的想象和真实知识之间的对立变成了其故事的单纯的表征和观念的自我发展之间的对立。这也是对哲学史的嘲笑。哲学史认为谢林是德国唯心主义思想家之中的"斯宾诺莎派"，因为他完成了向(将哲学作为)叙事的回归。谢林真正的哲学革命在于什么呢？根据经典的学术界的律条，谢林打破了观念经由肯定一个更加平衡的理想和现实的两极体来实现自我调解的唯心主义闭合："否定性的哲学"(对观念本质的分析)必须由主张存在的肯定秩序的"肯定性哲学"来加以补充。在自然和人类历史中，理想的理性秩序只能在"非理性的"冲动和激情具有难以理解的基础的背景下

---

① 切斯特顿《正教》，第145页。

才能繁荣起来。因此，作为哲学发展的高峰，绝对的立场并不是对在其理想观念中的所有现实的"扬弃"，而是两种维度——绝对具有理想的现实性——的中性的介质。不过，这种解读模糊了谢林真实的突破：他最早在1809年关于人类自由的论文①中介绍了关于（逻辑）存在与（作为前逻辑冲动的真实）存在的不可理解的基础之间的区别：这种冲动的准本体性领域并不单纯是"自然的"，而是还没有完全建构起来的现实的灵性的领域。谢林关于冲动的准本体论真实（存在的基础）和在本体论层面上被完全建构起来的存在本身（当然，它的"性别"由阴性和阳性的对立决定）之间的对立，从根本上取代了自然与精神、真实与理想、存在与本质这样成对出现的常规哲学概念。存在的真实基础是不可理解的、密集的、惰性的，而同时又是灵性的、"不真实的"，在本体论上没有完全建构起来的——而存在却是理想的，同时（与基础相比）又是完全真实的，完全存在的。② 因此，这种完全既存的现实与其准本体论的灵性阴影之间的对立，本能被还原为真实与理想、自然

---

① F. W. J. 谢林《对人类自由本质的哲学调查及其相关问题》，见恩斯特·拜勒主编的《德国唯心主义哲学》，纽约：Continuum出版社1987年版。

② 前本体论的真实的观念不仅对于理念的历史，甚至对于艺术和我们日常的经验现实来说都是至关重要的。整个当代流行文化（不仅仅是流行文化）不正是由这前本体论领域的本体产生出来的吗？为此只要想一下史蒂芬·金的恐怖系列，一个双性人的年轻男孩的灵体，他以一个活死人的形式维持了不死之身，他极端地败坏却又纯真，他无比脆弱却又无所不能，他极度纯洁却又是恶魔的化身。我们在一个世纪之前的艺术——从乔治·伊莱克的诗歌到爱德华·蒙克的绘画——中不也遇到过同样的形象吗：这个无性的男孩的灵体，不正是同时代表了脆弱的纯真和极端的败坏的"婴灵"？

与精神、存在与本质等的常规的形而上学的对立。（并且，人们在这里不应该忘了康德的先验革命是如何开启了这种准本体的"不死之身"的灵性领域空间的。）在谢林晚期的"启示哲学"中，他想与其困难地思考如何结束这种对立，不如"退回到"（或重释）理想与真实、存在与本质等传统的成对本体论范畴之中。① 所以，斯宾诺莎-黑格尔-谢林这个三角并不是如它看上去那样的暧昧不明。尽管斯宾诺莎与黑格尔在努力以概念形式表示宗教真理是对立的，但是斯宾诺莎却在一个层面上更接近于谢林——更准确地说，不是谢林，而是理查德·瓦格纳。在我们讨论的这个问题上，他的基本态度和谢林是一致的。让我们来看一下瓦格纳的《宗教与艺术》的著名开篇：

"我们可以说，当宗教变成人为性的时候，是艺术拯救了宗教的本质，因为艺术构建起了神秘的象征，而这正是宗教希望我们相信的、其形象价值中蕴含的字面真理，这样我们就可以通过理想化的表征看到它们深刻的、隐蔽的真理了。然而神父所关心的仅仅是宗教寓言应当被当作事实真理这件事。但艺术家对此

---

① 正如我们已经看到的那样，这一点是不是也同样适用于德勒兹呢？在《意义的逻辑》中，他将实体化的存在（原因和效果的复杂网络）与表面上分离的生成的层面（它是一种纯粹的效果，是非物质意义的静止的、无意识的流）之间的对立问题化，因此削弱了旧的本体论范畴内的稳定性；不过后来，在《反俄狄浦斯》中，为了避免保持这一立场的困难，他又唤醒了生成与存在、动态的生产性运动与其效果的"具体化"秩序这两对传统的范畴。

毫不关心,因为他坦然而公开地把他的作品表现为自己的创造。"①

这里的这篇反克尔凯郭尔的段落中,一切都错了:它对宗教进行了讨厌的美学化,它具有误导性的反拜物教主义,即它拒绝用对事实/字面真理的信仰来代替"内在的"灵性的真理。如果真正的拜物教就是对字面真理之下的"深刻的隐蔽的真理"的信仰,那又如何呢?在此瓦格纳是斯宾诺莎的对立面,他在他的《神学政治论》中第一次提出了要对建立在普遍理性的启蒙观点基础上的圣经进行一种历史批判性的解读。人们应该区别圣经的内在真实的意义(今天我们通过哲学分析是可以达及的)和它的神秘的、想象性的叙事表达形式,后者是以圣经写作时期的人类的不成熟状态为条件的。正如斯宾诺莎尖锐地评说的那样,如果某人把握住了圣经的理性的内在真理,却忽略了它显在的叙述内容,他应该算得上是一个完美的信徒;相反,如果某人盲目地遵从了圣经所有的仪式性的规定,却忽视了其理性的内在真理,他应该算得上是一个不信者。要反对这种态度,人们就应该重新肯定犹太人对于律法的遵守。更为明显的是,要反对这种态度,人们就应该尽力地肯定克尔凯郭尔关于纯粹教条的观点:甚至当一个人遵守了基

---

① 引自布瑞易安·玛吉的《"特里斯坦"和弦》,纽约:亨利·霍特出版社 2000 年版,第 281 页。

督教的所有伦理法则的时候，如果他这样做不是因为相信这些律法是为基督的神圣权威所启示的话，他就迷失了。

尽管这两种解读相互对立，它们却是相互补充的，因为它们都寻找一种在形象性的表面之下的"深层的"真理。一方面，这种真理是一种内在的、不可言传的、属灵的信息；另一方面，它是一种理性的、概念化的理解。但他们没有做到的是像马克思那样，将它放到形式的层面上：内容的内在必然性是为了假定这样一种形式。在此，形式和内容之间的关系在严格的黑格尔的意义上是辩证的：形式表述了在内容中被压抑的东西，即它否认的内核——这就是为什么当我们用对宗教"内在"内容的直接表述来代替宗教形式的时候，我们会感到有点儿受骗，被剥夺了本质。① 因此，在斯宾诺莎和瓦格纳中没有的东西，是通过形式本身被包含（或者说，铭刻）在内容中来达到的内在扭曲——这可能就是事件的最小定义。

---

① 这就是为什么瓦格纳和斯宾诺莎对圣经的解读都和精神分析、精神分析诠释没什么关系。如果要学习什么是一种真正的精神分析的解读，人们就应该在约瑟夫·K.和普里斯特的对话中去寻找，也就是在卡夫卡的《审判》中，紧跟在法律之门上的"格言"之后。

那诠释是如何发生在前面的呢？只要想想在经典的侦探小说中令人着迷的暗语："夫人的女仆穿了一双新的绿袜子吗？这意味着很快就会有一场广泛的欧洲战争！"如果在接下来的解释中，读者知道这个女仆是一个间谍，而她穿绿袜子的行为是给同伙的一个关键的信号，读者就可能会觉得受骗。一种真正的诠释必须避免直接提到一个随意的代码；它必须如此进行："女仆喜欢绿袜子，她的情人每次来和她约会的时候都带一双给她。她的情人是德国大使的男仆，如果德国大使昨天和他的男仆跟随着去拜访了夫人，那就必然是为了从她——一个秘密的德国间谍——那里获得能使德国发起攻击的秘密数据……"

滑稽的黑格尔间奏：口齿不清者与口齿更不清者

有多少人注意到黑格尔的辩证法被丹·奎尔和乔治·W.布什无意识地付诸了实践？我们相信在十年前已经在奎尔那里看得很清楚了。不过，与布什相比，奎尔是一个更加聪明的人。对于他所犯的那个将"potato"的拼写纠正为"potatoe"的著名的错误，我自己必须承认，在我看来，奎尔在某种程度上是对的："potatoe"更接近于洪堡所谓的potato的"内在形式"。（不过，我必须承认这有点类似于布什最近用"Grecians"来代替"Greeks"的做法："与希腊人〔Grecians〕保持好关系。""Grecians"看起来似乎更高贵一些，就像用"thou art"代替"you are"；而"Greeks"听起来太接近于"geek"——我们高尚的西方文明的创立者不正是一群傻瓜〔geeks〕吗?）

那么，如何将布什与奎尔相比呢？布什的这些错误，正如奎尔最佳时期的那些错误一样，是在马克思兄弟所犯的最大的错误层面（"难怪你让我想起了伊曼纽尔·拉韦，原来你就是伊曼纽尔·拉韦！"）上呢，还是与天才般的"戈德文主义"不相上下——那些话是出自"比生活更宏大的"好莱坞制片人山姆·戈德文之口的（从"口头协议根本就不值得被写在纸上"到臭名昭著的"别算上我！"）——呢？奎尔和布什的那些错误遵循了法语所谓的"老生常谈"的基本公式，是一个叫拉·帕里斯先生的神秘人物的同义反复式的表述，如"在拉·帕里斯先生死前一小时，他可是活蹦乱跳的"。实际上，拉·帕里斯先生天才般的言论"我们为什么不把城市建在空气更洁净的乡村呢？"，非常类似于布什一贯对共和党的生态政策的一个精炼表述："我知道人类和鱼可以和平共存。"

在此，布什和奎尔犯的这种基本类型的错误还有很多其他的例子："如果我们没有成功，我们就要冒着失败的危险。"／"较低的投票率就说明了越来越少的人愿意去投票点。"／"对美国国家航空航天局来说，太空仍然是第一优先考虑对象。"当纯粹的同义反复只要是来源于一种具有因果关系的解释时，这些"老生常谈"看起来有那么一点意思——让我们来看一看奎尔下面的这个错误："当我问自己是谁引起了洛杉矶的这场暴乱和杀戮的时候，我的答案是直接而又简单的：这场暴乱应该怪谁？当然是怪暴乱者。这场杀戮应该怪谁？当然是怪屠杀者。"（当然，在这种同义反复中有一种暗含的、对话性的政治逻辑，即这种引用是依赖于一种不言自明的否定：不要在社会条件中去寻找"更深层"的原因，承担全部责任的就是直接的行凶者。）当奎尔以一种奇特的黑格尔主义的方式，通过将观念和它的经验示例对立起来而推翻了其中的同一性的时候，事情就变得更加有趣了："不是污染破坏了环境，而是空气和水中的杂质干的。"

当布什不能沿着奎尔的路走下去时，他经常通过不断地创造错误来赶上奎尔，比如说，把一个概念性的对立上升到辩证的自我联系（Selbstbeziehung）的水平。为此我们只要想一下他是如何把不可逆性和可逆性之间的对立作为可逆的提出来："我相信我们是处于奔向更自由更民主的不可逆的趋势中——但这也可能发生变化。"因此，这就不仅仅意味着事情既可逆又不可逆：一种表面上看起来不可逆的情形有可能变成可逆的情形。这里还有一个关于这种自反性的更好玩的例子："明天未来会更好。"这里的关键不只是奎尔犯了一个错误，他本来想说明天事情会更好：在不远的未来（明天），未来本身在我们看起来会更光明。布什在他的讲话中不也复制过几乎同样的结构吗："我发现的一个共同特性就是期待来自被期待的东西。"

在奎尔那里，这种自反性在下面引用的事例里达到了顶峰，其中，三个逃避/否定在演讲者从照片的自我消抹中达到了完满："大屠杀是完满国家历史中的一个可怕的时期。我说的是这个世纪的历史。但我们都生活在这个世纪。我过去没有生活在这个世纪。"在这个系列中的过程逻辑是不可动摇的：首先，当奎尔急迫地希望调整对自己祖国的黑暗过去的解释时，他把它没有犯下的错称之为这个世纪的罪恶；然后他缩了回来，说这种罪行并不是他的祖国犯下的；然后他又迫切地希望回到解释某人过去的逻辑，构建了一种新的社群——不再是"我们的国家"，而是所有生活在上一个世纪的人都对大屠杀负有共同的责任；最后他意识到自己讲话的混乱，于是自动地挑选了一个快速的逃离方法，将自己从自己的世纪中排除了出去。简而言之，这样的立场是对戈德文的"别算上我"的完美颠倒，奎尔用这种立场把他自己从自己的世纪中"排除了出去"。难怪在这次的错误之后，他发表了一个声明，对布什做了最为简洁的概括："真正奇怪的人可以进入一种感性的状态，他们会对历史发挥巨大的影响。"

不过，布什在两个领域内比奎尔走得更远：第一个是确定性与不确定性的后现代辩证法领域。在布什的想法中，（关于敌人的经验形象的）不确定性，并不是减轻了危险，而是辩证地将自己颠倒到最高的确定性，即必然有一个敌人的存在，更危险的事实是我们不知道他具体是谁。所以，对敌人越不确定，我们就越肯定他一定就潜伏在那里："这是一个比过去不确定得多的世界。在过去我们是确定的，可以肯定我们和俄罗斯是敌人。因此我们有着巨大的核武器库，互相瞄准着对方，以求保持和平……尽管这是一个不确定的世界，但是我们对某些事情却是确定的……我们确定这个世界上有疯子，有恐怖，有导弹，对此我十分肯定。"在将普通的基督教原则"你要爱邻居如同爱自己一般"进行细致的自反性扭曲方面，布什也超过了奎尔。布什从黑格尔的《精神现象学》中学会了渴望认可的辩证法：我们并不是直接地爱我们自己——我们实际上所爱的是被他人所爱，也就是，我们爱他人来爱我们自己："我们必须听从这个一般性的呼唤，去爱你们的邻居，就如同你自己喜欢被爱一样。"

所以，可怜的布什要做什么才能避免奎尔的悲惨命运、才能驱散愚蠢的自由的群众的盲目性呢，他们根本领会不了他发言中隐藏的辩证法的合理性。正如我们众所周知的那样，"崇高与可笑，只有一步之差"，殊途同归。所以，布什可能应该去学习一下从同义反复的颠倒中产生出深刻洞见的海德格尔式的艺术。也就是说，当我们想起海德格尔的"真理的本质就是关于本质的真理"的著名颠倒，或是他将某个领域的本质从这个领域中排除出去（"技术的本质不是技术性的"）的修辞学策略时，那么轻易地就可以将某种布什主义改变为一种深刻的思想，对我们来说就不是那么令人吃惊了。布什曾经说过："这是保护历史月。我非常欣赏对历史的保护。这是当你竞选总统的时候你要做的事情。你得去保护。"这段话也可以被翻译为："保护的本质与对我们的物质资源的本体性保护无关。保护的本质就是对我们社会本质本身的保护——这是一个美国总统必须要做的事情。即使是在粗鄙的存在层面，他也允许毁坏更多的自然资源，来保护美国的整个历史。"①

---

① 在学习这种艺术时，布什重新获得了一个机会，可以证明他的确配做比尔·克林顿的继承者，因为这种在美国总统任期中的海德格尔的势头在克林顿时代已经是清晰可见了。当克林顿被检察官追问他同莫妮卡·莱温斯基的关系时（"……是不是真的？"），他那句臭名昭著的回答"这取决于你所说的'是'到底是什么意思"。在此，他所指向的不正是海德格尔的"存在问题"吗？

德勒兹的生成俄狄浦斯

回到德勒兹在对待黑格尔时的这种暴力的误读，他对待精神分析，尤其是拉康时，不也是清晰可辨吗？德勒兹表达为"俄狄浦斯"的东西，即使不是对拉康立场的极端错误化，也是一种相当可笑的简单化。在拉康执教的最后几十年里，诸如"俄狄浦斯的彼岸（au-delà de l'Oedipe）"、"俄狄浦斯：弗洛伊德之梦（l'Oedipe，un rêve de Freud）"等类似的话题和副标题非常常见；不仅如此，他甚至把克罗诺斯时期的俄狄浦斯形象表达为一个后俄狄浦斯，这是"一个超越了俄狄浦斯情结的形象"。那么，如果有人把拉康的这种"相反的俄狄浦斯"当作德勒兹的"黑暗的先驱"，即调和标准化的"官方"俄狄浦斯叙事（一方面）和强度的前主体领域及欲望机器（另一方面）这两个系列的中介，那会怎样呢？如果这正是德勒兹极力想避免的、两个系列之间的这种"将要消失的中介者"，又会怎样呢？因此，关于德勒兹对（弗洛伊德的）俄狄浦斯的还原主义阅读（他的另外一个怪异的例外，表现为一种拙劣的、简单化的诠释），人们应该做的是用与对待他和黑格尔的关系时强加的观点一样的态度。

在今天的理论中，尤其是在文化研究中，对俄狄浦斯的提及常常被简化为一个荒谬可笑的稻草人的极端：一个孩子进入标准的异性恋这样单调的戏剧剧情。为了满足这种修辞学的功能，俄狄浦斯情结常常被归结为许多不连贯的功能。让我引用一下下面这段经典的片段（我在此将耍一个小小的花招，保持这段文字的匿名性）："在俄狄浦斯的剧情中，年轻的男孩想要在性上征服他的母亲，为了将自己与她分离开来，然后逐渐成长为一个成年人。为了成功，必须毁灭他的父亲，他在性上的竞争者。"因此，不是他的父亲起到了"阉割"的功能，使男孩与他的母亲分离。事实上，男孩必须同时做三件不连贯的事情：征服他的母亲，将自己与母亲分离，毁灭他的父亲。杰莉·艾兰·弗莱格所做的在其黑格尔的平素性上是具有颠覆性的：她将俄狄浦斯重新镌刻/重新解释回了德勒兹的辖域，在其中（重新）发现了一种"抽象机器"，去辖域化的一种游牧的代理人，德勒兹和加塔利称之为"孤独的狼"的最重要的例子——它代表了狼群的极限，开辟了一条朝向自己的域外（Outside）的逃逸线（line of flight）。实际上，俄狄浦斯——这个盲目地遵循自己轨迹的陌生人——不正代表了狼人群体的极限吗——他通过实现展示了人类经验的最极端，独自（或者毋宁说，与他自己的一群放逐者一群）完成了作为一个严格意义上的无家可归的游牧者身份，成为人群中的活死人？因此，在这里人们应该重复对待黑格尔的措施——就是这种措施使我们在黑格尔中（重新）发现了他作为一个哲学家的特殊地位，即他展示了必然性是如何从偶然性中浮现出来，也展示了在概念的多变的流动中，主体是怎样经常被取代的。果然不出所料，"弗洛伊德-拉康对德勒兹的鸡奸"应该关注的这个概念是"阳具"的概念，它正是德勒兹术语的"黑暗的先驱"。德勒兹把它引入了《差异与重复》："雷电在不同的强度之间爆发，但在它们之前的是一种不可见也不可感的黑暗的先驱，它提前决定了它们的路径，但它的背面，也被它们刻画上了印记。"① 黑暗的先驱正是这样一种元差异的能指：

"假定两个不同的系列，两个差异的系列，这个先驱扮演了这些差异的分化者的角色。它以这种方式，通过自己的权力，将差异投入到与其他差异的直接关系中，即与差异的自在，或'不同地差异着'——换言之，第二等级的差异，将差异与差异本身联系起来的自我不同。因为它所走的这条路径是不可见的，只有当其反过来，在其所经历过的并被其在系统内部引起的现象所覆盖时才是可见的。它只能在它'消失'的地方，只拥有它缺乏的身份：它就是物＝x，它'在自己的范围内匮乏'，也不具有自己的

---

① 吉尔·德勒兹《差异与重复》，纽约：哥伦比亚大学出版社1994年版，第119页。

身份。"①

或者，如比克能用一种简洁的方式说的那样："黑暗的先驱就是文本中的这样一些时刻，如果我们不想弄错原因的效果的话，就应该把它们反过来阅读。"② 在《意义的逻辑》中，德勒兹在展开这个概念时，直接提及了拉康的"纯粹能指"的观念：在这两个系列——即能指的系列和所指的——中有一个短暂的回路，意义的效果可以在其中发生。这个短回路就是拉康所谓的"缝合点（quilting point）"，它是能指直接以无所指的空洞"能指"的形式镌刻到所指的秩序中。这个能指表征了在它的效果秩序内部的（指示性的）原因，于是能指被错误地理解为所指的效果或表达，而这个错误的"自然"秩序应当被颠倒过来。

实际上，德勒兹与一般意义上的"结构主义"之间的关系比它表面上看起来的要更加模糊不清。不仅仅是因为《意义的逻辑》中这个"黑暗的先驱"的关键性观念直接以拉康式的结构主义的术语展开；而且德勒兹还写了一篇小短文《人们如何认识结构主义？》，他精炼并不无好感地解释说，结构主义不是关于管制了经验流的固定的、超验的结构的想法，而是一种内在具有连贯性的理论的展开，它

---

① 见上文所引吉尔·德勒兹《差异与重复》，第119—120页。
② 伊恩·比克能《德勒兹主义》，北卡杜海姆：杜克大学出版社2000年版，第5页。

把非意义的作用定义为意义流的产生者。① 并且,德勒兹在此明确地提到了(并详细地展开了)拉康把这个能指当作阳具的证明。② 那么,我们如何去解读他后期对于"结构主义"的立场的明显"固化"呢?为什么对拉康作为"黑暗先驱"的提及被简化成了德勒兹后期思想中的"黑暗先驱"的地位,最后反而变成了一个"消失的中介者",在完成了的结果中全无踪迹。

当德勒兹还没有完全意识到他自己基本立场的全部推论(因此,"固化"应当被理解为一种必要的极端化)时,就要抹杀德勒兹把"结构主义"当作属于一个时代特点的赞同态度,可能还是太过于仓促了。相反,如果这种"固化"只是标志着一种"倒退",标志着一条错误的"逃逸线",标志着用牺牲其复杂性的错误方式去解决某个僵局,那又如何呢?这可能就是为什么德勒兹会把他和加塔利的合作体验为一种"解脱":他与加塔利合著的文本的流动

---

① 吉尔·德勒兹《人们如何认识结构主义?》,选自弗朗索瓦·夏特莱主编的《哲学史》第八卷:《二十世纪》,巴黎:Hachette 出版社,1972 年版(写于 1967 年),第 299—335 页。英译本,《人们如何认识结构主义?》,是作为查尔斯·J. 斯提瓦尔所写的《德勒兹和加塔利思想的两面性》的附录出版的,纽约:吉福德出版 1998 年版,第 258—282 页。在这里,有人说,德勒兹对黑格尔的背离是以一种类似的方式背离了自己的源头——为此,只要回想一下德勒兹早期的一系列文章,他为依波利特解读黑格尔的《逻辑学》的著作写了赞同性的书评,见让·依波利特再版的《逻辑与存在》,阿尔巴尼:纽约州立大学出版社 1997 年版,第 191—195 页。

② 见上文所引斯提瓦尔的《德勒兹和加塔利思想的两面性》,第 277—278 页。关于"黑暗先驱"和阳具之间关系的更详细的说明,可见《意义的逻辑》,第 227—230 页。

性，现在事物最终能够顺利进行的这种感觉，实际上是一种虚假的解脱——它标志着思考的重负被成功地避免了。因此，真正的谜题是：为什么德勒兹屈服于这种将结构主义"妖魔化"的奇怪冲动，而否认自己在结构主义中的根基（它可以用来有效地解释德勒兹实施"结构主义"的攻击是为了维护他从结构主义中得到的东西，正是结构主义本身所内在固有的）？还有就是，为什么他必须否认这种联系呢？

弗洛伊德的俄狄浦斯情结（尤其是拉康对这个术语的解释性居有）不正是将多重的社会强度还原为母亲-父亲-我的矩阵的对立面吗：对这个矩阵的打破*开辟*了主体朝向社会空间的可能？隐蔽的"象征性阉割"是一种将主体扔到家庭网络之外，迫使其进入一种奇怪的社会网络的方式——俄狄浦斯，正是*去辖域化的实施者*。不过，如何看待俄狄浦斯"关注"将冲动的原始的"多形态化的任性"转移到母亲-父亲-我的坐标系中呢？更准确地说，"象征性的阉割"也不是一个过程：孩子-主体进入固有的意义秩序，进入意义的抽象秩序，获得从其身体性整体的嵌入中抽象出一种性质的能力，从而把其理解为不能归结为一种实体的生成——正如德勒兹所说的，"红"不再代表红的事物的谓词，而是生成红的纯粹流动？因此，"象征性阉割"不是将我们固定在我们的身体性现实上，而是保持了我们能够"超越"这种现实的能力和进入非物质化的生成空间的能力。《爱丽丝仙境奇遇记》当中那个猫的身体消失时却独立存在的微笑不也是代表了一个"被阉割的"、与身体分离的器官吗？那么，如果作为阉割的能指的阳具本身也代表了这种无身体的器官，又当如何呢？

这难道不是进一步地证明了德勒兹的准原因就是拉康的"阳具能指"吗？现在我们来回想一下，在德勒兹那里，准原因"*将独异体如何从当下，从占据了这种当下的个体和人那里提取出来*"①，同时并将相对于强度过程的相对的独立性提供给它们当中的真实的原因，为这些中性的、静止的效果赋予了发生学的权力——这种双重的运动不正是"象征性阉割"的运动吗？首先，中性的-静止的事件被从其强健的、实体性的、理性的基础（如果"阉割"有所意指的话，它指的就是这个）上被切割、提取出来。然后，这种意义-事件流被构建成一个自身具有自主性的领域，即其无形的象征秩序独立存在于其有形的实体化之外。因此，"象征性的阉割"，作为准原因的基本运作方式，是一个在深层意义上的唯物主义概念，因为它回答了一切唯物主义分析的基本需要："如果我们要除去本质主义和类型学的思想，我们需要某种过程，在这个过程中，潜存的多样性被从实存的世界中剥除，这种剥除的后果可能被给予了足够的一致性和独立性。"②

---

① 德勒兹《意义的逻辑》，第166页。
② 见上文所引德兰达《强度科学与虚拟哲学》，第115页。

当然，问题就成了下面这样：在这里最小的现实化被设想成为将潜存与之前的实存抽离之后潜存的现实化。那么，是不是每一个实存都是之前的潜存（对于将现实化的潜存抽离出来的实存也是一样的）现实化的结果呢？或者，既然每一个潜存都必须从某一个实存中被抽离，那么在潜存之前到底存不存在一个实存？脱离这种困境——从实存中抽离出来的潜存是作为它的一种中性的、静止的效果，还是产生出实存的生产性过程？——的方式可能是两种运作方式的最终的、绝对的同一。德勒兹本人在将"伪原因"的运作过程描述为潜存化（潜存的抽离）和同时的最小的实存化（伪原因给予了实存一种最小的本体论上的连贯性）的过程时，已经暗示了这一同一的存在。如果，正如我们从谢林那里知道的那样，使潜能的场域成为实存的现实的东西，不是某种（物质性的）现实原料的添加，而是纯粹的（逻各斯的）观念性的添加，那又如何呢？康德本人已经意识到了这个悖论：当感觉的混乱领域被先验的理念所补充的时候，它就变成了现实。这种先验唯心主义的基本核心所要说明的正是，潜存化和实存化是一枚硬币的两面：当一种（象征性的）潜存补充被添加到前本体真实中时，实存性就构成了自身。换言之，潜存从真实（"象征性阉割"），从真实中的抽离构成了现实——*实存的现实，就是由潜存过滤后的真实*。

因此，准原因的功能是内在自相矛盾的。它的任务是同时作为推进实存化的动力（为多样性赋予最小的实存性），和通过将潜存的事件从作为其原因的有形的过程中抽离出来而反击实存化。人们应该把这两个反面设想为同一的。在这里发挥作用的黑格尔式悖论正是潜存状态将自己实存化的唯一方式，它必须通过添加另外一种潜存的特性来完成。（这里再一次令我们想起了康德：主体性感觉的混乱的多样性是如何被转化为"客观的"现实的呢？只有当先验综合的*主体性*功能被添加到这种多样性中时，它才可能发生。）这就是最根本的"阳具的"维度：*使实存化得以维持的潜存的过量*。同时，这种对"阳具能指"的提及也使我们能够回答对拉康的阳具和阉割观念的一个最常见的批评：它们关系到一个非历史性的短回路，这是不是意味着它们与局限性的直接联系就是作为人类面对一种特殊威胁（阉割的威胁）的生存条件——而这种威胁是建立在一种特定的父权制性别星丛的基础上。然后，下一个工作就是试图消除阉割的观念——这个"可笑的"、弗洛伊德的主张——方式就是声称阉割的威胁就是对人类条件的全球化局限的一种狭隘的表达，它实际上是体验为一系列限制的人类的有限性表达（其他人的存在限制了我们的自由，我们的道德还有我们必须"选择一种性别的"必然性）。这种从阉割到根源于人类条件的有限性焦虑的移动，当然就是对弗洛伊德进行"拯救"的存在主义哲学的移动，它消除了令人尴尬的阉割和阴茎嫉妒的话题("今天谁会严肃地来看待这一点?")。因此,精神分析被拯救的途径就是被转化为一种令人尊敬的学术规则,来处理痛苦的人类主体如何面对有限性的焦虑。这个著名/声名狼藉的建议(弗洛伊德应该离开或至少减少对性的强调,以使美国医学界的保守当权派更容易接受精神分析),是荣格在1912年开往美国海岸的船上给弗洛伊德的,在这里它又一次被提起了。

为什么单单强调"阉割"只是人类条件的一般局限性的一个特殊例子是不够的呢?或者,用一种稍微有点儿不同的方式来说,人们应该如何坚持普遍性的象征结构和特殊的实体经济之间的联系?旧式的对拉康的批评,指责他夸大了这两个层面,即所谓的中性的-普遍性的-形式化象征结构与特殊的-被产生的-身体性参照物;比如说,他强调了阳具不是作为器官的阴茎,而是一个能指,甚至是一个"纯粹的"能指——那么,为什么要把这个纯粹的"能指"称为"阳具"呢?正如德勒兹(不仅仅是拉康)很清楚的那样,阉割的观念回答了一个特定的问题:普遍性的象征过程如何将自己与其有形的根基分离?它如何在它相对的独立性中"浮现"出来?"阉割"所指的正是暴力的身体性切割,它使我们能够进入非实体化的领域。有限性也同样如此:"阉割"不仅仅是有限的经验的一个局部的例子——这个概念试图回答一个更具有根本性的"元先验的"问题,即*我们人类最初如何将自身经验为一种有限性?*这个事实不具有自明性；因此当海德格尔强调，只有人类可以以"向死而生"的方式存在的时候，他无疑是正确的。当然，动物也能以某种方式"意识到"自己的局限性，以及自己有限的力量，等等——野兔试图从狐狸手下逃走。然而，这与人类的有限性并不相同，后者是在一个孩子对假想的、无所不能的自己的自我迷恋的态度（当然，实际上我们也可以说，为了变得成熟，我们不得不接受自己的局限性）之下产生的。不过，潜伏在这种自我迷恋态度背后的是弗洛伊德的"死亡驱力"，它是一种"不死的"的执着。康德已经指责它是一种动物不具备的暴力过量，这也就是为什么对于康德来说，只有人类需要通过规训来接受教育。象征法则并不是驯化和管制自然，而恰恰是将自己应用到一种非自然的过量上。或者，我们可以从另一个方向来得出这个结论：弗洛伊德所说的小孩子的无助感从其最根本而言并不是一种身体上的无助，不是满足其他人需要的无力感，而是面对大他者的欲望之谜时的无助感，是无助地沉迷于大他者的过量的愉悦中，是接下来在现有的意义话语中不能对其进行解释的无力感。

当罗曼·雅克布森写作关于现象和语言的身体性基础的文章时，他重点关注了具体化的姿势和声音的自由流动的象征网络之间的鸿沟——这个鸿沟就是拉康所谓的"阉割"。雅克布森的中心意思是，它仅仅是一个能指，而不是一种意义，因为能指可以完成去辖域化的工作；意义则力图回到我们在具体的生活世界的嵌入性中来（这种对内在和外在的前现代的拟人化镜像正是意义的态度）。因此，阳具并不是表示我们身体经验中的象征性的根源（它的辖域化），而是一种"纯粹的"能指，是去辖域化的能动者。在这里，雅克布森引入了身体经验的次要基础的关键性辩证观念：是的，我们的语言表明了这种具体化的全部轨迹（"机车"这个词类似于古老的蒸汽火车头；"前面"这个词是在我们口腔的前部形成；而"后面"这个词则在口腔的后部形成，等等）。然而，所有这些都是一种再辖域化的形成，它是在作为意义条件的根本性切割的背景下产生的。[1] 这就是为什么语言和身体之间的拟人化的镜像模型，将身体作为我们理解的一种基本参照框架的做法，都必须被废除——语言是"非人的"。因此，这个过程有三个阶段：（1）将初期的辖域化作为"身体的装配"——它是一种标识出了其环境、其与环境交换的有机体，是在一种结构中的情绪的铭刻、文身，等等；（2）去辖域化——通向意义的非物质化的、潜存的生产——的标识被从其源头（叙述者，参照对象）中解放了出来；（3）再辖域化——当语言变成了一种交流的媒介，使它所表达其思想的叙述的主体固定化，使它所展现的现实固定化。

---

[1] 见罗曼·雅克布森《关于语言》，剑桥：贝尔克奈普出版社1995年版。

阳具

因此，当阳具作为能指时，什么是象征性的阉割呢？人们应该首先开始思考阳具作为能指——这是什么意思，从一种传统的授权仪式的角度来说，我们知道不仅仅是客体"象征"权力，而且获得了客体的主体也实际上获得了*控制*权力的地位。如果一个国王手中握有权杖、头上戴有王冠，他的话语就会被当成是一个国王的命令。这种徽章是外在性的——不是我本质的一部分：我披挂它们；我穿戴它们是为了行使权力。因此，它们"阉割"了我：它们在我的直接本质与我所行使的职能（例如，我从来没有完全行使我的职能）之间引入了一条鸿沟。这就是声名狼藉的"象征性阉割"的意思。不是"阉割是象征性的，仅仅在象征的层面上被执行"（在下面这个意义上：当我被剥夺了某物的时候，我是"象征性的被阉割了"），而是当我为象征性的秩序所攫取、我被假定了一种象征性的授权的时候，阉割就发生了。阉割正是我的直接本质与授予我这种"权力"的象征性授权之间的鸿沟。正是在这个意义上，它不是权力的对立面，它是匿名的权力；它正是赋予了我权力的东西。人们不能把阳具当成直接表达了我的存在、我的男性气概的生命力的器官，而是要当成一种徽章，当成我所穿戴的一个面具，即如同一个国王或法官穿戴他的徽章一样——阳具是我所穿戴的一个"无身体器官"，它紧贴着我的身体，却没有变成它的"有机部分"，它永远矗立在那里，作为身体的一种外在的、过量的增补物。①

尽管美国近年来"激进的"性实践看起来像是与切割有关，但潜在的逻辑却是完全不同的。在所谓的"皮下切开术"（将阴茎竖直切为两半的外科手术，这样每一半阴茎都可以独立发挥勃起的功能）中，目的不是进行任何的自我惩罚或苦刑，而是——这正是这个实践中极其危险的地方——使阴茎加倍。当然，这里的问题就是，这种阴茎的加倍如何影响作为能指的*阳具*的象征性功能？在此，人们又一次可以在"实践中"观察将作为器官的阴茎与作为能指的阳具区分开来的鸿沟。人们想证明，这种阴茎的加倍，这种"被纵切的阴茎"的运用，并不对称性地成为阳具的加倍，而是一种希望将阳具改变成（另）一个小 a 客体（objet petit a）的企图。客体 a（objet a）的定义之一就是它是分隔中的灵性的、不可分的剩余物。而在这个例子中，这个不可分的剩余物就是阳具本身。这个实践的阴性对应物并不是"男性角色的女同性恋者"，她们采取一种男性的

---

① 顺带说一句，只要人们暂时能够接受茱安·巴蒂斯塔将《迷魂记》（Vertigo）中的教堂之塔进行粗陋的"弗洛伊德式的"解读，把它当成"阳具"的话，人们就应该强调这个所有的希区柯克的粉丝都知道的事实，即这个塔并不是真实地在那儿（在真实的钟楼建筑的所在地）——它只是一幅在画室中合成的画，让"真实的"的教堂进入了画面而已。可能使它成了"阳具"的正是：它并不真实存在的事实，它是一个被人为地依附到"真实的"建筑上的虚假的"器官"。

立场和穿着,放弃了自己本来的愉悦,只关注将愉悦给予她的伴侣(在假阴茎的帮助下)。这里的悖论正是,在采用了男性面具之后,"男性角色的女同性恋者"代表的其实是纯粹的女性的主观性位置,因为对方的*愉悦*与阳具的*愉悦*是相反的。

"象征性阉割"是对这个问题的一个回答:我们如何才能理解从身体的深层到其表面事件的过渡?——如果意义的效果要浮现出来,分裂就只能发生在身体深度的层面上。简而言之,我们如何去阐述意义的"唯物主义"起源呢?这个意识从物质中出现并成为其"正在形成的属性"的问题,正是德勒兹在《意义的逻辑》中与之斗争的问题,他将其追溯到了古代斯多葛学派关于身体与非物质性的事件的对立。要追问这个问题就是要进入辩证唯物主义的问题式。当这样想的时候,辩证唯物主义就在严格的意义上与机械唯物主义相对立了,后者在定义上就是还原主义的。后一种唯物主义并不承认效果相对于原因具有绝对的异质性(比如说,它把表面的意义效果理解成一种单纯的表象,是隐藏的、更深的物质本质的表象)。相反,唯心主义却否认意义-效果是身体深层的一个效果;它把意义-效果偶像化为一个自我产生的本体。它为这种否认所付出的代价就是对意义-效果的实体化:唯心主义偷偷地将意义-效果形容为一种新的身体(例如,柏拉图的形式这样的非物质性身体)。这听起来可能有些自相矛盾,只有辩证唯物主义可以思考意义的效果，思考作为事件的意义，而不会对它进行实体主义的还原（这也就是为什么粗鄙的机械唯物主义形成了对唯心主义的补充）。只有（辩证）唯物主义可以有效地思考"非物质性的"空无，即否定性的鸿沟，在这个鸿沟中，精神事件出现了。相反，唯心主义则将这个虚空实体化。

"具有自主性的"意义的世界形成了一个恶的循环。我们总已是它的一部分，因为当我们对它采取了外在距离的态度并将我们的目光从效果转到其原因上时，我们就丢失了效果。因此，辩证唯物主义的基本问题是：如果不允许外在性的话，这个意义的圆如何出现？身体的这种混合是如何产生出"中性的"思想来，即如何产生出"自由的"象征性场域——在准确的意义上，它不受身体性冲动的经济学影响，而且不是作为寻求满足的冲动的延续——呢？这个弗洛伊德的假设就是：通过性的内在僵局。不可能从另外的身体冲动（饥饿、自我保存，等等）中衍生出"公正的"思想——为什么不能呢？性是唯一在其自身中被阻碍和滥用的冲动，它同时是不足和过量的（是作为一种缺乏的表现形式的过量）。一方面，性被普遍地认为可以为任何行为或客体提供隐喻的意义和暗讽——任何元素，包括最抽象的反思，都可以被体验为一种"暗示去做"（为此，只要回想一下一个大家熟知的例子：一个少年，为了忘却他的嗜性成瘾，就去纯粹的数学和物理中寻求避难所——

在这里不管他做什么,都会提醒他想起"那个":需要多少体积的气体才能充满一个空的气缸?当两个物体相撞时会释放出多少能量?……)这个普遍性的剩余——这个性的能量充溢着人类经验的整个领域,因此一切事物,从饮食到排泄,从殴打我们的伴侣(或被他殴打)到行使权力,都可以获得一种性的注解——但这并不是它的优势地位的标志。相反,这是某种结构上的缺陷的标志:性向外流淌,充溢了与之相连的领域,正是因为它不能在自身中发现满足,因为它从来无法达及它的目标。那么,从准确的意义上讲,一种自在地被定义为无性的行为会获得性注解吗?当它不能够达到其无性的目标并陷入无效重复的恶的循环时,它就被"色情化"了。当一种"公开地"服务于某个工具性目标的立场变成了自身的终结的时候,当我们开始享受这种立场的"无效的"重复并悬置它的目的性时,我们就进入了性的辖域。

性可以作为一种共同意义(co-sense)发挥作用,当这种中性的-字面意思已经存在的时候,它可以对这种"去色情化的"中性意义进行增补。正如德勒兹已经表明的那样,曲解,作为无色情化的字面意思和色情化的共同意义之间的"正常"关系的内在颠倒进入场内。在曲解中,性被当作了我们言语的直接客体,但我们为此付出的代价是它成为客体中的去色情化的客体。这种态度的例子就是"科学"、公正地对待性的方法,或是将性当作一种工具性行为客体的萨德式方法。为此只要想一下简妮佛·杰森·莱在艾尔特曼的《银色·性·男女》（*Short Cuts*）中扮演的角色：一个家庭主妇靠提供色情电话服务赚取外快。她对她的工作非常轻车熟路，可以即兴对电话的听者进行表演。比如说，她可以一边描述自己的大腿之间是如何湿润，一边给她的孩子换尿布或是准备午餐——她对于性幻想保持了完全外在的、工具性的态度。它们根本与她无关。拉康的"象征性阉割"的观念就是针对这种速率、这种选择的：或者，我们接受字面意义的去色情化，将性置换成一种"共同意义"，置换成性注解-影射的补充维度；或者，我们直接趋近性，将性当成字面言语的主体，为此我们可以将对它的主观性态度去色情化。而在这两种方式中，我们失去的是一种直接的路径，即关于仍然保持"色情化"的性的字面言语。

正是在这个精确的意义上，阳具是阉割的能指。它不是以作为普遍创造性力量的性的有力的象征器官的身份来发挥作用，它是能指，是从"身体"进入象征化"思想"的"不可能"通道的器官，或是去色情化本身的能指和器官，这个能指保持了"非色情化"意义的中立表面。德勒兹将这个通道概念化为从"协调的阳具"到"阉割的阳具"的颠倒："协调的阳具"是一种意象，是主体为了将分散的情欲的区域协调成一个统一化的身体的整体而提到的一个形象；而"阉割的阳具"就是一个能指。有些人把镜像阶段之后的阳具能指，理解成提供了核心参照点的秘密影像或身体部分，它们使得主体能够将分散的多重情欲区域总体化为一个独特的、有等级秩序的总体。但这种理解实际上还停留在"协调的阳具"的层面。他们由此对拉康的根本性见解提出了批评：这种通过中心化的阳具意象而达成的协调必然会失败。不过，这种失败的结果并不是回到情欲区域的非协调的多元化中，而正是回到了"象征性的阉割"：只要性"牺牲"它的字面意思（只要这种字面意思是"去色情化的"），它就可以保留其普遍性的维度，继续作为每一种行为、物体等的（潜在的）注解发挥作用。从"协调的阳具"到"阉割的阳具"的这一步，也就是从不可能失败的完全色情化、从"一切都具有性含义"的状态到这种性含义变成次要性的状态，转变成一种"普遍的影射"，转变成对每一个字面的、中性-非色情化的意义进行了潜在补充的共同意义。

那么，我们是不是从"一切都具有性含义"的状态（性在其中作为普遍性的所指发挥作用）过渡到了中性的-去色情化的字面意思的表面？当协调（或不能协调）普遍的性含义的因素被还原到一种能指（如阳具）的时候，所指的去色情化就产生了。阳具之所以是"去色情化的器官"正是因为它作为无所指的能指的能力。这正是性含义的撤离的操作者（比如将作为所指内容的性还原到一个空洞的能指）。简而言之，阳具表明了下面这个悖论：性只能通过去色情化的方式，只能通过经历一种变形、将自己转变为一种中性的-非色情化的字面意思的补充性注解的方式，将自身普遍化。

这里存在着德勒兹和拉康的一个唯物主义的"赌注"：去色情化，即意义-事件的中性-非色情化表面的奇迹般的来临，不是依靠于某种超验的、外在于身体的力量的干涉。它可以来自色情化身体的内在迷局。正是在这个意义——这对于粗陋的唯物主义者和反启蒙主义者来说可能都非常震惊，尽管他们并不承认他们之间的一致——上，阳具，作为"阉割的能指"的阳具元素，正是辩证唯物主义的基本范畴。作为"阉割的能指"的阳具调和并促成了意义-事件的纯粹表面的出现。因此，正是"先验的能指"——即意义领域的非意义——分配并管束了意义的系列。它的"先验"地位意味着它完全不是"实体性的"：阳具就是一个标准的外观。阳具所"引起"的正是将意义表面与身体密度分离开来的鸿沟：正是这种"伪原因"使意义的领域保持了相对于其真实的、有效的、身体原因的独立性。在这里，人们回想一下阿多诺所观察到的先验建构的观念怎样从一种观点倒置中得到：主体（误）认为是其构成性权力的东西实际上是一种无能，是他无法超越出其领域外在极限的局限性。这种先验的构成性权力就是一种伪力量，它表示了主体对身体原因的盲目性的背面。作为原因的阳具是原因的一个纯粹的外观。在《反俄狄浦斯》中具有决定性的生产性生成和具体化的存在之间的对立中，并没有为德勒兹的关键性概念"准原因"留下余地；"准原因"的进入是为了维持事件静止的、中性的流动相对于其实体原因的独立性。

如果没有"阳具"因素作为两个系列（能指和所指）的交叉点，没有它作为"能指堕落为所指"（拉康所说）的短回路的点，就不会有结构。意义领域内的非意义的点就是能指的原因被铭刻到意义领域的点。没有这种短回路，意义的结构就会成为一种身体原因，而不能生产出意义的效果。由于这个缘故，（能指和所指）这两个系列总是包含了一种矛盾的、被"双重铭刻"（同时的剩余和匮乏）的本体：能指超过所指的剩余（无所指的空洞能指）和所指的匮乏（意义领域内的非意义点）。也就是说，当象征秩序一出现，我们所面对的就是结构性位置和占据、填充了这个位置的元素之间的最小差异：这个元素在逻辑上总是先于它所填补的结构内的位置的。因此，这两个系列也可以被描述为"空洞的"形式结构（能指）与填补了结构内部位置的元素系列（所指）。从这个观点来看，悖论存在于这两个系列绝不会重合的事实：我们总是遭遇一个本体，它同时既是一个（相对于结构来说）空洞的、未被占领的位置，又是一个（相对于元素来说）快速移动的、难以寻找的客体，是一个没有位置的占领者。在这里我们已经创造出了拉康的幻想公式（$\$—a$），因为主体的核心是$\$$，它是结

构内的一个空位，是一个省略的能指，而客体 a 在定义上来讲就是一个过量的客体，是缺乏结构内位置的客体。因此，关键不在于只是简单的元素超过结构内位置的剩余或是没有元素填充的位置的剩余。结构内的一个空位仍然会维持幻想，希望有一个元素会出现来填补这个位置；一个没有位置的多余的元素也会维持一种幻想，希望有某个未知的空位在等待它。相反，真正的关键是，结构内的空位与缺乏位置的游离元素是紧密相关的。它们不是两个不同的系列，而是同一个本体的前面和后面，是镌刻在一条莫比斯环的两个表面上的同一个本体。简而言之，作为 $ 的主体不属于深层，它从表面本身的一种拓扑学扭曲中出现，正是在这里，精神分析对海德格尔形成了补充，他在晚年的时候承认：“身体现象是最难的问题”：

> "人类的身体性不是某种动物性的东西。伴随着它的理解方式是某种形而上学至今为止还没有触及的东西。"①

人们喜欢冒险假设，精神分析理论是第一个触及这个关键性问题的。弗洛伊德的由力比多所支撑的、围绕着情欲区域组织起来的爱欲化的身体，不正是一种非动物性的、非生

---

① 马丁·海德格尔与尤金·芬克《赫拉克利特讲座》，塔斯卡卢萨：阿拉巴马大学出版社 1979 年版，第 146 页。

理化的身体吗？这个（非动物性的）身体不正是精神分析的客体吗？引用雅克-阿兰·米勒的话说，在歇斯底里症当中所发生的，根据从主格到宾格的转换，是对身体的一种双重拒绝：首先，身体拒绝总从灵魂开始自己言说，它的症状就是主体的灵魂无法认识自己；其次，歇斯底里症患者无意识地拒绝身体本身（生理学维度的身体），把它当成一种媒介，通过它无意识的冲动和欲望，反对表达它们的身体的生理性兴趣（健康、生存、繁殖）。这种无意识就是一种寄生物，它使用身体，并强迫性地扭曲它正常的功能。由于这个原因，一个歇斯底里的主体憎恶地反对自己生理性的身体，不能接受她"是"她的身体。① 因此，在严格的精神分析的观点中，人们应该区分这两种身体，即米勒称之为的"知识身体"，就是被其基因中所包含的知识控制的生理化身体和"愉悦的身体"，它是精神分析的标准客体，是情欲的不连贯的复合体，这个身体是作为记录伤痕和过量的愉悦的表面，通过这个身体无意识可以进行言说。②

因此，如果我们试图在德勒兹的身体原因和非物质性的生成流的对立中来定位精神分析的话，很关键的一点就是要强调，它不是关于精神生活的"真实的"身体性原因的科学，而是一种完全在事件流的"表面"层面上运作的

---

① 见雅克-阿兰·米勒《症状与身体事件》，摘自《拉康墨迹》19（2001）：第16页。

② 见上文所引雅克-阿兰·米勒《症状与身体事件》，第21页。

科学——甚至当它处理与身体有关的问题时，它也不是身体的生理性"内在"，而是作为完全位于表面的多重的情欲区域的身体。甚至当我们穿透主体的圣殿，穿透无意识的核心时，我们在那里所发现的也是一种幻想银幕的纯粹表面。

幻想

幻想观念的本体论坏名声在于推翻了"主观的"与"客观的"的经典对立。幻想，从定义上来说当然不是"客观的"（是在"独立于主体的感知而存在"的朴素意义上）。不过，它也不是"主观的"（在可以被还原为主体的有意识的经验直觉的意义上）。相反，幻想属于"一个客观性主观的奇怪范畴——也就是事物在你看起来并不是那样，但是它们实际上客观地意味着那样"①。例如，当我们声称某人有意识地好心对待犹太人，但他却有着很深的自己也没有意识到的反闪族主义偏见时，难道我们不是在说他并不知道犹太人对于他而言究竟是什么（这些偏见并没有解释犹太人真正是什么，而只是解释了犹太人在他面前表现为什么）吗？关于商品拜物教，马克思本人用了"客观必然性

---

① 丹尼尔·C. 邓奈特《被解释的意识》，纽约：Little Brown 出版社 1991年版，第 132 页。（邓奈特当然是在一个纯粹否定的意义上使用这个概念的，他把它当作一个不合理的矛盾的悖论［contradictio in adjecto］。）

的外表"这个术语。因此,当一个批判的马克思主义者遇到一个沉溺于商品拜物教的资产阶级主体时,马克思主义者对他的责备并不会是"商品在你看来可能是一个被赋予了特殊力量的神奇的物品,但它实际上只不过是人与人之间关系的一种具体化的表达"。相反,马克思主义者的真实的责备可能是"你可能觉得商品在你面前不过表现为社会关系的一个普通的化身(例如,货币只是授权给你一部分社会产品的一种有价证券),但这并不是它们对你而言真正意味的——在你的社会现实中,通过你对社会交换的参与,你亲眼看见了一个奇特的事实,即商品在你面前真实地表现为一种被赋予了特殊力量的神奇的物品"。这就是马克思在他关于商品之间可以互相交谈的著名假设中所希望指出的:

"如果商品可以说话,它们会这样说:我们的使用价值使人们感兴趣,但那不属于作为客体的我们。不过,属于作为客体的我们的,是我们的价值。我们作为商品之间的交往证明了这一点。我们仅仅是作为交换价值相互发生联系。"①

马克思在这里讽刺性地引用了莎士比亚的《无事生非》(第三场第三幕)中道格班瑞给西科尔的建议,它可以作为《资本论》第一章的概括:"成为一个漂亮的男人是上天的恩赐;但读写的本领却是与生俱来的。"这种颠倒并不简单地是在主观性的假想意义上的一个虚构——相反,它的地

---

① 卡尔·马克思《资本论》第一卷,英格兰哈蒙兹沃思:企鹅出版社,1990年版,第176—177页。

位是客观的，它具有"客观的外表"，它显示了事情"真正展示给我的方式"，而不是事情直接向我展示的方式：资产阶级经济的范畴，"是思想的形式，它们具有社会有效性，因此是客观的，因为生产关系属于这个被历史所决定的社会生产的类型，如商品生产"①。

2003年3月，唐纳德·拉姆斯菲尔德对已知和未知之间的关系发表了一点业余哲学家的观点："人们知道有已知。就是我们知道我们知道的那些事情。而人们也知道有未知。也就是那些我们知道我们不知道的事情。但是还有人们不知道的未知。就是那些我们不知道我们不知道的事情。"而他忘记加进去的则是第四项"未知的已知"，就是我们不知道我们知道的事情，它正是弗洛伊德的无意识，是拉康过去常常所说的"不了解本身的知识"。如果拉姆斯菲尔德认为在面对伊拉克时最主要的危险是"不知道的未知"，即我们甚至毫不怀疑可能存在的来自萨达姆的威胁；我们其实应该作出一个相反的回答，最主要的危险是"未知的已知"，即那些我们自己甚至都没有意识到的、我们所坚持的被否认的信仰和支持。我们必须要冒这个险，去呈现存在这些神奇的未知。萨默塞特·毛姆在二十世纪二十年代曾经讲过一个故事，一个四十多岁的英国人，在殖民时期的上海工作了几十年，最后赚够了钱想要去实现这些

---

① 见上文所引卡尔·马克思《资本论》第一卷，第169页。

年来支持着他的梦想——搬去伦敦,在那里过一个快乐单身汉的生活。可是,在伦敦待了几周之后,他觉得极为无聊又压抑,于是就开始想要回到上海生活;于是,他就买了一张船票回了中国,但是,在回去的漫长旅途中,当船停靠在河内的时候,他下了船,在河内长久定居了。在对实现了的毕生追求的梦想深深的失望之后,他知道自己再也承受不起另一次类似的经历了,所以他决定永远待在离中国近一点的地方,永远梦想着他在上海可能会有的美好生活。这就是拉康的"与某人的欲望妥协"的意思:他用冒险将之实现的方式来拒绝"否认某人的幻想"。

这也是解释拉康肯定主体建构性的"离心化"的一种方式。它的核心思想就是,我的主观性经验被客观的无意识机制所控制,这种机制就我的自身经验来说是离心化的,因此是超出我控制的(这是每一个唯物主义者都肯定的),但是它也是某种让人不安的东西:我被剥夺了我最内在的主观性经验,即"事物对我来说真正意味着"的方式,而这种根本性的幻想构建和保证了我存在的核心,因为我从未在有意识的层面上经历它和呈现它。根据这种经典的观点,构成了主观性的维度正是现象性的(自我)经验:只有当我可以对自己说"不管有多少未知的机制控制了我的行动、感知和思想,都没人能够从我身上夺走我现在所看所感"的时候,我才是主体。也就是说,当我热情地处于恋爱中的时候,一个生物化学家告知我,我所有强烈的情感都只是我身体内部的生物化学过程的结果时，我会紧抓着外表回答他："你所说的可能都是真的，但没有人能从我身上夺走我现在所经历到的强烈的热情。"但是，拉康在这里的意思是，精神分析学家就是那个可以从主体身上夺走这些体验的人——他最终的目的是从主体身上夺走控制了他的（自我）经验世界的根本性幻想。只有当主体现象性的（自我）经验变得无法企及的时候（如"初期就被压制了"），弗洛伊德的"无意识主体"才会出现。从更激进的层面来说，无意识就是不可达及的现象，它不是控制了我的现象性经验的客观的机制。有人认为，当一个本体显示了'内在生活'的标志（比如，一种幻想式的自我经验不能被还原为外在的行为）时，我们就是在和一个主体打交道了。与这样的陈词滥调相反，人们应该宣称，能描述人类主观性特性的，正是将两者分离的鸿沟，即幻想在其最根本性的层面上变成了主体不可企及的东西这一事实。正是这一不可企及性使主体变得"空洞"。因此，我们获得的这种关系完全颠覆了主体通过其"内在状态"直接经验其自身的常规观念：这就是空洞的、非现象性的主体，与主体不可企及的现象之间的"不可能的"关系。换言之，精神分析（和德勒兹）允许我们构想出一种无主体的自我矛盾的现象学——出现的现象并不是主体的现象，而是它对主体而言表面上显示的样子。这并不意味着在这里与主体无关——相反，正是在排除的模式中，主体是作为不能够呈现这些现象的否定性的能动性。

关于人类意识的神经科学的意象与精神分析之间的鸿沟到底在哪里呢？这并不是说动物发现自己的交配行为的坐标是根植于自己的自然本能，而人缺乏这种本能，所以他们需要"第二本质"，即一种象征性的规定去给他们提供这些坐标系。在这里，这种象征符号的坐标系使我们与他者欲望的僵局相对抗，而问题在于象征秩序最终总是会失败的。如让·拉普朗什指出的那样，"初期情景"的创伤性影响，他者欲望的能指之谜，产生出了一种过量，这种过量本能完全地在象征秩序中被"扬弃"。与人类动物互为本体的声名狼藉的"匮乏"并不只是否定性的，而是本能坐标的缺失；它是一种与过量、与创伤性愉悦的过量出现相对照的匮乏。① 悖论就在于，能指化的存在正是因为有一种过量的、非能指性的、爱欲的沉迷和依恋：能指化的可能性条件就是它不可能的条件。如果人类智能过量发展的最后避难所就是去努力破译"什么意思？"的深渊，去破解他者的欲望之谜，那该如何呢？如果真的存在一种答案，可以解答人类为什么执着于要解决不可解决的任务或是回答不可能回答的问题的，那会是什么呢？如果形而上学和性（准确地来说，是人类的爱欲）之间的关联被严格地对待，那会怎样呢？最终，作为意义的非意义支持的这种创

---

① 见让·拉普朗什的《精神分析的新基础》，牛津：Basil Blackwell 出版社 1989 年版。

伤性的、不可消解的内核从根本上讲就是幻想本身。众所周知,瓦格纳在音乐上憎恶的对象是梅耶贝尔,后者在瓦格纳看来,代表了虚假的商业化的犹太人音乐。但很少有人知道,瓦格纳在他绝望的低谷中（1840年5月3日）,曾经给梅耶贝尔写了一封信,其中充满了奇怪的、变化的谀辞,而丝毫看不见以往自我矜持的影子：

"是梅耶贝尔,只有梅耶贝尔,当我告诉您只要我一想起那个对我来说意味着一切,一切的人,我最激烈的情感就会使我眼含热泪的时候,您欣然地就理解了我……我意识到,我必须从身体和灵魂上都变成您的奴仆,这样我才能为我的作品找到食粮和力量,总有一天我要向您诉说我对您的感激。我将成为一个忠实的、正直的奴仆——因为我公开地承认我在本质上是一个奴仆;能将自己无条件地奉献给另一个人,如此不计后果,如此纯然地信靠,真让我觉得欢欣无比。我知道我工作为你,奋斗为你,只有你,才能让我付出的那些努力和艰苦看起来是如此愉快和有价值。因此,先生,求您买下我吧,这绝不会是一桩没有价值的生意！……您的附属物,理查德·瓦格纳。"[1]

可能没有比这更直接、更无羞耻感地表达自己的受虐狂趣味了。这种彻底地、毫不羞耻地甘受奴役的立场,不

---

[1] 引自布瑞恩·玛吉《特里斯坦和弦》,纽约：Owl出版社2001年版,第345—346页。

正显示了瓦格纳的"根本幻想"吗？即他的主观身份不承认的核心必须被否认，从而表现为充满恶意的反闪族主义情绪。正是这种幻想的状态将我们带到了精神分析和女性主义的差异的根本点上，即对强奸（或支撑强奸的受虐幻想）的看法。至少对于经典的女性主义来说，强奸被看作一种外部强加的暴力，几乎是一种先验的公理：甚至当一个女性幻想被强奸的时候，这也只说明可以去挖掘一个事实，即她的内在化的男性的态度。这种反应在这里是一种纯然的恐慌。每当人们提起女性幻想被强奸或至少是被粗暴对待时，他们总是能听到惊叫声：这就像说犹太人幻想被抓到集中营进毒气室或美籍黑人幻想被处以私刑一样！从这种观点来看，分裂的歇斯底里的立场（抱怨在性上被过度索求，同时又想要过度的性，要求男人来勾引她）是次要的；而对于弗洛伊德来说，它却是主要的，构成了主体性。因此，在弗洛伊德的观点中，强奸的问题在于，它造成的创伤性影响不仅因为它是一种粗鲁的、外在的暴力行为，还因为它触及了受害者本人内心所不愿承认的某种东西。所以，当弗洛伊德写道，"如果［主体］在他们的幻想中强烈想要的，在他们的现实中出现了，他们就会转而逃离它"①，他的意思是说，之所以会发生这样的事，不仅

---

① 西格蒙德·弗洛伊德《朵拉：对一个歇斯底里症患者的分析》，纽约：马克米兰出版社1963年，第101页。

仅是因为意识的自我审查，而且是因为我们幻想的核心对我们自己来说是无法承受的。

这种幻想的原初是小孩子无意中偷听到或看到父母的性行为而无法理解：这些到底是什么意思，深沉的低语声，卧室里奇怪的声响，等等？因此，孩子就会幻想出一幕情景来解释所有这些奇怪的、强烈的碎片——我们只要回想一下大卫·林奇的《蓝丝绒》中一幕著名的场景，卡尔·麦克拉什朗藏在衣橱里，亲眼看见了伊莎贝拉·罗丝丽尼和丹尼斯·霍普之间奇怪的做爱行为。他眼睛所看到的是对他耳朵所听到的东西的一种清楚的幻想式补充。当霍普戴上了一个面具并通过面具呼吸的时候，这不正是一幕假想的情景可以用来解释伴随着性行为的沉重的呼吸声吗？幻想的根本性悖论在于主体根本无法到达一个时刻他可以说"好了，我现在完全理解了，我的父母就是在做爱，我不再需要任何幻想了！"这就是拉康所说的"根本不存在性报告"的意思。每个意义都依赖于某种非意义的幻想框架——当我们说"好，我现在完全理解它了！"的时候，它的真正意味其实是"现在我可以将它置入我的幻想框架中了"。或者，我们再一次求助于德里达的扭曲，幻想作为不可能性的条件，即极限，作为意义的条件，即其非意义的内核，它同时又是可能性的不可还原的条件。

因此，拉康在《讲座二十：仍然》中不断重复的声称"存在某种是'一'的东西"①，这里的"一"不是主人-能指的总体化的"一"，而是"补充性"的部分客体（无身体器官），它使性关系中的障碍成为其（不）可能性的条件。因此，从严格的意义上来说，"存在某种是'一'的东西"与"根本不存在性报告"是具有相关性的：两个性伴侣从来都不是孤单的，因为行为围绕着一种支撑他们欲望的幻想补充（它最终可以只是一种假想的目光，在他们的性交过程中始终观察着他们）。"存在某种是'一'的东西"意味着每一对性伴侣都是三人行的伴侣：$1+1+a$，这种"病态的"瑕疵搅扰了伴侣之间的纯粹的投入。简而言之，这个"一"正是阻碍性伴侣融合为"一"的东西。（人们也可以很好地论证说，在女同性恋伴侣的例子中，这个"一"正是阳具本身［它偶尔会被物质化为假阴茎］——因此，当茱迪·巴特勒讽刺性地提出"女同性恋的阳具"这个术语时，人们应该毫无保留地赞成她，并且还要补充说，这个"女同性恋阳具"就是阳具。②）并且，这种真实的"一"不仅仅不是与自由相反——它是自由的条件。它被他者的神秘信息所影响或"勾引"的震撼性效果在于它阻碍了去赞扬主体的一丝不苟，反而开辟了一条鸿沟，使得主

---

① 见雅克·拉康《讲座集：书二十：仍然》的第11章。
② 见茱迪·巴特勒《身体问题》，伦敦：Routledge出版社1993年版，第87页。

体可以自由地以对其进行象征化的努力（最终还是失败了）来填补这个鸿沟。自由从根本上只是这种创伤性的相遇所开辟的空间，它用自己的偶然性/不充分的象征化/转化来填补这个空间。

简而言之，自由在严格的意义上是与大他者（实体化的象征秩序）的不连贯性中的鸿沟相关的。对大他者进行意识形态揭露的第一步是控诉它内在的*愚蠢*。为此我们只要回想一下保罗·罗宾逊在晚年将他的传说集《老人河》重写为一个普通的、有效的批判意识形态干预的模型。在原版好莱坞音乐剧《演艺船》（1936）中，（密西西比）河被表现为一种神秘的、漠然的命运化身，它成为一个"肯定知道什么"，但从来不说的智慧老人，它只是不停地流动，保持着它沉默的智慧。在新版本中——它出现在令罗宾逊赢得无数骂名的1949年莫斯科音乐会（"俄国启示"，RV70004）中，在此罗宾逊本人用非常好的俄语对其进行了一个简短的口头介绍——河流不再是一个匿名的、神秘莫测的集体智慧的载体，而是一种集体性的*愚蠢*的载体，是对于无意义的苦难愚蠢地、被动地承受的载体。这种将大他者从智慧变为愚蠢的改写是至关重要的。在这里我们来看一下原版歌曲中的最后几行："……你有点儿醉了，/还陷于牢狱之灾。/而我却累了，/厌倦了努力，/厌倦了生活，/如此害怕死去。/但是老人河啊，/它却这样一直流淌。"改编后的新版本是："你刚显示了一点儿勇气/你就陷

德勒兹

于牢狱之灾。/我忍不住大笑，/却懒得哭泣，/直到将死，/我都得保持着恐惧。/但是老人河啊，/它却这样一直流淌。"

当然，人们不应该低估原版歌曲在它的历史语境中所具有的解放性力量。这是第一次在好莱坞表现了美国黑人在艰苦的工作中所承受的无意义的、长久的苦难。于是在他们作为无忧无虑的快乐孩子——不管是载歌载舞也好，还是喝得酩酊大醉，变得有些好色和暴力也好——的经典意象中出现了一道宽阔的裂缝。（为此我们只要回想一下好莱坞喜剧默片中表现一个好色黑奴的种族主义老套：一个黑人工人扛着一大包冰上楼去运送；这时，通过一扇半开的门的门缝，他看到一个一丝不挂的女人正在洗澡，他变得十分亢奋，于是整块冰立刻在他背上融化了。在这种老套的不加掩饰的直接性中难道没有什么有意思的东西吗？）不过，这种对于苦难的"严肃"刻画的代价就是美国黑人被描写为被动地、屈从于他们悲惨的命运。但是，人们不应该再一次错过这里的重点：改编过的歌词所完成的不是从被动地接受命运到乐观地、积极地投入和抗争的简单过渡——想想看新版歌词的最后一句仍然没有变："但是老人河啊，/它却这样一直流淌。"换言之，盲目的命运还在那里，但是却被剥夺了它原来具有的高深莫测的智慧光环，被还原为——不仅仅是历史偶然性——而且是意识形态大他者的内在的愚蠢。

"唯一善良的神是一个死去的神"就是大他者的开场白,这可不是一句无神论宣言:有些人甚至想说,神学的最终目的就是让神死去,这样就可以将他永远保持在一个适当的距离,防止他离我们太近而变成一个贪婪的怪物。象征性规则的支持从定义上来说就是一个死去的("被阉割的")神:"精神分析的关键就是在给予这个短语以一种不同于'上帝死了'的意思的条件下,来肯定无神论,因为所有一切都说明这个宣称不但没有削弱这里有疑问的东西,即规则,反而巩固了它。"① 正是在这种所谓的极权主义政体中,"未被阉割的"权力形象才返回来了,它表现为人们常常所指的"人民的父亲"。在拉康看来,它关系到"作为阉割代理人的真正的父亲"。② 也就是说,"极权主义"领袖的外在于法律方面,正意味着他本人不是要被进行预定的阉割(为此的代价就是成为法律的代理者),而是要变成阉割的代理者,这和弗洛伊德早期的父亲形象极为类似。

第二个动作就是从强调"障碍性的"(断裂的、缺乏的)大他者转移到从大他者中出现的问题("Che vuoi?"):通过这个转移,一个不解之谜出现了,即在大他者本身中的他性(Otherness)。为此我们只要回想一下将母亲的欲望"转化成""父亲之名"的行为。拉康将这个难解的信息

---

① 见雅克·拉康《讲座集:书十七:精神分析的反面》,巴黎:Seuil 出版社1991年版,第139页。
② 见上文所引雅克·拉康《讲座集:书十七:精神分析的反面》,第147页。

命名为母亲的欲望——孩子在母亲的关护中察觉到的神秘的欲望。这种具有误导性的"拉康导读"的标志，就是把接下来发生的象征性的父亲功能设想为是破坏了母亲-孩子这个二分体的假想的象征性喜乐的入侵者，而在父亲功能中引入了（象征性的）禁忌秩序。要反对这种误解，人们应该坚持，对于拉康而言，"父亲"并不是一种创伤性的入侵者，而是解决这种入侵难题的办法，是对这个不解之谜的回答。这个不解之谜当然就是母亲的欲望之谜（既然我对母亲来说明显是不足够的，那么在超出我之外，她到底想要什么？）。"父亲"就是这个谜题的答案，是这个僵局的*象征化*。正是在这个严格的意义上，根据拉康对父亲功能的解释，"父亲"就是一种转化或症候：它是一种妥协的解决办法，它减轻了在直接面对他人欲望的空无时的焦虑。① 拉康后期教学的整个根本性中心就是，今天，这种解决办法已经不再起作用——"父亲的名义"不再是将社会联系链接在一起的症候或复合体了。② 这个观点的政治推论是非常好的：关于破坏性革命的任何可能的想法必须完全打破"反俄狄浦斯暴动"的问题式。

---

① 拉康对拉普朗什的反驳是，在后者的解释中缺失了某种东西：为什么一个小孩子会陷入他者的谜题中？在这里仅仅提出早产或孩子的无助感是不够的。对于这个将要出现的鸿沟，对于将要以一个谜样的信息出现的父亲的姿态——这个信息对父亲本身来说也是一个难解之谜——象征秩序必须已经存在于这里了。

② 拉康并不同意将俄狄浦斯当成一种终极的解释框架，他认为俄狄浦斯本身是一种需要被阐释的症状："我告诉你，俄狄浦斯情结就是弗洛伊德的梦想。对每一个梦而言，它都需要被解释。"（雅克·拉康《讲座集：书十七：精神分析的反面》，第59页）

象征中的真实

对象征界的低估与向某种偶像化的"自在的真实"的转变并没有多大关系。在这里应该考虑拉康思想中的多处转变。拉康在二十世纪五十年代早期是一个黑格尔主义者（当然是在亚历山大·考杰夫和让·依波利特的影响下），他经常被人指认为是以一个黑格尔主义哲学家身份出现的分析师，他的分析著作是遵从黑格尔的"理性的狡计"，将分析的结果作为"绝对知识"，在普遍性的象征媒介中对特殊性的内容进行调和，诸如此类；与之形成鲜明对照的是，"真实的拉康"主张真实具有某种创伤性内核，它可以永久抵制被整合到象征界中——他是通过将弗洛伊德的"物"（das Ding）与康德的"物自体"联系起来的方式完成这一动作的。① 在这里，我们可以清楚地辨析出拉康象征性阉割的轮廓：物是被禁止的，但这种禁忌并不是阻碍欲望，而是支撑欲望。简而言之，象征性秩序是如康德的先验审查一般发挥作用，通过它，现实变得可以达及，但它同时又阻止了我们直接触及现实。

但是，如果我们进行更仔细地阅读就会发现，在拉康

---

① 伯纳德·巴斯详细论述了对拉康的这种康德式解读。见伯纳德·巴斯的《物论》，卢文：Peeters 出版社 1998 年版。

最后十五年的教学中（从讲座十一开始），他力图要克服这种康德的视域——对这一点最明白不过的标志是他对冲动概念的重新现实化。冲动，作为真实自身的一种固有的弯路、拓扑学的扭曲，在象征性阉割之外发挥作用——而拉康从欲望到冲动的路径就是从康德到黑格尔的转变。这种转变在晚期康德中就是从"先验"逻辑（象征性阉割作为我们经验的终极边界，清空了"物"的场地，因此为我们的欲望开辟出空间）到"超越阉割"的维度（例如，如果有一种立场声称要"超越阉割"，那它就不只是吞噬我们的"物的黑夜"的深渊了），也有着直接的政治性后果："先验的拉康"显然是"民主的拉康"（他将"权力"的场域清空，让多元的政治主体们来通过竞争获得暂时性的占有权，他反对声称直接代表大他者权力的"极权主义"主体），而"超越阉割"的拉康则指向了一种后民主政治。因此，在拉康与康德、黑格尔的张力关系中有三个阶段：他从普遍性的黑格尔主义的象征总体中的自我中介，过渡到抗拒这种中介的康德的超验的"物自体"的观念；然后，通过一种附加的扭曲，他把将所有的能指轨迹从他性中分裂出来的鸿沟转变成了作为其固有成分的内在性本身。

因此，人们应该关注真实界-想象界-象征界这个三合体的三项是怎样交织在一起的：整个三合体在三个元素中都反映了自身。真实有三种形态："真正的真实"（可怕的物，最初的客体，从爱玛的喉咙到异形），"象征的真实"

(作为连贯性的真实：被还原到一个无意义公式的能指，就像本能再被转换或联系到我们生活世界的日常经验的量子物理学公式一样)，以及"想象的真实"（神秘的"我不知道为什么"，可以用来解释为什么崇高的维度从一个普通物体身上反映出来的高深莫测的"某种东西"）。因此，事实上，真实就是三个维度同时出现：它是可以摧毁一切具有一致性结构的深渊的漩涡，是被数学化的真实的连贯结构，是脆弱的纯粹的外表。同样的，象征界也有三种形态：真实的（能指退回成无意义的公式），想象的（荣格的"象征"），象征的（言语，有意义的语言）。想象界当然也有三种形态：真实的（幻想，它正是占据了真实位置的一幕假想的情景），想象的（它是一种意象，其基本作用就是作为一种诱饵），象征的（还是荣格的"象征"或是新时代的原型）。因此，拉康的真实并没有被还原到抗拒象征化的"物"的创伤性空无中，它表示了（"本质"的）无意义的象征连贯性，以及不能被还原为其原因的纯粹的外表（"幻象的真实"）。所以，拉康不仅为作为缺失原因之空无的真实补充了作为连贯性的真实，而且还加入了第三项，即作为纯粹外表的真实。巴迪欧也是这样操作的，他把这第三项称之为"最小的差异"，当我们扣除掉所有虚假的特殊差异时，"最小差异"就出现了。从马列维奇的《黑色表面上的白色正方形》中的形象与背景之间的最小的"纯粹"差异到基督与其他人之间的不可捉摸的最小差异。

巴迪欧在他的《世纪》① 中布展了他称之为"真实的热情"的三种模式用来界定二十世纪的热情:"净化"的热情(凶猛地除去虚假现实的欺骗性层面以达到真实的核心),以及"削减"的热情(将最小差异隔离出来,使它在既存的现实秩序的征兆点上变得可被感知)。那么,我们是不是应该在巴迪欧两种真实的热情(净化的热情和削减的热情)上再补充一种科学理论形式化的热情,来作为达到真实的第三条路径呢?真实可以通过猛烈的净化被隔离出来,剥去欺骗性现实的虚假层面;它也可以被隔离出来作为标志了最小差异的独异的普遍性;也可以被隔离出来对无主体的"真实中的知识"进行形式化。在这里很容易就能辨认出真实界-想象界-象征界的三合体:真实界通过猛烈的净化达到最小差异的想象界和纯粹形式矩阵的象征界。

这个僵局可能带来的政治结果是关键性的。巴迪欧的局限性在他的实证主义的政治计划中表现得最为明显,这个计划可以被总结为是对"平等公理"的无条件的忠诚:与这一公理(例如某一特定人种或民族群体享有特殊的政治权利等)相悖的主张都应该被认为是不可能的、难以公开言说的,因此这个公理应该被应用到移民工人、妇女的权益问题上……不过,这个公理是不是更接近于雅各宾派的革命激进主义而不是马克思主义呢?难道马克思没有一

---

① 见阿兰·巴迪欧《世纪》,巴黎:Seuil 出版社,待出。

而再、再而三地声明整个有关平等的话题是一个标准的资产阶级意识形态的话题吗？形式平等与实质平等之间的对立，以平等的形式维持不平等的剥削的方式，正是市场逻辑的核心；而对此问题的克服并不能导致一种"真正的平等"，而是悬置了平等和不平等之间的这种张力的隐蔽条件，即市场经济。这种理解在今天是不是比以往任何时候都更真实呢？难道全球化不是意味着全世界的工人都在逐渐地被"平等化"吗？——这就是为什么跨国资本已经不再坚持种族主义和宗派主义，而是快乐地主张和实践着平等，比如说，一个印度尼西亚和一个美国工人的平等。

在《世纪》中，巴迪欧似乎一直在要求对二十世纪的"真实的热情"保持直接热情和希望从净化的政治向削减的政治过渡之间摇摆。当他完全清楚地表明二十世纪的恐怖事件，从大屠杀到集中营，都是"对真实的热情"的净化模式的必然结果，而当他承认对它的抗议都是合法化的（从他对瓦莱姆·萨拉莫夫的《克雷马故事集》的喜爱可以看出来），他就不再否认它了。为什么呢？因为接下来的*削减的逻辑会强迫他放弃存在和事件之间的对立的框架*。在削减逻辑内部，事件不是外在于存在的秩序的，而是位于存在秩序本身所内在固有的"最小差异"中。在这里，巴迪欧的"真实的热情"的两个版本与拉康的"真实"的两个版本之间有着严格的相似：作为毁灭性漩涡的真实，是我们无法更加接近的不可触及的/不可能的坚硬内核（如果我们太过于接近它，就像会在尼基塔·米哈尔科夫的《毒太阳》（*Burnt by the Sun*）中那样，电影讲述了一个苏联的英雄将军在斯大林的大清洗中被捕，然后被俄国大革命的"太阳烧毁"的故事），作为最小差异的纯粹证明的真实，它是作为穿透了断裂的现实的鸿沟的另一个维度。

如果巴迪欧想要完成这一步，他可能就需要把二十一世纪想象为是对二十世纪的替代性重复。在净化的逻辑达到（自我）毁灭的峰谷之后，真实的热情应该被重新创作为削减的政治。在这个错误中存在一种必然性：削减可能是紧跟着净化的惨败的，作为它的重复，在其中，"真实的热情"被扬弃了，从其（自我）毁灭的潜能中被解放出来。缺少了这一步，巴迪欧就只剩下了两个选择：要么对净化的毁灭性逻辑保持忠诚，要么到康德关于标准化的、规范性的理想和被建构的现实秩序的区别中去寻求庇护——比如说，声称只有当将事件从存在秩序中分离出来的鸿沟关闭的时候，当真理-事件被认为在存在秩序中完全实现的时候，斯大林主义的灾难才会发生，这种（自我）毁灭性的暴力才会爆发。

在这些文本中，巴迪欧近来①又提出了（一种）关于恶的定义：对不可命名的东西的完全的强迫，对其完成命名的行为，对彻底的标准化的梦想（"一切都可以在既定的

---

① 2002年8月在萨斯费召开的欧洲研究生院会议上提交的论文。

生产真理过程中被命名")——它对于真理过程已经被完成的假想（康德的规范性的理念?）被当作了一种现实（它作为组成部分开始发挥作用）。根据巴迪欧的理论，这种强迫性的删除是基本真理过程所固有的局限性（它的不可决定性、不可辨识性……）：被完成的真理毁灭了它自身；被完成的政治真理变成了极权主义。因此真理的伦理就是对不能被强迫的、不可命名的真理表示尊重的伦理。① 不过，这里的问题不是如何避免对这种局限性进行康德式的解读。尽管巴迪欧拒绝将有限性的本体-先验状态当作我们存在的终极边界，但难道他的真理过程的局限性最终不是建立在事实是有限的基础上吗？更有意义的是，巴迪欧这个对极权主义观念的最伟大的批评家，在这里却以某种非常类似于康德对"黑格尔式的极权主义"进行的自由主义评论的方式，求助于"极权主义"这个概念。他认为主体实际上是无限的真理过程的执行者，他在自由决定或选择的行为中宣布，一个真理过程参照的起点正是事件（这个声明类似于"我爱你"或是"基督从死里复活"）。所以，尽管巴迪欧使主观性从属于无限的真理过程，但这个过程的位置

---

① 把"斯大林主义"当作一种存在秩序（现存的社会）的极端的"强力化"看起来也是有问题的。1928年"斯大林主义革命"的悖论反而在于，在其来势汹汹的激进中，它其实还不够激进来改变社会实体。它凶猛的毁灭性必须被解读为一种无能的"行动宣泄（passage à l'acte）"。斯大林主义的"极权主义"并不是表示一种将不可命名的真实进行彻底的强迫化来代表真理的行为，相反，它显示了绝对鲁莽的"实用主义"态度，以及操纵和牺牲所有的"原则"来维护权力的行为。

德　勒　兹

却被主体的有限性无声地束缚了。那么，巴迪欧，这个反列维纳斯主义者，他的对不可命名者表示尊重的话题，是不是危险地接近于列维纳斯的对他性表示尊重的观念——这个观念，与其表象相反，在政治层面是完全不可操作的——呢？为此我们还要回想一下列维纳斯所犯的一个著名的错误，在贝鲁特的萨布拉-夏蒂拉大屠杀后一周，他与施罗姆·马尔卡和阿兰·法克勒克劳特一起参加了一个广播节目。马尔卡问了他一个显然是"列维纳斯式的"问题："伊曼纽尔·列维纳斯，你是一个'他者'的哲学家。那么历史、政治是不是遭遇他者的场所呢？对于以色列人来说，'他者'是不是首先是巴勒斯坦人呢？"对此，列维纳斯回答道：

> "我对于他者的定义是完全不同的。他者是邻居，并不必然与其相亲，却可以与其相亲近。在那个意义上，如果你为了他者，你就是为了邻居。但如果你的邻居攻击你的另一个邻居或不公平地对待他，你会怎么做呢？那么他者性（alterity）在这里呈现出另外一种特征，我们可以在他者性中发现一个敌人，或者至少是我们会面对一个问题，即谁对谁错，谁正义谁非正义。也有人做出了错误判断。"[1]

---

[1] 伊曼纽尔·列维纳斯《列维纳斯读者》，牛津：布莱克威尔出版社1989年版，第294页。

这些引文的问题并不在于它们表达了潜在的犹太复国主义反巴勒斯坦人的态度，相反，它反映了从高明的理论降落到粗陋的常识性反思的出人意料的转变。列维纳斯在这里的基本意思是，作为一个原则，尊重他者性是无条件的（最高的尊重），但当面对一个具体的他者时，人们就应该看看他是朋友还是敌人。简而言之，在实践政治中，对他者性的尊重从严格的意义上讲就是废话。难怪，列维纳斯也会把他者性想象为一种极端的陌生性，它提出了一种威胁，一个善意的被悬置的点。这一点可以清楚地在下面这段文字中看到，这是从他极具争议性的文本《俄中之争和辩论法》（1960）选出来的关于"黄祸（yellow peril）"的一段文字，是对当时苏联和中国之间冲突的一个评论：

"黄祸！它不是种族性的，而是精神性的。它与劣势价值无关，而是关系到一种极端的陌生性，是对其过去的沉重的陌生，从中透不出半点熟悉的声音或变调，它是一种月球或火星的过去。"①

这有没有让人想起海德格尔在整个二十世纪三十年代所坚持认为的，今天西方思想的主要任务就是为希腊的进展辩护，这是整个"西方"的奠基性立场，是对前哲学的、

---

① 伊曼纽尔·列维纳斯《历史的意外》，圣克莱蒙特：Fata Morgana 出版社 1994 年版，第 172 页。

神秘的、"亚细亚"世界的克服,是与更新化的"亚细亚"威胁的抗争——西方最大的对立面就是"神秘的一般和亚细亚的特殊"?① 回到巴迪欧:这里的全部意思就是,巴迪欧那里存在着一个康德式的问题,他根源于存在与事件的二元论的立场必须被超越。而要走出这个困境的唯一办法就是肯定,不可命名的真实不是一种外在的局限性,而是一种*绝对内在*的局限性。真理是一种生产过程,它不能包含对它进行总体化的概念名称(正如拉康所说,"没有元语言",或者正如海德格尔所说,"名称的名称总是缺失的"——这种缺失,不是一种语言的局限性,而是它的肯定性的条件,也就是说,恰恰是通过这种缺失,我们才能拥有语言)。因此,正如拉康的真实不是外在于象征界,而是从内部界定了它的非全有性(non-all)(正如拉克劳所解释的那样,外在的极限在一种对立中与内在的极限重合了),不可命名性是名称的领域本身所固有的。(这就是为什么对巴迪欧和海德格尔来说,诗歌是对语言的能力极限的一种体验/表述,借助语言我们可以通过这种极限。)这是从康德到黑格尔唯一的正确过渡:它不是从有限的/不完整的过渡到完满的/完成的命名("绝对知识"),而是从外在的命名的极限过渡到内在的命名的极限。

因此,唯物主义的解决方法就是,事件只不过是它在

---

① 马丁·海德格尔《谢林关于人类自由的论文》,美国雅典城:俄亥俄大学出版社1985年版,第146页。

存在秩序上的记录，是存在秩序的一个切口/断裂，这就解释了为什么存在不能形成一个具有连贯性的"全有"。在存在秩序上不可能记录"存在的超越"。存在的秩序是唯一存在的东西。在此，人们应该又一次地想起了爱因斯坦的一般相对论的悖论，即物质不能够使空间弯曲，它本身是空间的自身弯曲的一个效果。一个事件并不能通过它在存在秩序上的镌刻来使存在的空间弯曲：相反，事件不过是存在空间的弯曲而已。"全都在这了"是存在的一道缝隙，是它自我的不重合，也就是存在秩序在本体论层面上的开口。这意味着，在本体论层面上，人们最终应该拒绝巴迪欧把数学观念（纯粹多样性的理论）当作唯一连贯的本体论（存在的科学）：如果数学是本体论，那么，要解释存在和事件之间的鸿沟，要么就只能停留在二元论中，要么就必须把事件从根本上当成无所不包的存在秩序的假想的局部发生。要反对这一多样性观念，人们应该把从内部分裂了"一"的鸿沟，当作一种根本的本体性既定来加以肯定。

推 论

1. 科学：弗洛伊德与认知主义

"自创生系统"

德勒兹关于"新"的创生的核心问题，是非常康德-黑格尔式的。这与"在一个物质相互依赖的因果网络中，一个自由的行为何以可能？"的问题相关，因为只有当线性因果链的决定性力量是不完整的时候，一些真正的新事物才会产生。附上一段马里奥·邦格对"在严格的因果模式运行的世界"的精炼批判：

"如果几个原因的共同作用始终是一种外在化的并置、叠加，并在任何情况下，都绝不可能是有其自身特点的综合，而且如果因果能动者所作用于的假想的病人不能具有自发性或无法自主活动的——简言之，就是无法为自己的行为增加因果联系——那么就会得出一个结论，在某种意义上，效果先于原因存在。根据因果关系本质中的这种极端但一致的原则，*只有旧的事物会从变化中产生*；过程可以在数量方面产生新的对象或在一定量的方面产生出新来。当然，这种新并非是性质上的，或者，这里没有出现新的质。"①

这把我们带到了德勒兹的根本的悖论：他的绝对的内在性、他对任何超验的拒绝所意味的，恰恰是一种可以超越其原因的结果，或者说——是同样存在疑问的另一个方面——这种关系外在于互相关联的客体对象。（为此只要想一下希区柯克对德勒兹的解读！）这种关系的外在性基础在于，在一个元素集合中，我们可以构成的子集的数量要大于元素本身的数量。而对这些多余元素最简洁的定义就是"黑暗前驱"，它恰恰是一个伪元素，因为在众多元素中，它占据了关系的位置。比方说，根据詹姆逊对《呼啸山庄》的解读，希斯克里夫不是众多角色中的一个，而是一种零元素，是一种纯结构功能的"隐形的中介者"，他是一种调节旧有的有机的父权社会关系和现代资本主义社会关系的机制，是一个切入两者之间通道的点：

在任何语词的意义上，希斯克里夫都不应该再被视为主人公或者英雄。从一开始，他更……像一个调

---

① 马力奥·邦格《因果律与现代科学》，纽约：多佛出版社1979年版，第203页。

解者或催化剂，旨在恢复命运，振兴两个家族衰败的气质。①

因此，德勒兹的关系的多余实际上就是自由的空间，是反思性关系的空间，是关系到关系的关系空间——它是超越因果关系的线性网络的多余，是主体与其产生条件和原因紧密相关的方式（假设或者拒斥）。在康德那里我已经是被原因所决定的，但我要追溯性地去确定是哪一个原因决定了我。简言之，难道德勒兹在这里不是隐秘地将其基础建立在经常会被提到的康德的"结合论"的基础上吗？我们主体经常会被病态的客体和动机所影响，但我们常常以一种自反性的方式，获得最小的力量去接受（或拒绝）被这种方式影响。或者，冒险做一个德勒兹-黑格尔式的表述：主体是自反性的一个褶子，通过这个褶子，我回溯性地确定了被允许来决定我的原因，或者，我至少确定了这种线性的决定的模式。"自由"就是这样的内在性追溯。从其最根本的意义上来说，它不仅仅是一个自由的行为，不是突然之间不知从哪里开始的一个新的因果关系，它更是一个对决定我的必然性的联系/序列的回溯性行为。在这里，应该在斯宾诺莎之上加上一个黑格尔式的扭曲：自由不是简单的"被认识到的/已知的必然性"，更是被认识到

---

① 弗里德里克·詹姆逊《政治无意识》，伦敦：Routledge 出版社 2002 年版，第 113—114 页。

的/假设的必然性，是通过这种认识被建构/实现的必然性。因此，效果超过原因的多余同时也意味着它在回溯性的意义上成为原因的原因——这个时间循环是生命中最小的结构（在这一点上，请参考旧金山·瓦雷拉的工作）。请回忆博尔赫斯对卡夫卡和他的众多前辈之间关系的说法，从古代中国作家到罗伯特·勃朗宁：

"卡夫卡的特质，不管从大里说还是小里说，存在于他的每一个创作中，但如果卡夫卡没有写作，我们就察觉不到；也就是说，它就不会存在……每个作家创造他自己的先驱。这些工作改变了我们对过去的概念，同时它也会改变未来。"① 因此，对"它真的存在于源头中吗，还是我们应该到源头中去解读它？"这种困境，恰当的辩证解决路径是，它真的就在那里，但是我们只能从现今的观点与这种回溯性的因果关系去回溯性地理解和陈述它。这只能通过建立在原因基础上的效果来实现，它是自由的最小限度的必要条件。那这是不是说，没有了这种自由，效果在某种程度上不仅先于导致它们的原因存在，而且直接先于其原因存在？也就是说，如果没有原因与效果中的这种过渡/缺口，这种效果在它先于原因被给出的意义上先于其原因存在，并规定了这种因果链的展开作为其隐蔽的目的——目的论就是线性机械的因果关系的真相（如黑格尔所说的

---

① 豪尔赫·路易斯·博尔赫斯《探讨别集：1937—1952》，纽约：华盛顿广场出版社1966年版，第113页。

那样)。再进一步,人们应当悖论性地提出,这种对效果相对于其原因的过度的肯定,就是关于自由的可能性的肯定,它是德勒兹唯物论的基本主张。那即是说,重点不只是在许多身体的物质性现实之上存在一个非物质的多余,而是说这个多余就内在于身体自身。如果我们减掉这部分非物质的多余,我们就得不到"纯粹还原主义的唯物主义",取而代之的则是隐秘的唯心主义。难怪笛卡尔,这个第一个用公式表达现代科学唯物主义的人,同样也是第一个用公式表达基本的现代唯心主义主体性原则的人这样说:"除了身体被建构起来的物质性现实外一无所有。"这实际上是一种*唯心主义*的姿态。

注意到在脑科学中关于"依随因果关系"的争论如何对德勒兹准原因主题形成了回应是很有趣的一件事。这难道不是德勒兹自己已经把意义-事件与关于突发特性系统的理论观念联系起来了吗?意义-事件难道不是在复杂有形的原因网络中出现的吗?[①] 当然,在此接下来的才是关键问题:从因果性的观点来看,意识的状态是纯粹的副现象还是它显示出了自己的因果性?让德勒兹面对这些天真的问题会变得很有趣:意义-事件的层面只是一个静止的效果或影子的剧场吗?它有没有以某种方式影响有形的原因网络

---

① "突发特性"这个术语被用得太多,是不是已经成了一个伪概念呢,成了一个只有完全的否定性内容的范畴——它仅仅命名了我们的无知?我们以某种方式可以察知,没有任何外在的帮助或干涉,秩序从一种无序的相互作用中出现,当我们不知道它是怎么发生的时候,我们就把它称之为"突发特性"。

的层面呢，或者后者的层面在没有被意义流注意下能够被描述吗？

当我们说意识附带发生时，或者用更强力的立场说，意识出现的时候，这是不是意味着它自己特殊的因果力量同样能够影响它所出于其中的"较低"层面呢？或者，引用哈斯克的话说，"向下的"概念的因果影响意味着"'较低'层面的行为——其实是'较高'水平结构的组成部分——不同于它原本的状态，这完全是缘于在较高层面的组织结果中突显的新的性质的影响"①。让我们举个例子：我表现一种特定的身体姿势（举起我的手，等等）作为我对一位朋友问好的结果。但这些身体姿势能够作为充分的原因去解释"较低"层面上身体构成要素之间的相互作用，和抽象的"较高"层面上我的有意识意图吗？

要为所有这些需要考虑的事找到基础，是有机体概念根本的难点：如果我们实际上要解释较高层面上独立存在的"准"因果关系，它就应该是一种具有最小回溯性的因果关系，是一种可以在时间上"反向运行"的自我联系的因果性，或者如黑格尔所说，是一种"前置假设"的行为。如康德已经知道的，自由并不简单意味着为了增补物质的原因的原因，它同时意味着一种自反性的原因，这种原因决定了哪一个（物质）原因会决定我。自由意味着我永远

---

① 威廉·哈斯克《自我的出现》，纽约伊萨卡：康奈尔大学出版社1999年版，第175页。

不会彻底沦为环境的牺牲品：我永远有一点自由去决定，哪些环境将会决定我（这里又是"结合论"）。①

这个解决办法恰恰就在于不完全的物理因果性的概念中：自由回溯性地决定了开始决定我的原因链，这种选择的最小空间是由物理过程本身内在的不确定性所支撑的。在本质的意义上，自由当然意味着意识的因果功能并不纯粹是过渡性的，它可以"导致它并不想导致的事情"②。正如康德所说，它可以展开无中生有地开始的一段因果线/链。不过，这种"无"起始于物理现实本身，是物理现实在因果律上的不完全之处。那些想削弱唯物主义的人的最大论据就是"为什么物理不是完全的呢"：他们的目的在于表明，对于一种先验的理性来说，物理的原因链是不完整的、自我闭合的、需要被解释的，即必须要有另外一种因果律的存在。不过在这里，参考一下拉康的"并非全称"的逻辑可能会有些帮助。如果我们把不完整的（物理的）因果联系解读为在它们之外不存在例外、不存在其他因果律这一事实的反面，又会怎样呢？如果相反，我们把物理因果律的不完整或封闭，建立在或关系到一种形而上学的例外、一种神性或灵性的基础上，又会怎样呢？正是物理因果律中的这种缺口开启了自由的空间，且不需要用一种肯定性的因果律来填充——正如德勒兹所表达的那样，在

---

① 见亨利·埃里森《康德的自由理论》，剑桥：剑桥大学出版社1990年版。
② 如上文所引威廉·哈斯克《自我的出现》，第177页。

有形的原因"之上和之外的"唯一的因果律就是非物质性的准原因的因果律。

当查尔莫斯在他的论证中反对对意识的还原主义的解释时,他写道:"即使我们知道了物理世界的每一个最微小的细节——在时空的多维度中所有场域和粒子的构造、原因和进化——这些经验也不会使我们能够假定存在有意识的经验"① 的时候,他犯了一个典型的康德式的错误:这种完全的知识,从严格的意义上来讲,在认识论和本体论层面都是非感觉性的。他的推理正是马克思主义哲学史中布哈林所阐述的粗陋的决定论观念。布哈林写道,如果我们想要知道全部的物理现实,我们就可以准确地预测革命的出现。更一般性地来讲,这种推理的路数——意识是超过物理总体性的过度/剩余——是具有误导性的,因为它不得不使用一种无意义的夸张。当我们想象现实的总体时,即不再有意识(和主体性)立足的地方了。正如我们已经看到的那样,在这里只有两个可供选择的项:要么主体性是一种幻想,要么现实就是自在的(仅仅是在认识论层面上)"并非全部"。

在当代哲学与黑格尔的一个不期而遇中,"基督教唯物主义"的彼得·冯·因瓦根对诸如汽车、椅子、计算机这些物质客体**根本不存在**这个观点进行了发展。比如说,一

---

① 大卫·查尔莫斯《有意识的思想》,牛津:牛津大学出版社1996年版,第101页。

把椅子并不自为地是一把椅子——我们所拥有的只是"很多简单"的一个集合（例如，很多基本性客体"合成了像椅子一样的东西"）；所以，尽管一把椅子发挥了椅子的功能，它实际上是由很多部分（木头零件、钉子、坐垫，等等）组成的，这些组成部分本身与这种合成毫无关系（从严格的意义上讲，钉子在这里并不是那一个"整体"的一部分）。只有对于有机体而言我们才拥有整体。在此，统一体是最小意义上的"自为的"存在；它的各部分之间有效地相互作用。① 正如林恩·玛古利斯已经充分论证的那样，生命的基本形式——细胞的最根本特点就是它具有最小限度的自我联系性，通过这个特点，有机体所特有的内在与外在之境的极限可以显现出来。并且，正如黑格尔所说的那样，思想是这种自为存在的唯一的进一步发展。

例如，在生物学中，我们在现实的层面上只有身体的相互作用。只有在最小的"理想"层面上，"真正的生命"才能作为一种非物质性的事件出现，它的意义在于在其物质组成部分的不断变化中，提供了有生命的身体作为统一体的形式。进化认知主义的基本问题——即理想的生命模式出现的基本问题——其实不过是混沌与秩序、"多"与"一"、部分与整体之间的老套的形而上学谜题。任何能够获得"自由的秩序"，也就是秩序如何能在最初的无序中出

---

① 彼得·冯·因瓦根《物质性存在》，纽约伊萨卡：康奈尔大学出版社1990年版。

现？我们如何能够解释总体大于它各部分的总和？具有独特的自我同一性的"一"如何能够在它众多组成部分的相互作用中出现？从林恩·玛古利斯到弗朗西斯科·瓦雷拉，很多当代研究者都断言，真正的问题不在于一个有机体和它的生存环境如何相互作用和联系，而恰恰在于相反：这个独特的自我同一的有机体如何从它的生存环境中浮现出来？细胞如何形成分离它的内在与外在的细胞膜？因此，真正的问题不在于一个有机体如何适应它的生存环境，而在于这个独特的实体它如何首先适应自身。并且，正是在这个关键点上，今天的生物学语言毫不令人惊讶地开始模仿黑格尔的语言了。例如，当瓦雷拉解释他的自创生系统的观念时，他几乎是逐字重复了黑格尔关于生命是一个意识形态的、自组织实体的观念。他的回路或自展系统的核心观念，指向了黑格尔的"源头的设定"（Setzung der Voraussetzungen）：

> 自创生系统试图定义一种出现的独特性，它可以在其最基本的细胞形式中产生出生命。它只与细胞层面有关。一种环状的过程或网络过程产生出了一个矛盾：一种生物化学的相互作用所构成的自组织的网络产生出了克分子。它们的作用是明确而又独特的：它们创造出了一种边界、一种膜体，对产生出这种膜体的组成部分的网络形成了约束。这是一个逻辑上的自

展系统，一个回路：一个网络产生出创造了边界的实体，而这种实体又约束了创造出边界的网络。这种自展性正是细胞独特的地方。只有当自展系统完成的时候，一个自我区别的实体才能存在。这种实体产生出了它自己的边界。它不需要一个外界的能动者来关注它，或者说"我在这里"。它是凭借自身完成了自我区别。它在化学和物理学的大杂烩中引导自己展开。①

因此，我们可以得出一个结论，要解释构成了有生命的有机体的内在和外在区别的唯一方法，就是提出一种自反性的颠倒。用黑格尔的话来说，通过这种颠倒，作为整体的有机体的"一"可以被回溯性地提出作为其结果、作为其支配和控制的自身的原因集合（例如，它所得以出现的多重过程）。有且仅有这种方式，才能使一个有机体不再被外在的条件所局限，而是从本质上实现自我局限；并且，正如黑格尔已经详细论述的那样，只有当外在限制（一个实体的生存环境）变成了内在限制的时候，生命才会出现。这又把我们带回到了无限性的问题：对于黑格尔而言，真正的无限性并不表示无限制的扩张，而是表示与被他者所决定的相反的、主动的自我限制（自我决定）。正是在这个

---

① 弗朗西斯科·瓦雷拉《突发自我》，选自《第三种文化》，约翰·布罗克曼主编，纽约：西蒙舒斯特出版社1996年版，第212页。

意义上,生命(甚至是有生命的细胞这样根本性的层面)是真正的无限性的基本形式,因为它已经涉及了最小的回路,通过这个回路,过程不再由其外在的生存环境来决定,而是自身可以(多重)决定这种决定的模式,并因而"提出它的预设"。只有当一个细胞膜开始作为自我边界发挥作用的时候,无限性才能获得其最初的、真实的存在。所以,当黑格尔把金属作为最低等的有机物形式,包括在"生命"范畴时,他是不是已经预料到了也同样坚持生命形式先于动植物生命的玛古利斯呢?更为关键的一个事实是,我们因此而获得了一种最小限度的理想。出现了一种纯粹虚拟的、关系型的特质,它没有任何实体性的同一性:

"我感觉到自我存在是因为它给了我一种与世界连接的感觉。对于相互作用来说,我是'我',但我的这个'我'却并不是实体性存在的,因为它在任何地方都无法被确定位置……一种由潜在的网络所产生出来的突发特性,是一种连贯性的条件,它使得它存在于其中的这个系统可以在那个层面与其他同类的自我或同一性发生连接。你永远也不能说,'这个特性就在这里,在这个组成部分中'。在自创生系统的例子中,你不能说生命——被自我产生出来的条件——是存在于这个克分子,或是这个DNA,或是这个细胞膜,或是这个蛋白质中。生命是在一种构造中,是处于一种动态的模式,正是这种动态模式使生命具体化为一个突发特性。"①

在这里我们遭遇了定义自我概念的最小限度的"唯心主义"。自我实际上就是一个没有任何实体密度的实体，它也没有硬核来保证它的连续性。如果我们刺穿一个有机体的表面，不断地向它的深层看去，我们永远都不会遇到使它成为一个自我的核心的控制性因素在悄悄地操纵着控制各个器官的弦。因此，自我的连续性是纯粹潜存的；它仿佛是一个只有从外部看来，才会在交界面上显现的内在——当我们穿透交界面、努力想要抓住仿佛"自在存在"的自我的实体时，它就消失了，如同从我们指缝间流走的沙粒。因此，当唯物主义的还原论者声称"自我实际上并不存在"的时候，他们是对的，但他们没能抓住一个关键点。在物质性现实的层面（包括"内在经验"的心理学现实层面），自我确实不存在。自我不是一个有机体的"内核"，而是一种表面效应。"真正的"人类自我所发挥的作用与计算机的屏幕是类似的：在它的"背后"什么也没有，只有一组"非自我的"神经系统的网络。

模因，无处不在的模因

在二十世纪九十年代，有一种叫电子宠物的日本玩具曾经非常流行。它把人们与之交流的对象（通常是一种动

---

① 如上文所引瓦雷拉《突发自我》，第215—216页。

物宠物）简化成了屏幕上一个纯粹虚拟的存在。游戏的玩法就是你仿佛面对的是存在于屏幕后面的一个真实的、有生命的动物——我们为它兴奋，为它哭泣，尽管我们非常清楚地知道屏幕背后什么也没有，只有一套无意义的数字网络。如果我们严肃地来看待刚才所说的话，就不免会得出这样一个结论：我们与之交流的其他人最终也只是一种电子宠物。当我们与另外一个主体交流的时候，从他得到信号，我们把他的脸当成一个屏幕来观察，但是，不仅仅是我们，连我们交流中的对象也永远不可能知道"屏幕背后"的是什么；所关系到的主体本身也同样如此（例如，主体并不知道在他自己的［自我］意识的屏幕背后存在的到底是什么，他到底在哪一种真实的物中）。（自我）意识是一种屏幕表面，它产生出了"深度"的效果，这是一种在它之下的维度的效果。然而，这个维度只有从表面的立场上才是可达及的，它是作为一种表面效果存在的：如果我们实际到达了屏幕之后，那这样一种"深度之人"的效果也就消解了，就会只剩下一套神经元的、生物化学的无意义过程而已。正因为这个原因，通常关于在主体形成中"基因 V.S. 环境"（以及生物 V.S. 文化影响，自然 V.S. 教育）各自作用的争论，错失了一个关键性的维度，即既联系又区分两者的*界面*维度。只有当"膜"，这个划定内在和外在的表面——它并不只是它们之间相互作用的一个消极中介——开始作为它们之间的主动的中介者发挥作用的时候，"主体"才会出现。

于是，我们得出一个结论，即使科学定义并开始控制人类的基因组，这也并不会使它能够主宰和控制人类的主体性。使我具有"独特性"的东西既不是我的基因组成，也不是由于环境影响而造成的我的性格的发展方式，而是在两者的相互作用中出现的独特的自我关系。更精确地说来，甚至"相互作用"这个词在这里都并不十分充分，因为它只表示了这两套确定的肯定性条件（基因和环境）系统之间的相互间作用，却不能涵盖关键性的自联系的特征（这是一种自我指涉的回路，由于它的存在，在我与环境发生联系的方式中，我从来没有达到被其被动影响的"零维度"，因为恰恰相反，我总是已经在和它发生联系的时候联系到自身，也就是说，我总是以一种最小限度的"自由"，来提前决定我被环境决定的方式，直到感性认知的最基本层面）。我"看见我自己"的方式，就是构成我的"自我意象"（或者，从更根本的意义上来说，是我的存在提供基本坐标的幻想）的想象和象征性的特点，既不存在于基因中，也不是为环境所强加，而是通过一种独特的方式使每个主体在与其生存环境的关系以及与（他设想为）自己的"本质中"，都与自身发生联系，"选择自身"。

因此，我们所面对的是一种自展系统的机制，它不能被简化为作为一个生物实体的我自己与我的环境之间的相互作用：一种具有中介性的第三方能动性出现了（就是主体），它没有实证性的实体存在，因为它的状态从某种方式来讲是纯粹"施为性的"（例如，这是一种自我引起的热情，它只是其行为的结果——也就是费希特称之为"本原行动"［Tathandlung］的东西，这是一种自我指涉性的自我设定的纯粹行为）。是的，只有通过我的生物学的身体基础与我的环境之间的相互作用，我才能够浮现出来——但是，我的环境和我的身体基础总是经由我的行为所"中介"的。很有趣的一件事就是去注意今天最先进的认知科学家是如何接手（或者说，是展开他们自己的研究）这种最小限度的自我指涉的主题的，而这正是伟大的德国唯心主义者们以"先验的自发性"来表达的东西。因此，在人类克隆（或者，今天已经出现的同一双生克隆）的例子中，用来说明每一个克隆体都具有独特性的，并不简单地在于他们都被置于不同的环境中，而在于他们每一个都在自己的基因实体与其环境的相互作用中形成了一种独特的自我指涉的结构。

所以，德勒兹的伪原因主题是可以与黑格尔的预设的（回溯性）设定观念联系在一起的：直接的因果律就是身体间真实的相互作用的因果律，而伪因果律则是回溯性地提出行动者的预设的因果律，是理想化地假设那些原因已经被加诸行动者之上了。① 并且，如果这也解释了主体是如何作为一个自由的/具有自主性的能动者出现的事实，那又会怎样呢？唯一"真实的"因果律出现在相互作用的多众

---

① 可以将这一点与杜普伊在线性的历史因果律与"新"的突发之间所做的区别（它回溯性地为自己的可能性奠定了基础）进行比较。见让-皮埃尔·杜普伊的《走向闪电般的灾难》，巴黎：Seuil 出版社 2002 年版。

的身体层面,而作为"伪原因"发挥作用的主体则以一种自主性的方式创造了事件——于是,德勒兹在这里又一次出人意料地接近了黑格尔。在现代科学中,已经被黑格尔理解为有生命的实体所具有的根本性特征,即自我指涉性的"设定预设"这个封闭循环,被指定为"自创生系统":在一种回溯性的回路中,结果(有生命的实体)产生出创造和维持它的物质性条件。在德国唯心主义传统中,有生命的有机体与它的外在他者之间的联系总是已经成为它的自我联系(例如,每一个有机体"提出了"它预设的环境)。

马图拉那和瓦雷拉在他们的经典文本《自创生系统与认知》[①]中所详细阐述的具有自创生性质生命观念的问题,并不在于"这个自创生系统的概念实际上是不是克服了机械的模式?"这样的问题,而在于"我们如何能够从这个生命的自我封闭的回路过渡到(自我)意识?"(自我)意识在与他者的关系中也是自反性的、自联系的。不过,这种自反性与有机体的自我闭合是完全不同的。一个具有(自我)意识的有生命存在显示了黑格尔所谓的理解的无限力量,即抽象(和提取)思想的无限力量——在它的思想中,它能够*撕开*生命的有机整体,把它交给一种令人窘迫的分析,把有机体还原为其孤立的元素。因此,(自我)意识重

[①] 见休伯特·R. 马图拉那和弗朗西斯科·J. 瓦雷拉的《自创生系统与认知:生命的实现》,多德雷赫特: D. Reidel 出版社 1980 年版。

新将死亡的维度引入了有机生命中:语言本身是一种克隆了有机体的令人窘迫的"机制"。(根据拉康的看法,这是弗洛伊德在他的"死亡驱力"的假设中所追求的东西。)在此我们(又一次)遭遇了黑格尔,他在他的《精神现象学》中关于自我意识那一章的开头处确切地阐述了这种(不同位置之间的)张力,在其中,他反对两种通过与他者发生联系而实现自联系的生命形式:(有机生物学的)生命和(自我)意识。真正的问题不(仅仅)是如何从前有机物质过渡到生命,而(且)是生命本身如何能够打破其自创生的闭合,前-静态地开始与其外在的他者发生联系(这种前-静态的开放也可以变成令人尴尬的、对理解的客体化)。问题不在于生命,而在于言说的有机体的"生命中的死亡"("与否定一起停留")。

在生物学历史中,这个自创生系统的主题是"万物有灵论"的"唯心主义"趋势的一部分:存在的万物,整个自然都是有生命的——它感受痛苦,也享受快乐。在这个世界中不存在死亡;在"死"中所发生的只是有生命的元素的一个特殊坐标系的崩塌,然而生命会继续存在,不管是对于整体的生命还是构成现实的基本组成部分的生命。(萨德的"绝对的犯罪"正是旨在摧毁这种在生物学的死亡之后的第二次生命。)① 我们在哲学史中可以一直看到这种

---

① 我在这里的论证借鉴了雅克-阿兰·米勒的《拉康的生物学身体的事件》,见《拉康研究期刊》第18期(2001年),第6—29页。

立场的踪迹，从亚里士多德（他关于灵魂是身体的唯一形式的观点）和传统的斯多葛学派，经过丹尼斯·狄德罗（他甚至认为石头也能有痛感，只是我们没有办法听见它们说话——它让我们想起了极富才情的帕翠西娅·海史密斯讲的关于一个女人可以听见树被砍伐时的叫喊声的短故事）以及谢林的"世界灵魂"的浪漫主义观念，直到整个当代理论流派，从地母该亚（土地作为一个有生命的有机体）的观念直到德勒兹，他是坚持"一"命题的最后一位伟大的哲学家，他的"一"就是以多种不同形态存在的"无器官身体"。人们还应该在这个系列中补充一些看起来有些不同的思想家，如弗朗西斯科·瓦雷拉、莫里斯·梅洛-庞蒂，还有海德格尔，他们全都试图寻找一种身体和主体的统一体，其所针对的问题就在于主体直接就"是"他或她的身体。

与这一传统相反的就是拉康完全赞同的天主教传统：身体存在于"有"的秩序中——我不是我的身体，我拥有它。这一缝隙使得"虚拟现实"的知性梦想成为可能，在这个梦想中，我可以从一个虚拟的身体转移到另一个虚拟的身体中。在拉康看来，天主教将身体还原为其广延物的做法的最关键含义，就是"执爽"被从身体中清除了。这与"万物有灵论"正好相反，后者认为身体享受它自身，正如拉康和德勒兹所说的那样："它喜欢"。在今天的科技中，一种"碎片化的身体"正在出现，它是一个由可替换的器官所组成的合成物（起搏器、人造义肢、移植的皮肤、心脏、肝脏和其他的移植器官——直到用基因组合的方式来配置需要的器官的愿景）。这种趋势在今天的生物遗传科学中达到了顶峰：基因重组工程的启示就在于，一个有生命的身体的真正核心不是它的灵魂而是它的基因排列。弗洛伊德的一个重要参照者魏斯曼，早在一百多年前就已经在一个有机体的"有死"和"不死"的部分之间作出了区别：它的"神经元胞体"，这种外在的身体封套会生长和腐朽，而"配子"，是不断再生自己的基因成分，它可以不断地一代又一代地延续下去。理查德·达金提出了他的"自私的基因概念"来佐证这种区别：不是个体的有机体利用它们的基因来复制自己；相反，个体的有机体是基因再生自己的方式。

真正的*唯物主义*问题是，在这种基因的再生循环中，*主体性*如何出现？从细胞到基因组的线索使身体内部的身体概念极端化，这是一种真实的永恒存在的"不死"身体，通过有死的身体的繁殖和腐朽不断地来再生自己。拉康的主体既不是身体的"灵魂的一"的有机形式，也不是细胞-基因组，身体内部的身体。主体性的出现在这里引入了一种复杂化。理查德·达金试图阐述基因和模因之间的相似性——同样地，身体只是基因繁殖自己的手段，个体也只是作为意义的基本单位的模因传播、繁殖和扩展的手段。①这里的问题在于,在象征秩序中,短暂的个体并不只是 S,"神经元胞体",这个可以被扔掉的封套,而是 $,被隔绝的主体,它是一种自联系的否定性,误用和颠倒了自然秩序,并引入了一种极端"病态的"不平衡。这就是把模因作为他或她自身目的的个体。"模因"(象征性的传统)是次要的企图,它想重新引入一种稳定性和秩序,重新使特殊从属于一般,而主体性的出现打乱了这一切:"主体"是有死的、将会消失的偶然性,它把自身设定为一种无限的、自在的目的。

人们要小心不要漏掉模因概念的一个特定的层面。一个"模因"能传播开来,既不是因为在它的载体上发生了真实有益的影响(比如说,那些接受了模因的载体在生活中更为成功,因此能在生存斗争中获得优势),也不是因为它所具有的特质使得它在主观上对载体具有吸引力(人们会自然而然地青睐蕴含了快乐的想法,而不是那些除了痛苦和背弃别无所有的想法)。就像一种计算机病毒,模因只需要通过编排它的重发就可以扩散影响。为此,我们只需要回想一下,关于生活在一个政治稳定、经济繁华国家中的两个传教士的经典例子。一个说,"末日就要近了——忏悔吧,否则你就会遭受永罚";而另一个传达的信息却是及

---

① 见理查德·达尔文《自私的基因》,牛津:牛津大学出版社1989年版。

时享乐。尽管第二个人的信息更有吸引力和受人欢迎,但第一个人却会赢得胜利——为什么呢?因为,如果你真的相信末日近了,你就会像绝大多数人一样尽最大的努力皈依,而相信另一个人则不需要这样费力去改变信仰。这个观念最令人不安的地方在于,我们有思想、有意志、有意义经验的人类,只不过是一种盲目运行、像计算机病毒一样传播的"思想蔓延"①的不情愿的受害者罢了。难怪当丹奈特谈到这些模因的时候,不断地使用拉康关于语言的一个例子:在这两个事例中,我们所面对的都是一种寄生物,它进入并占据了人类个体,利用它来达到自己的目的。而实际上,"模因论"有没有(重新)发现一个特定的象征层面的概念呢?这个层面在客观的生理学事实(有益的"真实的"效果)和主观性经验(一种模因的意义的吸引力)这一对经典的概念之外(因此,它不能被还原为这两者)发挥作用。在一个阈限的例子中,即使一种观念从长期来看,只能给它的载体带来毁灭并被体验为一种枯燥,它也是可以传播的。

在这个模因概念和马克思-黑格尔的异化概念之间是不是有一种令人惊讶的相似性呢?被我们误解的模因、主体,作为我们交流的手段,以同样的方式,实际操纵着一切(利用*我们*来再生和多样化它们自己),表面上是作为满足

---

① 见亚伦·林奇《思想蔓延》,纽约:基础出版社1996年版。

需要和欲望的手段的生产力实际上也操纵着一切。过程的真正目的，它自在的目的，是生产力的发展，而对我们的需要和欲望的满足（例如，在我们看来是目标的东西），实际上只是生产力发展的手段。我们的自我中心主义完全不能接受的这种颠倒，是一种现代科学的范例，也是知识生产的范例，从某种方式来说，它太具有伤害性而不能被包含到构架起我们日常生活的信仰中。量子物理学已经不再能被"理解"（它的结果不能被整合到我们关于现实的常规观点中）。生物遗传学也是这样。尽管我们接受了它的真相，但同时也保留了对它的偶像化的拒绝态度。我们拒绝相信的不是一种超越了科学知识的宗教学说，而是科学知识告诉我们的关于我们自己的事情。

反对连接伦理学

今天，当我们讨论"生物遗传学的伦理后果"及其相似问题时的错误，在于它迅速地转变为德国人所说的"连接伦理学"，即"和"逻辑——如技术学-伦理学、环境学-伦理学，等等。这种伦理学的确起着重要的作用，这种作用与笛卡尔在他的《方法论》开头所提到的"非常状态下的伦理学"的作用是相似的。当我们踏上充满危险同时到处都是新的灵感的崭新征途之时，我们需要坚持把既定的旧规则作为日常生活的可行性指南,尽管我们清楚地意识到这些新的灵感将迫使我们为自己整个的伦理建构提供一个新基础(在笛卡尔这里,这种新基础是由康德在他的主体自主的伦理学中提供的)。今天,我们处在同样的困境之中:这种"非常状态的伦理学"决不能代替对正在出现的新事物进行彻底反思的需要。

简言之,在这里,这种缺乏内在关联的伦理学完全丧失了伦理学本身的意义。问题并不在于普遍的伦理学消融在特殊的论题之中,恰恰相反,具体科学的突破直接面对着旧有的人本主义价值(比如说,生物基因技术怎样影响我们的尊严和自主感)。这就是我们今天所面临的选择:要么选择后现代典型的不作为立场(我们不要走极端——与科学事物保持适当的距离,以免被引入它的黑洞之中,进而摧毁我们所有的道德和人性观念),要么敢于做出"否定性的延迟",即我们要敢于全部承担现代性科学的后果,"我们的思想是一种基因"这一赌博也将作为一种难以衡量的判断发挥作用。

生物遗传学上科学突破的主要后果就是自然的终结,一旦我们知道自然界构造的规则,那么自然的有机物则被转变为易于操控的客体。因此,自然、人类和非人类被"去实体化了",丧失了它那不可渗透的复杂性,即海德格尔称之为"大地"的东西。生物遗传学把人的精神还原为一种技术操控的对象,因此,它实际上是被海德格尔称为内在于现代技术之中的"危险"的一种经验例证。在这里，关键性的是人与自然的相互依赖：我们在把人还原为只是能够被操控的另一种自然物体的同时，丧失的不仅仅是人类，同样还有*自然本身*。在此意义上，弗朗西斯·福山是正确的：人类本身依赖于某种"人类本质"的概念，它被认为是赋予我们的、为我们代代相传的东西，是我们生来就具有或被抛性地获得的不可穿透的维度。因此，矛盾之处就在于只有存在这种无法穿透的非人的自然，才可能存在人（海德格尔的"大地"）。

那么，应该怎样应对这种威胁呢？只要回想我们熟悉的亨廷顿氏病的案例就足够了。基因对它的隔离负有责任，我们每个人不仅可以清楚地知道他会患亨廷顿氏病，而且可以知道他何时会得病。这是由于基因转录的错误，即基因中段的CAG"语词"的不断重复。发病年龄直接取决于基因的某个位置中CAG重复的数目（如果有40次重复，初次症状将在59岁时出现，如果有41次重复，初次症状将在54岁时出现，如果有50次重复，初次症状将在27岁时出现……）。美好的生活、健康的身体、最好的医疗条件、健康的食物以及家人的爱与支持都对此无济于事："这是纯粹的宿命论，不会随着环境因素的变化而被稀释。"[1]至今仍没有线索，我们对此束手无策。因此，当我们得知

---

[1] 麦特·雷德利《基因组》，纽约：Perennial出版社2000年版，第64页。

可以通过接受测验并得知结果,这些结果如果是阳性的并被确切地告知将会于何时发疯并死亡,此时我们应该怎么办?一个人能想象出"在幻想中遨游"的清晰场景,并面对一个由偶然性决定人生的完全无意义的真实吗?难怪大多数人(包括定义基因的科学家)选择忽视这一点。这种忽视不是简单的消极,而是因为它的空无状态恰恰开启了幻想的空间。而且,有了基因组研究所开启的生物遗传学干预的愿景,物种可以自由地转变/重新定义它自己,以及它自己的坐标;基因组研究将人类从有限的物种局限性中、从那些"自私的基因"对它的奴役中解放出来。然而,这种解放是有代价的。在一个关于马尔堡病的讨论中,哈贝马斯一再重复他关于对人类进行生物基因操作的警告:

"随着对人类基因遗传的干预,人对自然的统治转变为一种对人类自身的控制行为,这改变了我们的基因伦理的自我理解,扰乱了一种独立的生命方式的必然条件和对道德的普遍意义上的理解。"[①]

哈贝马斯认识到这里存在着两个威胁。第一,这些干预混淆了人工与自发生成的界限,因此,影响着个体的自我理解。当一个青少年认识到他的"自发性"的性情(即带有攻击性的或是平和的)是别人对他的基因密码的故意干预的结果后,会做出什么样的反应呢?这难道不会决定

---

① 引自所斯顿·简茨查柯的《一只筋疲力尽的兔子》,摘自《时间》2001年7月5日,Feuilleton 出版社,第26页。

他心底对于他是一个人的认同吗？这种认同也就是我们通过教化发展的关于道德认同的观点，它是一种通过痛苦的挣扎来形成或教育一个人的自然性情的过程。最终，直接的生物遗传的干预使得教育的观念变得毫无意义。第二，在主体间性的层面上来讲，这些生物基因的干预将会在"自发的"人类和其特性已经被人工操纵的人类之间产生一种不对称关系：一些人会作为享有特权的、另一些人的创造者出现。在最根本性的层面上，这会影响我们的性别认同。这里最危急的不仅是父母可能会选择其后代的性别，而且会影响变性手术的状态。迄今为止，人们是可能通过引起生理和心理上性别认同的不一致来为其辩护的。而当一个生物学意义上的男人认为他只是一个囿于男性躯体中的女人，他为何不能被允许改变生物学意义上的性别来平衡其性别和情绪生活？然而，这种生物基因控制的观点又为操控心理认同本身提供了一种更激进的可能性。

尽管这一观点简单地说来几乎是无可挑剔的，但是仍然有一个大问题：难道不正是生物基因控制成为可能这一事实，回溯性地改变了我们对自己作为"自然"存在的自我理解吗？在这一意义上，我们现在就会将我们的"自然"性情体验为一种"被中介"的东西，它不再是直接被给予的东西，而是在原则上可以控制的东西（因此也仅仅是偶然的）。这里的关键点是，再也回不到先前朴素的直接性中了。一旦我们知道我们的自然性情依赖于盲目的基因偶然性，顽固地坚持这些性情，就像在现代世界中顽固地坚持古老的"有机"道德一样虚伪。因此，从基本的意义而言，哈贝马斯所说的意思就是，尽管我们现在知道我们的性情依赖于无意义的基因偶然性，还是让我们假装像不知情那样行动，这样就可以保持自尊和自主的感觉。但悖论是，只能通过不接触对我们起决定作用的盲目的自然偶然性来保持自主性，而这最终限制了我们进行科学干预的自主性和自由性。（尽管在某种根本性的层面上来讲，自主性与偶然性相关联，确切地知道何时死亡还是会令人感到屈辱。追溯到二十世纪五十年代，美国一个物质匮乏的死刑犯［金属管的床，给扑克牌染色的化学制品等］每晚会拿枪瞄准头。这把特别制造的枪让犯人不能准确地知道它何时会发射子弹杀死自己。当子弹真的发射的时候，他就会突然死于自己之手，因此肯定了他所拥有的最小限度的自主性。）这难道不是一个新版的古老保守论点吗——如果我们要保持道德尊严，有些事情不知道反而更好？在此有必要再次提及哈贝马斯的逻辑：由于科学对我们的自主和自由（概念）产生了威胁，所以应该剥夺科学的特权。我们为这一解决方案付出的代价是科学和伦理之间的拜物教分裂（"我很清楚地知道科学主张什么，但是，为了保持我自主［的表象］，我选择了忽视它并好像我不知道这一切那样行动"）。这阻止了我们面对真正的问题：*这些新的条件如何迫使我们去改变和重新发明自由、自主和伦理责任的观*

念呢？

然而，天主教可能会怎样辩论呢？他们认为真正的威胁不在于我们被有效地还原到非精神性的实体，而在于以下的事实，我们，人，在生物遗传学中就是这样对待自己的。关键问题不是我们有或没有不死的灵魂，等等——当然我们有——而是在运用生物基因学的过程中，我们丧失了对现状的认识，像对生物有机体那样简单地对待我们自己。这样只会转移问题：如果事实真是这样，信奉天主教的人不正是应该能全身心致力于生物基因改造的理想主体吗？因为他们完全意识到他们在处理的只是人类存在的物质方面，而非人类的精神内核。简而言之，在生物基因学领域，他们应该被允许做任何想做的事，因为这些人信仰在先验的灵性维度上的人类灵魂，可以保护他们不把人类降低为科学控制的对象。我们的问题也报复性地回来了：如果人类有永恒的灵魂或是自主的灵性维度，那么，为什么要担心生物基因改造？

进一步的宗教驳论在于，在把灵魂视为相对于身体（大脑）的独立存在的情况下，我们的身体是上帝创造的工具，即灵魂在这个世界上表达自己的方式。因此，如果我们过多地扰乱它的基本结构，上帝创造的作为灵魂容器的精细结构就会被破坏，从而会导致灵魂表达的混乱（同样的，收音机作为接收波的工具并转换成音频信息播放出来，如果我们过多地扰乱它，这种转换将不起作用）。然而，这种论点仍然是模棱两可的:如果我们能够理解这种工具起作用的方式,为何要逃避进一步提高它呢?

从精神分析的观点来看,问题的核心在于象征秩序的自主性。假设由于我的象征世界里有一些未解决的锁闭,我是性无能的,我服用伟哥而非教育我自己,通过解决象征性障碍/抑制而突破了这些作用。这些措施起作用了:我又能够进行性行为了。但是问题仍然存在:这些象征性的锁闭本身如何会被这些措施所影响?这些措施如何变得"主观化"?这里的状况完全是不确定的;解决措施不能体验为通过锁闭的结果来实现象征作用的结果。就其本身而言,他能解锁象征障碍本身,迫使我接受它的极端无意义性,或者产生一种心理的扭曲,导致障碍在某个更具有根本性的心理层面上的复归(比如说,我被迫成为偏执狂,体验到自己是暴露于某位主人的任性之下,他们的干预能决定我的命运)。那些"不劳而获的"解决方式总是伴随着象征性的代价。如果加上一些必要的修改,这对于通过直接的生物化学或生物基因干预改造罪犯的行为也是一样。当一个人通过对罪犯进行生物化学法的治疗,迫使他们通过服药来对抗过量的攻击性方式,对抗犯罪,他并不会触及可以引发个体的攻击潜能的社会机制。

在他的《意识的种类》一书中,丹奈特论述了"卡普格拉综合征":"患者坚信熟人(通常是爱人)被与真正的伙伴(外形和举止)相像的骗子所替代,而这些伙伴却谜一般的消失了。"① 这些患者有时会相当离谱，他们甚至谋杀他们的配偶，因为他们认为"配偶"是骗子冒充的。丹奈特认为对这些神秘的精神疾病的治疗方法就在安德鲁·杨所阐述的"人面失认症"（人们不能识别熟人的面孔，即他们不能认出他们最亲密的朋友，除非听到他们说话）的假设中。然而，当给他们展示匿名的人、名人和密友的照片时，他们在面对熟悉的人的图片时所产生的皮肤电流更高，尽管他们声称并不认识那些人。所以，是他们体内的某些东西能够认出那些人。杨的结论是，我们的精神中（至少）有两套不同的系统来进行面部识别：一套显性的、有意识的面部识别系统和一套隐性系统，后者在正常情况下作为一致性的安慰性肯定。在"卡普格拉综合征"案例中，显性系统受损而隐形系统持续运行。如果在"人面失认症"中，我们做相反的操作会如何呢？显性面部识别系统正常运行，但缺少隐性系统的支持——因此，从逻辑上来讲，结果就会被体验为"尽管这人的外貌和行为很像我妻子，*但还缺少了某些东西，她肯定是个骗子！*"在此，我们所遭遇到的难道不是实证性的属性与神秘的"我不知道为什么……"之间的鸿沟，而后者是用来解释在一切实证性属性之外的一个人的自我认同的。（就是拉康称之为"客体小 a"的东西，是你内部，而不是你自己内部的东西。）

---

① 丹尼尔·丹奈特《意识的种类》，伦敦：凤凰出版社 1996 年版，第 148 页。

然而，丹奈特和杨的解释存在一个问题：不是所有的面孔都会引起这种偏执的反应，只是发生于一些熟人，通常是爱人身上。在没有内在的心理动力作参考时，我们如何解释这种隐性系统的选择性功能丧失只发生于爱人间而非普遍性的停止呢？

在此，心理分析告诉我们的另外一点是，与"好奇是人类与生俱来的"（在我们内心深处有一个 Wissenstrieb，即探索的驱动力）这一概念相反，人类无意识的态度是"我不想知道有关它的事"。基本的欲望是不想知道太多的欲望。知识中每个真正的进步都是通过与我们自发的倾向痛苦抗争而获得的。让我们暂时回顾一下亨廷顿氏疾病。如果我的家族中有亨廷顿氏疾病史，我应该进行测验来得知我是否（何时）会倒霉地患上此病吗？如果我不能忍受得知我何时会死亡的预期，（幻想的而非现实的）理想的解决方案应该是下面这个：我授权另外一个我信任的人或机构对我进行测验，但并不告诉我结果，只是在这个致命疾病突击我之前意外并无痛地杀死我（假定结果是阳性的）。然而，这个解决方案的问题是"*我知道别人知道（关于我疾病的真相）*"，而这会破坏一切，使我一直处于恐惧和折磨人的怀疑之中。反之，这个理想的解决方法是否可以变成相反：如果我怀疑我的孩子患有此病，我就可以在他不知情的情况下对他进行测验，并在发病前无痛地杀死他们？在此最终的幻想将会变成一个匿名的国家机构在我们不知情的情况下为所有人做这件事。但是，问题再次出现了：我们是否知道其他人知道这件事？这开辟了通向完美的极权主义社会的道路。而在此潜在前提的错误在于：终极伦理的责任就是保护他人免受痛苦，使他们在受保护的无知中。

在我们得知坏消息时，我们宁愿不知道他们，但是我们无法回到过去——一旦我们知道了它，就回不到那种天真的无知中了。近来有一个生物基因学的案例是关于这一论述的。当我们甚至学习去控制我们的心理属性时，这当然会对我们关于"人类本质"的感知去神秘化，从而危害对个人尊严的感知。

然而，先前的无知只有在知识的视角下看才是幸福的；换言之，一旦我们知道这种幸福是如何得来的，这种幸福的无知状态也就不复存在了。这与电影或故事中所颂扬的相似：一个孤胆英雄为没有见过的他人的利益而做出牺牲的行为，却没有人知道这件事。尽管周围的人忽视他，甚至嘲笑他，他仍然自得其乐。难道不是吗？这难道不是说，他是为在这个点上出现的大他者做的这件事，而在那时，却没有任何"真实的"其他人注意到他？也就是说，难道他的满足感是源于想象中的别人关注吗？大他者最终在我们心中被具体化，观众——就仿佛这位英雄知道他也是电影的一部分一样（至少是故事的一部分）。（本身具有模糊不清的潜存状态的大他者这一概念是自在地、是一种折中，以避免我们面临两难抉择，或者如亚瑟·克拉克所说："在这个世界上，我们要么是孤独的［周围没有其他的智慧生物］，要么不是。这两种可能性同样令人恐惧。"因此，大他者是一个在中间的概念，使鱼和熊掌兼得。并没有真实的别人存在，虚构出大他者这一概念只是为了使我们免于孤独的恐惧。）为此只需要回顾一下那个著名的悖论，选择一组有四名军人组成的突击队员所必须要做的是：如果他们所有人都参加危险行动，他们就有50%的概率被杀；如果只有（随机选中的）一个人去做，他必然会被杀死，而平均存活率降低到25%。尽管理性的选择是第二个方案（比第一种选择更可能具有100%存活率），大多数人还是会选前者：尽管我被杀的概率更大，但知道最后结局前的结果仍然是开放性的（也就是说，我能一直保持希望，不必冒风险处于自己确切知道不久于人世的那个位置）。上述分享的三个案例，不只是在不同可能性中单纯地做选择：选择改变了，其本身也就变了。

因此，回到先前的基本点：生物基因学并没有使我们那么多地丧失自由和尊严。相反，我们的经验是，*我们压根儿没有拥有过它们*。今天，如果已经"有治疗方法来模糊我们通过自身所获得的东西和不同程度上通过大脑中化学物质所获得的东西这二者之间的界限"①，那么这些有效的治疗方法是不是暗示着，"我们通过自身所获得的东西"

---

① 弗朗西斯·福山《我们的后人类未来》，伦敦：Profile 出版社 2002 年版，第 8 页。

依赖于"我们大脑中的各种化学物质的不同层面"呢?因此,根据汤姆·伍尔夫的著名标题,并非我们被告知"抱歉,你的灵魂刚刚死了"——我们真正被告知的是我们压根儿从来就没有灵魂。那么,如果如生物基因学所称,我们今天所面临的选择不是存在于人类的尊严和"后人类"技术对个体的产生中,而是存在于坚持尊严的幻觉和接受我们的现实之中。因此,当弗朗西斯·福山声称"对承认的欲望有生物学基础,且这一基础与大脑中5-羟色胺的水平相关"① 时,不正是意识到了这一事实削弱了"尊严是从他人的认可中获得的"吗?人不可能在两个层面同时拥有它。只能在付出了拜物教式否定的代价后,才能获得它:"尽管我很清楚地知道自尊依赖于5-羟色胺,但我却真的享受自尊的感觉。"接下来,福山论述了获得自尊的三种方式的模型:

> 通常,在可接受的道德水平上,克服低自尊的方式就是要使自己同他人、同自己抗争,努力工作,有时要忍受痛苦的牺牲,最终提升并被视为有所成就。在美国主流心理学中,自尊伴随的问题是它被视为一种权利,不管是否值得都需要得到的东西,这贬低了自尊并且使得对于它的需求成为弄巧成拙。

---

① 如上文所引福山《我们的后人类未来》,第45页。

现在，随着美国制药工业的发展，左洛复和百忧解之类的药品可以通过提高大脑中5-羟色胺的水平来提供自尊。①

第二和第三选择之间的差异比它们最初看上去的更加神秘：同样的，它们也不是假的。当我通过社会认可即同伴的承认获得自尊，这实际上是个弄巧成拙的、表象的悖论；然而，通过服药也能获得自尊，我能获得"真正的东西"。让我们想象一下接下来的场景：我参加一场竞赛，我通过服药增强记忆而不是刻苦地学习。然而，当我赢得比赛，我的自尊仍然是建立在真实成就基础之上的，也就是说，我的确比那些花费数晚学习测验内容的同事表现优异。最明显的凭直觉就能用以辩驳的观点是，只有我的竞争者才有权骄傲，因为他们的成果是努力工作和辛勤付出得来的。然而，当我们对精神上受到损害，却成功地编织了众所周知的篮子的人说"你应当为你的行为感到骄傲"的时候，难道在这种立场中真的有什么东西会具有内在的羞辱感和屈尊感吗？而且，比如说，当一个有惊人唱歌天赋的人在演唱中获得荣誉，尽管我们知道他的演唱是天赋的作用大于后天训练的效果，难道我们会不将其视为合乎情理的吗（这是古老的莫扎特-萨列里问题——萨列里嫉妒莫扎

---

① 如上文所引福山《我们的后人类未来》，第46页。

特毫不费力地创作出比他优秀的作品,尽管后者已经付出了巨大的努力)?然而,如果我通过药物提升唱歌水平,我将不会受人尊敬(除非下述情境:我费力发明出这样的药物并在我自己身上做实验)。因此,事情不单纯是努力的工作斗争和与药物辅助之间的对立。相反,问题是,努力工作和天赋都被视为"我的一部分",是我自己的一部分,而药物强化却是外部操作的结果。这又将我带回到之前那个同样的问题:一旦我们知道自然天赋依赖于大脑中的化学物质,难道从"外部"获得,还是来自天赋两者之间的区别,在道德上来讲真的重要吗?使事情更复杂的是:如果我愿意来抗争、训练和努力工作的意愿本身就依赖于这些化学物质,那又如何呢?因此,我并不直接服药来增强记忆而"只是"用药物来强化了我的决心和专注度并赢得比赛,又如何呢?这仍然具有欺骗性吗?最终(决定性的)转变是:我通过获得"真实"成就而感到的自尊从推理上来讲是配得到的吗?考虑到(不只是社会不公,还有)真实成就层面和象征性的公众仪式中的认可之间的差距,难道不是认可增加了某种东西到"真实表演"吗?很久以前,拉康就强调过,即使我们知道我们是如何得分的,在这种客观知识和表演性地声称要赠送给我们一种权利之间仍有细微的差距。因此,药物的问题不只是它们产生了不配得的自尊,且这种自尊并非建立在我们的"真实成就"的基础上,而在于,更加自相矛盾的是,它还从我们身上剥夺走了由主体间的象征性仪式所提供的满足感。

那么，为什么福山从捍卫自由民主的历史终结的辩护转向研究脑科学的威胁呢？在第一种方式中，答案似乎很简单。生物遗传威胁是一种新的但更激进版的"历史终结论"，它暗中破坏着自由民主的根基。新科技发展暗地里使具有自由性和自主性的自由民主的主体显得过时。然而，福山的研究转向脑科学的更深层原因与其政治视域直接相关。好像生物基因的控制迫使福山注意到他对自由民主理想化图景观察的黑暗反面。恰巧生物基因的威胁突然出现，使他不得不肯定了从他的自由民主乌托邦中消失的一切。生物基因干预以及其他形式的大脑控制开启了一系列黑暗前景：公司误用自由市场去操纵民众进行可怕的药物试验、富人竞相将他们的后代当作特殊人种来培育，使他们获得更高级的精神和身体的能力（因此煽动新阶层的战争），以及诸如此类的噩梦般的场景。福山很清楚，限制这种危险的唯一方法是重新主张一个强力国家对市场的控制以及发展民主政治意愿的新形式。①

基于上述这些，我们试图增加以下内容：难道我们不需要这些独立于生物遗传威胁之外的措施，只求控制全球市场经济本身的可怕潜能吗？也许问题并非生物基因学本

---

① 拿福山显而易见的简单化开玩笑是一件简单的事情，不过他其实也有一些新的东西。在充满了错误的反对者的理性空间中，我们在此终于有了一个完全可信的对于现存秩序的辩护者。难怪他的著作经常出其不意地触及了片毛麟角的真相。

身，而是它在其中发挥作用的权力关系运作的社会背景。使得生物遗传学具有危险性的是，它的使用方式是由公司资本利益和国家代理人的利益所决定的，他们试图依赖它来提高对人口的控制——这个问题最终不是"伦理的"而是经济政治的。因此，福山面临双重问题：在同一时间内，他的论述既太抽象又太具体。他没有能够追问新兴的脑科学及相关技术的完整哲学含义，因此也不能在相对立的社会经济语境中定位那些科学技术。福山没有理解（而这是真正的黑格尔主义者应该理解的）的是两种"历史终结"之间的必然联系，及从一者到另一者的必然转变。自由民主的"历史终结"直接转向了它的反面，因为正是在它胜利的时候它开始失去了基础，即自由民主的主体本身。

所以，黑格尔对基因重组计划和生物遗传学干预会怎么说呢？不管他的反应是什么，都不可完全祛除恐惧，宁愿无知也不愿冒风险。从一个真正的黑格尔主义者视角来看，一个人必须经历完全的自我客体化，因为只有通过它，作为纯形式的主体——主体的纯形式——才能显现，从中我能恐惧地理解为什么"那是我"，因为基因公式已经决定了。简而言之，当作为无限判断的终极例子的、古老的"你就是那个！"变成了令人震惊的"你就是基因组！"的时候，从而完成了"精神是骨头"到"自我是金钱"的系列时，黑格尔难道不会感到高兴吗？因此，直面基因组的无意义的真实消除了我通过其来设想现实的幻想性屏幕：在基因组的公式中,我被迫直接达及现实。与哈贝马斯相反,我们应该肯定假设完全的基因组客体化的伦理必要性:把我的实体存在还原为无意义的基因组公式的做法,消灭了这种幻想性的我的性情,构成我们的自我的材料,因此把我还原为一个纯粹的客体:面对基因组,我什么也不是,而这个"无"正是主体本身。

这种努力要表达"祛魅的界限"的"后世俗",过于仓促地接受了一个前提,即启蒙的内在逻辑结束于人性的完全科学性的自我客体化过程之中,也结束于从人转变为可供科学控制使用的客体的过程之中,因此,保持人类尊严的唯一方式是通过把宗教变成一种特色来抢救宗教遗产。要反对这种诱惑,相反的关键是要坚持启蒙的事业已经终结。启蒙仍然是一项"未竟的事业",它必须走到终结,而这个终结不是完全的科学的自我客体化——这是一个必须要打的赌——而是一个自由的新形象,这个形象在我们遵循科学的逻辑到最后时将会出现。

认知闭合?

我们已经准备承担这"神的审判"了吗?2001年5月7日《新闻周刊》的封面故事("宗教和大脑")报道了"神经神学家们"最新的成功,他们认为脑的活动过程是伴随着紧张的宗教体验的：比如说，当一个主体把他自己体验为一种永恒和无限，体验为全能的宇宙的一部分，剥夺了他自我的全部局限性时，他大脑中处理关于时空和身体在空间中位置的区域就"变暗"了；在这种紧张的沉思关注中发生的对感觉性信息的屏蔽过程中，大脑只能把自我设想为与所有人、所有事永远紧密地交织在一起。视觉也同样如此：它们很明显符合颞叶中电波动的异常爆发（"颞叶癫痫"），等等。报道试图从一种更开放的语调出发做出结论。当然，我们所经历的一切也作为一种神经元的活动存在着。然而，这绝没有解决因果律的问题。例如，当我们吃一个苹果的时候，我们也以一种神经元的活动体验到它的美味所带来的满足，但这绝对影响不了一个事实，即苹果真实地存在于那里，并引起了我们的行为。同样也完全无法确定，是我们的大脑组织创造了（我们关于）上帝（的经验），还是上帝创造了我们的大脑组织。并且，宗教也不能被还原为一种内在的心理的（不管是否神秘）经验。这（也）是对某些（命题）真实的信任问题，也是我们的伦理立场和实践行为的问题——对于犹太人来说重要的是你做事的时候遵从律法，而不是你的思想和体验。

不过，这种方便的出路隐藏了一个更深的难题，因果律的问题似乎相对更容易解决。如果我们（实验科学家）直接干预大脑的适当部位，引起脑部活动，又会怎样呢？如果在我们的这种行为中，主体"体验到神圣的维度"，这难道不是提供了一种总结性的答案了吗？这对于第二个抗辩也是一样吗？如果我们用宗教教条对一个主体狂轰滥炸并使他接受适当的电波和化学刺激，然后使这个人像一个虔诚的教徒那样行为、思想和感受，难道就能解决这个难题了吗？并且，因为同样的理由，与苹果例子的对比是不恰当的；很久以前，黑格尔曾经批评过康德，后者在嘲笑上帝存在的本体论证据时说，一百块钱的观念与我们的口袋里有一百块钱是完全不同的事情：关键点正在于我们讨论上帝，这个被认为存在于我们的常规现实之外的无限实体，却并不讨论苹果与钱。不过，这里的问题却更为复杂，正如麦克金明智地指出的那样，要了解意识就要了解大脑和思想之间的交叉点，即直接"成为"思想/意识（并不仅仅是它的身体性关联，而是"当我们思想的时候，什么进入了我们的大脑"）的物理/生物过程，以及直接"是"物理过程（在"H_2O是水"的意义上）的思想：

"因此，允许意识从大脑中出现的大脑的未知特性，与允许意识在大脑中被具体化的意识的隐藏方面重合了。出现的原则与具体化的原则相一致了……解释意识的大脑的未知属性就是意识的隐藏的方面。这两个我们所不了解的区域并非毫无联系；恰恰相反，它们是我们未知的同一个区域。"[①]

如果这种不可能性不仅是在认知闭合的意义上，而且

---

① 考林·麦克金，《神秘的火焰》，纽约：基础出版社1999年版，第155—156页。

远甚于此，是在意识本身是由它与身体相关性之间的距离（例如，主体是 \$——它理解不了作为客体它是什么）所定义的意义上，那又如何呢？如果我要了解我在客观现实中作为一个身体是什么，作为"可以思考的物"（康德）是什么，我就不再在人类的意义（这是我们唯一可及的）上思考了——并且现实本身也不再是现实。因此这种闭合不仅仅是认知性的；它在本体论层面上构成了思想—知觉—意识。① 这些悖论将我们引到了今天的认知科学中声名狼藉的僵尸问题，这可能是拉康关于"意识本身具有一种客体状态"的主题的最根本证据：

"僵尸是或将是人类，他表现出了完全自然的、警觉的、多嘴的、充满活力的特征，而事实上却毫无意识，它实际上只是一种机器人而已。哲学上的僵尸概念的整个关键在于，你无法通过检查外在行为来判断其是一个僵尸还是一个正常人类。自此以后，我们所见到的朋友和邻居，可能其中就有一些是僵尸。"②

提出僵尸的概念是为了反对对人类意识的行动主义-还原主义的建构：他们可以建构一个样貌和行为都像人类的实体，它具有人类全部的现象属性，然而却不具有我们通过直觉获得的"意识"或"自我意识"。当然，问题在于不

---

① 并且，麦克金是不是也执着于天主教想要寻找一个类似松果体作用的器官的行为呢？如果神秘的"C"成分不是一种如我们所知道的那样、要被加入到大脑中的局部的、特殊的成分，而是一种纯粹结构的、拓扑的扭转，又会如何呢？

② 丹尼尔·C. 丹奈特《被解释的意识》，纽约：小布朗出版社 1991 年版，第 73 页。

可能把意识固定成一个特定的、可见的经验性属性。这两个系列的行为（人类的行为和僵尸的行为），在所有的实践性层面上，是无法区分的，然而，难以捕捉的差异才是关键性的（这个难以捕捉的 X 说明了成为拉康的客体小 a 的差异）。通过更细致的审查就会发现，一个有着"内在体验"的"正常的"人类和一个僵尸之间的对立，甚至比它看上去的要更加矛盾。当我们声称即使僵尸像人一样思想和行为（它实际上什么也没有），它实际上也感受不到任何东西的时候，谁被骗了呢：是我们这些外在的观察者还是僵尸本身？如果是我们这些观察僵尸行为的外在的观察者，不能将它同人类行为相区别，那么为什么僵尸会要模仿内在生命，仿佛它也拥有内在生命一般，来代替观察者呢？如果，相反是僵尸欺骗了它自己，那么：

"只要自己的现象状态的'表象'实际上是由一些关于这些状态的自因性判断、信仰、思想、记忆、期望等构建成的（无疑这些表象是如此建构而成的这个事实具有重要的意义），那么即有必要说，你的内在生命将继续和你的表象一致，而不用去管一旦你变成了僵尸，你就将不再拥有这些真正的现象状态。换言之，根据僵尸假设，你现在正对自己的现象学'产生幻觉'。"①

但是，我们如何来区别表象同表象的表象呢？一种状

---

① 古文·古泽尔德尔《导论：意识的多面性》，选自奈德·布洛克、欧文·弗莱那根和古文·古泽尔德尔主编的《意识的本质》，麻省剑桥：麻省理工学院出版社1997年版，第44页。

态可以*在我看来是表象*吗？这种立场难道不是一种非感性的立场吗？——它很容易招致丹奈特的经典批评，后者认为事物在我看来的（真正）样子和事物如何从表面上在我看来的样子之间的区别是一种无意义的区别的观点。这难道不是丹奈特的必然结果吗：只有碎片化的、次要的"表象"，在它之外就只有一种神经机能？不过，另一个根本相反的结论又如何呢？这个结论就是，每一个表象都是表象的表象，我们只能相信我们相信的东西——表象就其概念而言，是分裂的、自反性的，是在克尔凯郭尔说我们无法肯定我们所相信的东西的意义上。因此，这难道不是说，由表象的出现所引入的本体论分裂，从来不简单地是表象和真实之间的分裂，而是内在于表象本身的？这里的黑格尔的主体不仅仅是事物显现的方式内在于它们的本质，而是表象是本质性的——人们在此之上还应该补充一点，本质本身是表象所固有的，它表现为表象的分裂。真正的难解之谜不是事物的"真正本质是什么"，而是它们"在我看来真的是什么"。这指向了拉康的幻想概念。因此，在此得出了一个清晰明确的结论：我们都是僵尸，但我们无法意识到这一点，我们却自欺欺人地认为僵尸都是知道自己是僵尸的。

那么，反对精神分析的经典哲学论证又如何呢——它认为，由于弗洛伊德直接过渡到了无意识，他没有能提出一种真正的理论来说明意识本身是什么。这是不是说——

123　它并不是将相对的两极置入了同一个层面，或认为它们内在于同一个概念域，这个场域具有无数的中间状态（混乱不清的半意识，等等）——意识与无意识**根本就不相对应**。在意识的层面上，人们无法简单地想象弗洛伊德的无意识（人们所能想象的仅仅是生命哲学关于深层"非理性"冲动的"无意识"）。并且，无意识是不是并不那么外在于意识，或者正好相反，它与意识无关，是在一个完全不同的层面上发挥作用？不过，在仓促地退守到这一点上之前，人们应该再仔细地看一下弗洛伊德的意识与记忆的对立，它认为没有成为意识的东西却在记忆中留下了印记。这个主题的结论难道不是意识在其最根本的意义上，是一种防卫形态，是一种压抑形式：我们意识到某物，所以我们能够直接忘记它，因此它不能够将自己镌刻在记忆中并继续萦绕着我们？这里的任务是将这种弗洛伊德的主题与认知主义的黑格尔观点联系起来——后者认为从根本的意义上来讲，意识具有一种"还原主义"的功能。意识与复杂性之间的联系不在于"当事情变得太复杂的时候，意识就加入进来了"这个事实，而恰恰相反，它在于意识是对复杂性进行极端"简化"的媒介。意识是标准的"抽象化"的媒介，是将它的客体还原为一些简单特征的媒介。

　　本杰明·李贝特的（当之无愧的）著名实验不正指向了同一个方向吗？它们有趣的地方在于，尽管结果很清晰，但他们为之争论的论点却并不清晰。① 可以说他们证明了为什么没有自由意志：甚至在我们进行有意识的决定（比如说，动一下手指）之前，适当的神经过程就已经在进行中了，这意味着我们的意识决定只留意了已经在进行的东西（以及它多此一举地承认了既定事实）。另一方面，意识似乎也拥有否决权可以停止这个正在进行的过程，所以它似乎至少是拥有*阻止*我们自发性决定的自由。然而，如果我们否决自主决定的能力也是以一些"盲目的"神经过程为条件的，又会怎样呢？不过，这是一个更极端的第三种选择。如果在我们有意识的决定之前，已经存在着一种激发了"自动的"神经过程本身的无意识决定，又会怎样呢？在弗洛伊德之前，谢林已经发展了以下的观念，即我们所做的基本的自由决定是无意识的。所以从弗洛伊德的立场来看，通过李贝特的实验，隐含的基本问题就是无意识的状态问题：只有有意识的思想（我要动一根手指的迟到的意识决定）和"盲目的"神经过程（动一根手指的神经元活动），还是也存在无意识的"精神"过程？那么如果真的存在这种过程的话，这种无意识的本体论状态又是什么呢？难道它不是一种纯粹潜存的象征秩序的状态吗，不是一种纯粹的逻辑*预设*（尽管它从来没有在真实时间中被确立，*却*

---

① 见本杰明·李贝特的《自愿行动中的无意识大脑动机与有意识意志》，选自《行为科学与脑科学》第 8 期（1985），第 529—539 页；以及本杰明·李贝特的《我们有自由意志吗？》，见《意识研究杂志》1999 年版，第 47—57 页。

仍然必须做出决定）？

对于这个问题，认知主义的课题似乎并不能提供一个唯物主义的答案。它既没有否定它，也没有求助于"二元论的"唯心主义立场。当丹尼尔·丹奈特几乎是强迫性地改变了"达金的念头"是如何危险的主题时，人们提出了一种疑虑，即他的主张隐藏/显露了相反的恐惧：如果达尔文的念头（进化的极端偶然性、意向性和思想如何从基因变化和选择过程中出现）所传达的信息是一种安抚性的（轻松点，我们的生活中并不存在意义和义务……），那又会怎样呢？如果以一种克尔凯郭尔的方式，真正的"危险"，真正不可忍受的伤害，就是要接受我们不能被还原为一种进化性适应的结果，并接受存在一种回避认知主义的维度，又如何呢？那么，难怪对认知主义的最简洁的定义就是内在化的行为主义：一种内部的行为主义（同样的，与犹太人相反，基督徒会"在内心中接受割礼"）。也就是说，它是不是将行为主义的还原（将其还原为可见的、实证的过程）（重新）应用在内在过程中；思想不再是一个黑匣子，而是一台计算仪。

正因为这种自我施加的割礼，许多认知主义者（从平克到麦克金）都试图通过声称（自我）意识无法"认识自己"而肯定它的矛盾性，并且这种矛盾性作为世界中的客体，是与意识、它内在的组成部分同质的。（平克提供了一种更科学的进化论版本——意识的出现并不只在于理解/解释它自身，而是具有其他一些进化作用；麦克金则提供了一种更为纯粹的理论版的进化论，说明了为什么意识必然成为它自身的一个谜题。）在此我们所获得的完全是对形而上学的出现所进行的进化论的生物学解释。不过，一个产生于《存在与时间》框架中的海德格尔式诘问，立刻冒了出来：这难道不是说，意识必然要追问它自己，问它自己那个它可能无法回答的难题？（正如海德格尔自己所说：定在［Dasein］是一个追问自己存在的实体。）这种属性是怎样在进化逻辑中出现的呢？关键不仅在于，意识在其适应性功能的顶端（如何找到办法在其生存环境中生存下来，等等），它也被根本没有进化的、适应性功能的谜题（幽默、艺术、形而上学追问）所搅扰。（更进一步的）关键点在于这种无用的补充、对先验无法被解决的问题的强迫性固着，回溯性地使一种有着丰富生存价值的、真正过程的（技术、观点）爆发得以可能——为了肯定在生存斗争中人类超出其他生命存在的优越性，人这种高等动物必须放弃为生存本身的斗争，并专注在其他问题上。生存斗争的胜利仅仅是作为一个副产品获得的：如果人们直接关注生存斗争，他们就会失败。只有执着于不可能的/无法解决的问题的生命才能在可能的知识中取得突破。这意味着，正如海德格尔自己表述的那样，与动物的生存斗争相反，人的生存斗争总是已经被体验为他的存在意义的范围。发展科技、权力斗争，都是作为对存在的某种揭示，而非一种直接的

"生命事实"。①

当麦克金声称,实际上,大脑产生意识的过程并没有什么神秘的地方(只是从认知层面而言,我们人类永远被关闭在对这个过程的理解之外,同样的,正如理解量子物理学也在猴子的认知能力之外)的时候,在此有了双重的讽刺性:与猴子(它们完全不在乎量子物理学)完全不同的是,不仅我们一直试图理解意识,甚至人类本身(不仅仅是猴子)也不能真正理解量子物理学(在将其转化到他们的意义域中的严格意义上)。在斯蒂文·平克的《意识是如何工作的》②的最后一章《生命的意义》中,这个困境变得清晰可见。这一章旨在对人类行为进行进化论的解释,但它却没有能够成功地说明人这个高等动物在适应性上的成功之处,如艺术,讲笑话,对生命意义的追问(哲学、宗教)。

平克追随麦克金,做出了以下结论:"我们的意识缺乏能够解决大多数哲学问题的装置"③,并且他强调在这种"认知闭合"中不存在形而上学的成分。可以并且应该用严格的进化论术语来对其进行说明:"观察一个物种的某个器官,等同于观察猫是色盲或者猴子学不会长期分工。它不

---

① 这不仅仅意味着,在生存斗争的金字塔尖,人也是在一种"更高的实体"中表达;生存斗争本身对于人而言总是一种理解其存在的方式。
② 见斯蒂文·平克《意识是如何工作的》,英格兰哈蒙德斯沃斯:企鹅出版社1998年版。
③ 如上文所引平克《意识是如何工作的》,第562—563页。

能证明宗教或神秘信仰的合法性，但是却可以解释为什么它们是无用的。"① 由于它在进化过程中出现的方式，人类"拥有结构、合成和组合的能力"；就这点而论，它就不可能理解"特有的整体性，普天下同时、无处和同时全部"②；"我们对于年龄的神秘性的迷惑可能就是我们为开启了语句世界的组合意识所付出的代价"③。平克列出了三个现象：知觉，"我"和参考。知觉不是大脑事件或计算性状态的组合，而是一种直接的经验；"我"不是身体部分或脑状态或碎片化信息的组合，而是"一种超越时间的自我性的统一体，是一种特别的无处的单一场所。从定义上来说，自由意志不是事件和状态的因果链"④。同样的，尽管意义的组合本质已经被很好地研究了，"意义的核心——参考某物的基本行为——仍然是一个谜，因为它奇怪地远离了所参照的事物与参照者之间的一切因果联系"。

然而，如果声称我们在这里所面对的是"这些问题的本质与自然选择已经为我们装备的计算装置之间的不匹配"⑤，那么真正的难题就不是生命意义的谜题，而是为什么我们的意识会首先执着地去探索生命的意义问题？如果宗教和哲学（至少部分）是"使用精神工具去面对它们本

---

① 如上文所引平克《意识是如何工作的》，第563页。
② 如上文所引平克《意识是如何工作的》，第564页。
③ 如上文所引平克《意识是如何工作的》，第565页。
④ 如上文所引平克《意识是如何工作的》，第564页。
⑤ 如上文所引平克《意识是如何工作的》，第565页。

不被期待解决的问题"①，这种误用如何会发生，并且它为什么会如此执着？要注意这一立场的康德背景：正是康德依然声称，被形而上学问题所困扰的人类思想，先验地来说就根本不可能回答这些问题。这些追问不可能停止，它们是我们人类本质的一部分。并且，既然黑格尔已经对康德做了详细的批评，那么透过黑格尔的透镜来重新解读今天认知主义的这些康德式的二律背反，就是十分有趣的一件事了。

"愉悦的轻微震惊"

当平克涉及艺术的时候，他提出了这种"误用"的基本公式：

"意识的一些部分通过给予我们一种欢愉的感觉，记录达到了情理的增长。而另一些部分则使用了原因和效果的知识引出了目的。把它们放在一起，你就会获得一种意识，这种意识会上升到一种从生物学层面来说毫无意义的挑战：要找出如何在大脑的愉悦回路中获得并传递愉悦的轻微震惊，而丝毫不会影响它曲解来自冷酷的世界的诚意和情理的增长。"②

---

① 如上文所引平克《意识是如何工作的》，第525页。
② 见上文所引平克《意识是如何工作的》，第524页。

难怪平克的这种短路的第一个例子是陷于一种致命愉悦的恶循环的老鼠："当一只老鼠能够触碰到一架杠杆，该杠杆可以发出电子脉冲给植入在小鼠内侧前脑束中的一个电极时，它就会猛烈地压下杠杆，直到它精疲力竭，并放弃一切饮食和性行为的机会。"① 简而言之，从严格的意义上来讲，这只可怜的老鼠已经没有大脑了。这就是药物如何起作用的：通过直接影响我们的大脑——我们在这里所获得的是一种"纯粹的"催情剂，它不是以刺激感觉为手段来为大脑提供愉悦，而是直接刺激大脑本身的愉悦中心。接下来更为间接的一步是"通过感觉"来达到愉悦回路，"因为当这些感觉处于它们在过去数代的累计中已经习惯的环境中时，它们就刺激了回路"②。在过去数代的经验中，当动物发现它在周围环境中可以采取一种模式来提高自己的生存机会（获取事物、避免危险，等等）时，这种认知表示为/伴随着愉悦的经验；现在，有机体直接产生出这种模式以获得愉悦。这种公式可以用来解释对饮食和性愉悦的需求——甚至是对艺术的需求。这种审美经验的基础是对（对称性的、清晰的）感觉模式的认可，而这些模式最初就使我们能够适应我们的生活环境。

当然，这里的谜题不是这个短路是*如何出现的*？本来仅仅是作为以自我保存为目标的目的性行为副产品（即达

---

① 见上文所引平克《意识是如何工作的》，第524页。
② 见上文所引平克《意识是如何工作的》，第524页。

到这个目标的一个标志）的愉悦经验，是如何变成了一种自在的目的呢？这里的典型例子当然是性生活的例子：原本是标志着繁殖的目的已经达到的性愉悦，变成了一种自在的目的，因此人类和动物都花费了大量的时间去追求这个目标，详细地对它进行设计，甚至直接摈弃了原始的目标（通过避孕）。天主教只允许以繁殖为目的的性的存在的态度，将性行为降低到了动物的交配层次。

这里的基本悖论是，只有当原本只是一个副产品的东西被提升到一种自主的目的时，人性的维度才能明确地出现：人不是更加具有"自反性"；相反，人设想为直接目的的东西，对于动物而言，根本没有内在的价值。简单说来，零度的"人性化"并不是对动物性行为的进一步"中介"，也不是被重新刻画为一个更高的总体性的从属性因素（比如说，我们吃东西和繁衍是为了发展出更高的精神潜能），而是焦点的极度浓缩，是将一个不重要的行为提升为自在的目的。只有当我们陷于一个封闭的、自我推进的回路中时，不断地重复同样的姿态来在其中寻找满足的时候，我们才成为"人"。我们都会想起卡通片中的一个原型场景。当猫在跳舞的时候，它一下子蹦到空中，以自己为轴心不断转圈；不过，它并没有在正常的重力规律的作用下掉落到地球的表面，反而是在空中停留了一段时间，在飘浮的状态中不断转圈，仿佛停在了一个时间的回路中，不断地重复同样的循环运动。（人们在一些利用了闹剧因素的音乐喜剧中也会发现同样的镜头。当一个舞者围绕着自己在空中不断旋转的时候，他或她会在那里停留一段时间，似乎成功地克服了重力规律一般。实际上，这种效果难道不是舞蹈艺术的最终目的吗？）在这样的时刻中，受制于物质现实愚蠢惰性的事物的"正常"运行，存在的"正常"过程，暂时停止了；我们进入了一个悬停动画的奇妙领域，这是一种轻盈旋转的奇妙时刻，它可以让自己在空中维持住，就像巴伦·孟豪森可以抓住自己的头发，把自己拉出沼泽一样。在这个旋转的时刻，时间的线性过程在一种重复性的回路中停滞了，而这个旋转的时刻正是最基本的驱力。这又是零度的"人性化"；这个自我推荐的回路停滞或打乱了线性时间的魔力。①

在这里，间谍小说和电影给我们的启示非常有用：为敌人所设的完美圈套的"运行"是怎样出错的呢？通常的扭转是，在它的背后，有一个更暗黑、更隐秘的阴谋正在进行——行动者们正在玩着双重甚至三重游戏。不过，通常会有一个更为悲剧性的扭转，即不可预测的"人性因素"的作用。一个行动者本来的人物是勾引、利用、然后牺牲一个女人（或一个男人，依剧情而论），可他却爱上了她，

---

① 与这一场景相反的是由错误引发的流水不止的可怕幻想。在《爱丽丝梦游仙境》中，当她开始大叫的时候，她的眼泪开始逐渐流淌，流满了整个房间。弗洛伊德在他的《梦的解析》中也报告了一个小孩梦见自己把整条街都灌满了的情景——他的尿汇成一条小河，然后又汇成了航行着一艘巨大轮船的海洋。更接近于我们普通的日常经验的是，当我们看到一场倾盆大雨时，我们当中的谁会没有那种"非理性的"害怕，认为雨会一直下不停呢？

而无法背叛或牺牲她;因此,他只好对他的间谍上司假装正在利用他的受害者,而实际上却是尽可能地在营救她。这里不仅仅是多层面的欺骗,更为特殊的是"人性的"复杂:原先被设计为一个复杂阴谋中的手段性的东西突然被提升到了绝对的目的,被提升到了无限忠诚的对象——山无棱,天地合,乃敢与君绝!

人类最初的行为不是思想这种自反性的距离,而是将一个部分因素"偶像化"为一个具有自主性的目标:将愉悦提升到"执爽"(jouissance)——这种极端过度的愉悦成了自在的目的。当丹奈特在他的《达尔文的危险念头》中阐述达尔文的"模因"观念时,他也趋近了同样的主题。他举例说,有一首粗鄙的歌曲,不被我们喜欢和欣赏,有一天我们却令人难以理解地哼出了它:

"有一天,我很尴尬——也很惊愕地——发现自己一边走,一边不自觉地哼着一首调子……我兴致勃勃地哼着'两个人跳探戈'——这是一首相当忧郁而且令人不忍卒听的歌曲,它令人无法理解地在二十世纪五十年代风靡一时。我敢肯定在我的一生中我从来没有选听过这首歌曲,或以任何方式认为它聊胜于无,但是这个可怕的音乐病毒却和我的模式池中我真正喜欢的歌曲一样强大。"①

这样一种侵入性的症状(sinthome),是不是一种像病

---

① 丹尼尔·丹奈特《达尔文的危险念头》,纽约:西蒙舒斯特出版社1995年版,第347页。

毒一样四处传播的、虚构的隐晦愉悦呢——比如说，它从知性层面刺激了一直萦绕在我们头脑中的理论观点？它是不是可以证明，这种侵入性的症状提供了一种零度的、基本性的模因矩阵呢？当丹奈特强调"小孩子们享受自言自语"的这一事实，最关键的意义并不是在于一段完整的、叙述清楚的话语，而是一种"类似于理解性的自我注释"的重复，是对从父母那里无意中听来的只言片语的模仿，他无疑又是对的：

"真实的说话在最开始的时候包含了大量的'滥用'——无意义的说话组成了类似语词的发音——其中也混合了一些（他很少或完全不了解其意义的）真实的语词，以及少数的真正理解的语词。"① 这种含混不清的语言提供了一种"熟识的支撑"，这些被理解为是"同样的"潜在意义的节点，完全脱离了它们真实的含义："一个不理解的语词也可以变得很熟悉。"② 这种含混不清的语言必须被剥离正常的意义：首先，能指固化为可被识别的实体；只有在*那时*它们才能获得合适的意义。那么这种胡言乱语是不是拉康所谓的在清楚的语言之前的"咿呀言语"（"llanguage"）呢：一的不断承继，享受-意义的能指？换言之，当丹奈特写道"小孩子们享受自言自语"的时候，这里的"享受"必须被放在严格的拉康意义上。这种含混

---

① 丹尼尔·丹奈特《意识的种类》，第197页。
② 见上文所引丹尼尔·丹奈特《意识的种类》，第198页。

不清的语言也可以作为一种极好的政治干预发挥作用。数十年之前，在与斯洛文尼亚交界的、奥地利南方的一个省的卡伦西亚，德国民族主义者组织了一场针对斯洛文尼亚"威胁"的战役，他们的口号是"卡伦西亚将还是德国的！"（Kärnten bleibt Deutsch!）。对此奥地利左派找到了一个完美的回答：他们没有进行理性的、针锋相对的论争，只是在主要的报纸上刊登了一条搞笑的广告，模仿了德国民族主义者的口号的发音，"Kärnten deibt bleutsch! Kärnten leibt beutsch! Kärnten beibt dleutsch!"这个过程是不是足够隐晦，就如同卓别林的《大独裁者》中希特勒形象所说的无意义的语词"anal"（肛门）的意义？我们在这里也应该联系到平克所提出的观点，即人可以直接将愉悦提出为自己行为的目的。语言在这里是最好的例子。也就是说，只有通过言说行为所带来的愉悦，通过言说者沉浸在快乐的自我情绪的封闭回路中，人才能将自己与浸淫其中的环境所剥离，并因此获得一种和它之间合适的象征性距离。

同样的，当丹奈特讨论从"自由漂浮的"意向过渡到明确的意图时（从"没有清楚觉察的"到意识到"完全被觉察到的"意识，后者能够清晰地设定自己的目标，它不仅以一种有意的方式盲目地行动，而且向其自身表明了自己的意图——简单地说，就是从自在到自为的黑格尔式的过渡，是从潜在的意图到显在的意图的过渡），他引入了两个相互联系的特点。① 首先，这样一种过渡被置入（它后来将会成为）了"主体间性"中：当一个行动者被迫去刺探别人（他的竞争对手、他的受害者或他的追捕者）的目的之谜时，就导致他向自己表明了自己的意图。第二，与另一个行动者交流自己行为的目的（这个姿态意味着"看，我想要抓住一条鱼！""看，我想要逃跑！"等等）的能力，是与*欺骗*的能力，与保密的能力（假装不知道某事——比如说，丰富食物来源的地点——或者，相反，假装知道他其实并不知道的某事），与向别人隐瞒他的真实意图的能力密切相关的。阐述意义的能力等于隐瞒一件事的真实意义的能力——或者，可以参考塔列朗所说的（丹奈特所引）："语言被发明出来，因此人们可以向其他人隐藏自己的想法。"② 并且，人们可能会补充道，语言也帮助人们向他们自己隐瞒自己的想法。或者，正如拉康所说的，象征性的表征与显现出的大他者的欲望之谜"你到底想怎么样？"（"Che vuoi"）是紧密相关的。你到底想从我这里得到什么？丹奈特在这里提到了一只狐狸追一只野兔的例子，当野兔觉得狐狸的猎捕不太可能成功的时候：

"它做了一件奇怪又特别的事情。它用它的后腿站起来，特别显眼地站在那里，回瞪狐狸。为什么？因为它在向狐狸宣布，狐狸你应该放弃了：'我已经可以直视你，我

---

① 见上文所引丹尼尔·丹奈特《意识的种类》，第164—174页。
② 见上文所引丹尼尔·丹奈特《意识的种类》，第168页。

不害怕。不要浪费你宝贵的时间以及更宝贵的精力来追我了。放弃吧!'狐狸显然也得出了这个结论,它转向其他地方去寻找自己的晚餐了。"①

丹奈特是对的,原因在于他坚持说,不管表象如何,我们在这里所处理的并不是一个真正的交流的例子,因为在真正的交流中,说话者会向它的说话对象宣布它的能指的意图——根据保罗·格里斯的经典分析,这四个层面在一个具有意义的完全行为中都必须具备,②而野兔并不满足这个条件。所以,我们应该补充些什么呢?将错误归咎于野兔的欺骗力(比如接受这个立场,即使它"很清楚地知道"它离狐狸足够近,以至于狐狸可以抓到它)是不够的。我们在这里应该跟随拉康肯定道,为了把野兔的姿态解释为一种象征性的交流,野兔应该显示出一种*假借真实的欺骗*的能力:例如,它应该接受这种立场,指望狐狸会认为野兔试图欺骗它,不管不顾地继续追它,从而达到它的真正目的(比如说,把狐狸的注意力转移到另一只野兔,即第一只野兔的伴侣身上,它离狐狸相当近,可以被抓住)。

当比尔·克林顿在西雅图敏捷地提到在守卫森严的宫殿外面的街道上的抗议者,并提醒宫殿内聚集的领导人应

---

① 见上文所引丹尼尔·丹奈特《意识的种类》,第162页。
② 见保罗·格里斯《意义》,选自《语词方式研究》,麻省剑桥:哈佛大学出版社1989年版。

该注意倾听示威者的信息（当然，克林顿在解释这个信息的时候，已经去除了其中最有害的颠覆性部分，他把这种有害的部分归咎于危险的极端分子，指责他们把混乱和暴力代入了大多数和平的抗议者中）的时候，他也重新使用了同样的借着真实的名义撒谎的策略。所以，人们在此忍不住要想起老弗洛伊德的一个玩笑，即一个犹太人假借真实的名义向他的朋友撒谎他旅行的真实目的地。"当他们实际上应该倾听抗议者的时候，为什么克林顿说他们应该倾听抗议者？"那么，既然克林顿以他的过度纵欲而著称，所以当人们知道这种欺骗的力比多根源时是不应该感到惊讶的。威廉·赖斯得出了一个令人不安的结论，人类的智力最终发展成为性对抗的工具。正如我们通常被教导的那样，它的主要动力并不在于制造出工具，使我们的祖先可以从恶劣的自然环境中生存下来：

"一个物种越具有社会性和交往性，它就越可能受到性对抗基因的折磨，因为两性之间的交流提供了一种媒介，使得性对抗基因可以蓬勃生长。这个星球上最具有社会性和交往性的物种就是人类。突然它开始理解为什么人类两性之间的关系是一个雷区，为什么男性对什么构成了来自女性的性骚扰有如此迥异的解释……我们的脑容量变得更大是为了让我们能在大草原上学会制造工具和取火的这个观点，自人类失乐园后已经有很长的历史了。"①

这里的基本观点是，人类的性对抗（引诱和抵御之间的张力）已经迅速增长成了"联动式竞争演化"（ICE）：在一种类似于军备竞赛的自推进螺旋的恶的循环中，赢得相对优势的一个性别就会推动另一个性别发明出有效的对策。在男性发展出新的、更有效率的调情和勾引的技巧后，女性也必须进化，这样她们就会对男性的表现丧失兴趣，从而迫使男性发明出另一种技巧。并且，从有性动物到人类都涉及一种由象征秩序的出现所标志的质的飞跃，人们试图在此建立起与拉康的"并不存在性关系"的观点之间的联系：通向语言的途径、交流的媒介，并不是抚平对抗，不是使在普遍的象征媒介中对立的两性达到和解，而是把一种对抗上升到了绝对的层面。对于人类而言，在同一个领域内两种相互敌对的力量的斗争之前的（在动物王国中）东西，被上升到了从普遍性的媒介本身内部被切除的绝对的对抗层面。两性之间交流的不可能性、他们共同标准的不可能性，付出了通向普遍性的代价：*为了获得性关系的普遍化-象征化，所要付出的代价就是对象征的普遍性本身的色情化*。普遍性本身没有带来在语言的普遍性中存在的性别对立的和解，反而在对抗中陷于分裂。至于欺骗，这意味着动物求偶的想象性诱惑特征被上升到了真正的人类

---

① 雷德利《基因》，第 115—116 页。

欺骗（以真实为名的欺骗）的层面。人们应该设想普遍性与（人类）性行为之间具有的联系。它不仅仅是一种作为"主动的"因素的象征化，一旦性行为陷入象征秩序中，性的对立就会上升到极端对抗的层面；相反的方向甚至更加重要——在性对抗之外没有（象征性的）普遍性（普遍性变成了"自为的"，只有通过性对抗，它才能被"如此假定"——或者，用更为生物进化学的术语来说，象征秩序的出现是作为与性对抗相关的欺骗的一种中介。）

2. 艺术：传声头像

艺术与科学怎样与崇高关联起来呢？当它们都和崇高有关的时候（比如，它们都和完满所浸淫的直接的生活经验现实产生了距离），它们两者都会依赖于它的不同的模式了。① 科学完成了崇高的抽象过程。它将色情化身体的生活现实完全清空，把现实还原为纯粹的延展，还原为搅乱了抽象空间的物质。因此，对于科学而言，数学化的抽象是与真实的唯一联系。在它之中，现实与真实相对立，如同身体的具体生活经验与抽象的（最终是无意义的）数字公式的对立一样。相反，艺术则停留在生活现实中。它从现实上割下一块碎片、一个客体，把它上升到"物的层面"。（回想一下，杜尚的现成艺术［readymade art］就是作为这个过程的零维度的：通过把一个尿壶展示为一个艺

---

① 在此我借用了达瑞安·里德的《偷窃蒙娜丽莎：什么艺术蒙住了我们的双眼》，伦敦：Faber and Faber 出版社 2002 年版，第 103—105 页。

术客体，它把它的物质性"变体为"物的一种外观形式。)① 因此，科学与艺术是以一种完全不同的方式与物发生联系的：艺术直接唤起了它（例如，艺术之美是隐藏/宣示物的维度的最后一层面纱），而"科学不是唤起它，科学根本就不想了解它。这可能就是为什么物常常会通过科学回归到它最可怕、最具有灾难性的形式：核弹、生物战、基因工程的某种结果，诸如此类"②。

里德列举的这些例子有什么共同点呢？它们都指向了我们身体性现实中出现的一种新的"非自然的"（以前未知的）客体，它们是科学知识的结果——从某种意义上讲，它们就是物质化的科学知识。它们削弱，甚至违背了我们最基本的"现实意义"：原子弹最可怕的地方并不简单地是它造成的毁灭的数量，而是一个更根本的、更令人不安的事实，即我们现实的结构似乎瓦解了。巨变，这就如同生物基因工程的结果也可能出现怪物一样：从某种意义上讲，

---

① 在什么意义上，杜尚的尿壶代表了一种创作行为呢？当然，在它直接的物质内容的层面上不存在创造性可言；杜尚就是选取了一个普通的、简陋的物体，把它表现为一种艺术作品。他真实的艺术创作行为发生在这一点之前：在含蓄地重新定义艺术作品的空间时，规则决定了这个空间，从这个意义上说，展现一个尿壶可以被算作是一种艺术作品（或者说，观众在关注我们的时候可以重新定义一种艺术空间，在这个空间中我们可以把尿壶理解成一种艺术作品）。它的意思当然是说，我们开始意识到（空的）空间的作用：成为一个艺术的客体并不是一个客体的直接的属性，而是它的"自反性的决定"（黑格尔）。同样在文本中，马克思曾经说过，人们把一个人当作国王不是因为他自在地是国王，事实上，成为一个国王是因为人们把他当一个国王来对待。人们把一个客体当作艺术品不是因为它自在地是一个艺术品；它成为一个艺术品是因为人们把它当作艺术品来对待。

② 见上文所引里德的《偷窃蒙娜丽莎：什么艺术蒙住了我们的双眼》，第105页。

它们已经不再是我们"正常"现实的一部分了。

那么,艺术和科学,哪一个更"激进"呢?选择完全是不可判定的。科学在崇高中、在排除"病态的"经验现实中走到了终点,但正因为这个原因,它也排除了物。在艺术中,崇高没有完成——艺术家紧抓住(一片)现实,但这种崇高的未完成性恰恰通过将这种"病态的"残留物提升到"物的尊严"层面,使得他/她可以产生出崇高的效果。人们在这里遭遇的是将艺术作为"理念的感性表现"这一黑格尔公式的含混性。正如谢林已经知道的那样,这一公式不应该被解读为一个现在的观念性真实被穿上了感性的外衣——这种结构更加自相矛盾。在这里的关键项是"理念",这个概念(在康德那里)就是不可知的标志。因此,这里的关键点在于,艺术表现了反抗知识控制的东西:艺术家的"美"是一个面具,它掩盖了"真实的物"的深渊,而抗拒象征化的物在这个面具中出现了。① 有一件事情是肯定的:最糟糕的路径就是要达到一种科学与艺术的"综合"——而这样努力的唯一结果就是审美化的知识产生出来的某种新时代的怪物。

因此,崇高就在艺术中。既然电影是标准的德勒兹艺术,那么这里的第一个联系——希区柯克的《迷魂记》是

---

① 这对布莱希特不也一样吗——虽然他表面上肯定了对立面,即艺术的启蒙主义?《采取行动》的力量不正在于它叙述了一种过量(革命性的政治主体化的动力),这种过量逃避了戏剧中所使用的教导吗?

不是一部关于崇高意象的迷人魅力的电影呢？正如最近一期《视与声》所做的一个关于2002年的评论家和导演的观点调查中显示，如果不算古怪的上瘾者的话，最终有两类基本的电影爱好者：认为《公民凯恩》是最伟大电影的人和认为《迷魂记》是最伟大电影的人。（不过人们在这里应该注意的是这两部电影有一个共同的作曲者：伯纳德·海尔曼。）现在这些文字的作者相信在《战舰波将金号》时代之后是《公民凯恩》的时代，而未来的几十年将会是《迷魂记》的时代，《迷魂记》将证明自己直接代表了电影（更准确地说，人们可以想象的唯一竞争是在希区柯克自己的两部杰作之间，即《迷魂记》和《精神病人》）。

希区柯克占据了德勒兹电影理论的关键性位置，他是从动作影像到时间影像过渡中的中间性人物。在一定的历史节点上，主体被真实的震撼压倒了；真实的这种侵入搅乱了主动/被动的统一，主体直接进入现实，在现实中，他可以以一个固定的代理者的身份行动/反应。当主体被真实压倒后，主体就被改变为他自身或他的世界的无力的观众。因此，正如德勒兹所强调的，这不足以宣称，在现代电影中，观众被投入到行动中，变成了一个代理者。这个特点被另一个更根本性的特点重复了，并把代理者本身（银幕角色，演员）变成了他们自己行为的观众。由于这个原因，德勒兹认为希区柯克的《后窗》（*Rear Window*）指向的正是严格意义上的现代时间影像。在这部影片中，杰姆斯·

斯特瓦尔德，主要的代理者，被还原成了一个被动的/无行动能力的观察者。

镜头之眼

关于希区柯克的两部杰作，一件最有意义的事情就是用它们来做一个精神实验。如果事情完全都朝一个不同的方向发展（如他们几乎成功的那样），会怎么样呢？比如说，如果伯纳德·海尔曼按他计划的那样，为《精神病人》的谱曲用了低沉的萨克斯自由爵士乐风格，结果会如何？《迷魂记》则有三个这样的"如果……会怎么样？"：如果薇拉·米尔斯没有怀孕，并能够扮演玛德琳娜·茱迪，电影的结局还会一样吗？如果这个选择太荒谬了而使我们吃惊的话，希区柯克屈服于派拉蒙电影公司的压力，接受了经典组合 Livingstone-Evans 已经写好的，在字幕中显示的歌曲《眩晕》的话，结果又会怎样呢？如果电影放映的时候用了延长版的结局，加了在米吉小姐公寓中的一幕，即斯科提和米吉听到广播里宣布艾尔斯特因被指控杀害了他的妻子而被捕，电影又会变成什么样呢？

这些精神实验经常会在希区柯克研究中最有启示性的一方面中被展现，尽管有时候这些方面表面上看起来微不足道：事实错误的数量出人意料地多，远多于电影研究的标准（已经很低了）。只要想一下一个真正的希区柯克迷——雷蒙德·杜格南特，在他的《阿尔弗雷德·希区柯克的奇特案例》中用了40页来写对《迷魂记》的分析（人们真应该看一看并相信它），他详细地叙述了这个故事，把它的发生地点确定在洛杉矶而不是旧金山，尽管在《迷魂记》中出现了如此之多旧金山的背景，以至于我很难相信怎么还会有人忘记这一点。不过，在希区柯克的例子中，这种过多的错误是象征性的。即使有错误，也没有简单地降低这种分析的价值，它只是见证了在希区柯克的电影中，理论家们过多的主体性投入。对于希区柯克的男主角，他们经常难以区分他们所执迷的究竟是银幕上真正发生的事情还是假想中的事情。因此，可能以一种真正的弗洛伊德的精神来看，我们是需要这种误释的。斯坦利·卡维尔在对关于他的一个评论家（在他重述电影故事的时候指出了很多错误）的回答中，反驳了关于他完全站起来是自己犯错说法，他无疑是对的。

当这些误释支撑起了一个更细致的形式分析时，它们是非常中肯的：有的时候一个场景的详细描述是通过主观（视角）和客观镜头的切换和剪辑来实现的，而当我们通过视频播放或DVD来仔细查看电影的时候，我们惊讶地发现这种描述有时候是错误的。因为这种分析的理论点通常十分清楚，我们时常就会很易于接受这种被（错误地）归结到黑格尔的态度："如果事实不能适应理论，那就是糟糕的事实!"这种持续存在的误释的一个突出的例子关系到《迷魂记》中最著名的几幕情景：在埃尔尼的餐厅，斯科提第一次看到玛德琳娜的那个神奇的时刻。① 更准确地说，这个误释围绕着两个镜头的情形。

在从外面看到埃尔尼餐厅的入口后，有一个关于斯科提所坐吧台位置的镜头，这个位置正对着餐厅的前门，目光从那里穿过一个分割区，可以看到有着很多餐桌和客人的大堂。一个长镜头（没有剪辑）把我们从外面带回来，转到左边，给了我们一个拥挤的餐厅的全景，电影原声再现了一个繁忙餐厅内的谈话声和说笑声——在这里，我们脑海中所记住的很显然不是斯科提的视角。突然，我们（或者毋宁说是摄像机）的注意力被一个充满吸引力的焦点吸引住了，就像一个固定了我们目光的*魔咒*：一道明亮的、令人目眩的影子闪过，我们很快辨认出那是一个美丽女人裸露的背。于是，嘈杂的背景音被海尔曼充满了激情的音乐盖过，它随着摄像机的镜头逐渐地趋近那个*魔咒*——我们首先看到艾尔斯特面对着我们，然后由此我们推测出这个女人必然是玛德琳娜。在这个长镜头之后，一个剪辑回到了斯科提偷看玛德琳娜餐桌的镜头，这次的视角与之前不断趋近她的长镜头的角度不同，然后另一个剪辑又带我们回到了斯科提的视角和他所看到的东西（玛德琳娜用自

---

① 我在这里的讨论大量地建立在让-皮埃尔·艾斯奇纳兹的《希区柯克和〈迷魂记〉的历险》基础上，巴黎：CNRS 出版社 2001 年版，第 123—126 页。

己的外套盖住了背，准备离开）。在艾尔斯特和玛德琳娜离开了他们的餐桌，一路往外走，逐渐接近斯科提之后，我们又看到了另外一个著名的镜头：斯科提看到这两个人越走越近，为了不暴露自己的使命，他转头去看酒吧分隔区的玻璃，乘机窥伺他背后的情形。而当玛德琳娜离他越来越近，中间不得不停一会儿的时候（她的丈夫正在和服务生交代一些事情），我们看到了她神秘的侧面（侧面总是神秘的——因为我们只能看到一半，而另一半有可能是令人讨厌的、丑陋的脸——或者，事实上，是茱迪"真实的"、普通的脸）。因此，这一个迷人的镜头又不是斯科提的视角。它仅仅是在艾尔斯特和玛德琳娜重新会合之后，离开斯科提的位置，往餐厅出口走去，然后我们获得了一个来自吧台后面的斯科提的反镜头，从他的视角看到了玛德琳娜和艾尔斯特。

在这里，主观和客观的模糊性又一次变得至关重要。只要玛德琳娜的侧影不是从斯科提的视角来看的，她的侧影的镜头就是完全主观化的、描述性的，从某种程度上讲，它不是斯科提所看到的东西，而是他所想象的，即他假想的内在视线（为此我们只要回想一下，当我们看见玛德琳娜的侧影时，餐厅墙上的红色背景是如何变得越来越密集，似乎马上既要在红色中爆发，变成黄色的火焰——仿佛斯科提的激烈的感情被直接刻印在了背景中）。这就难怪尽管斯科提没有看见玛德琳娜的侧影，他的行为却像是已被它攫取住,并深深地被它影响。在这样丰富的两个镜头中,我们遭遇了纯粹的"镜头之眼":因为镜头在某种意义上总是有些"主观化的",尽管没有给定的主体。眼睛在这里作为"无身体器官"发挥着作用,它直接记录了(剧情)主体无法承担的一种强烈的激情。① 因此,我们在两个镜头中所看到的都是主体化的,但是它们没有被归为某一个主体,这是一种纯粹的、前主体的现象。难道充溢着过多的力比多投入的玛德琳娜的侧影不是这样一种纯粹的表象吗——从某种意义上讲,正是因为它太"主观"了,太强烈了,而不能被主体所承受?或者,用拉康的话来说,玛德琳娜这个侧影的镜头显示为一种他者情景,它之所以是主体无法达及的恰恰是因为它位于自己的核心之处。

因此,我们两次都从过量的"无主体代理人的主体性"到常规的"缝合"过程(客观和主观镜头的交换——我们首先看到一个人在看,然后看到他所看的)中得到了同样的动作。因此,这种过量是被"驯化的",它着迷于主客体的镜像关系内部,然后又以客观镜头和反打镜头视角的交换体现出来。为了消除这种无主体的"主观"镜头的强度,显示一种无名的热情,自唐纳德·斯伯托和罗宾·伍德以

---

① 另一个此类的例子是剧情空间中一个无载体的神秘的视角镜头,它是在玛德琳娜从金门大桥上跳下之后,从高处俯视海面的两个神秘的镜头。在我们看到玛德琳娜把花束上的花瓣扔到了海里后,我们从高处看到了花瓣在水中随波逐流;一会儿之后,当玛德琳娜跳入了海里,我们又从同一视点看到了她漂浮在水中。在这两个例子中,镜头都是主体化的,尽管并没有承担这一视角的剧情主体。

降的绝大多数阐释者,都在对埃尔尼餐厅场景的详尽描述中,奇怪地坚持这两个丰富的镜头被赋予了斯科提的视角。于是,在缝合逻辑中所蕴含的这种过量,就这样被还原到了常规的客观和主观镜头交换的层面上。我们在这种过量中所遭遇的是作为客体的目光,而不是固着于某个特定主体的视线——难怪吉加·维尔托夫的《镜头之眼》——1924年以后的苏联默片的典范(电影革命的一个高峰),将(摄像机的)眼睛作为它的标志,认为它是在二十世纪二十年代早期游荡的"独立的器官",它带给了我们很多关于苏联的新经济政策的片毛麟角。为此,我们只要思考一下"将眼睛投向某物"这个普通表达,它的字面意思就是将眼睛从眼窝中拿出来,四处转动。马丁,这个法国神话故事中的假想人物,当他的妈妈担心他永远也娶不到妻子,而告诉他去教堂将眼睛投向那儿的女孩子们的时候,他就真的按她说的字面意思去做了。他首先去了一个肉店,买了一个大眼睛,然后在教堂里把这个眼睛扔向周围正在祷告的女孩子们——难怪他后来跟他的妈妈汇报说,女孩子们对他的行为印象都不太深。而这正是革命性的电影应该做的事情:用摄像机作为一个部分客体,作为一直从主体那里分离出来的眼睛,自由地乱扔——或者,引用维尔托夫自己的话说:

"电影的摄像机拽着观众的眼睛,以一种最有利可图的顺序从头看到脚,从脚看到眼睛,它把这些细节组织成了一个规范的蒙太奇应用。"①

我们都知道，在我们生活中的一些神奇的时刻，即当我们在看我们自己的影像时，这个影像并没有回看我们。我记得又一次我试图用双面镜查看我头部的侧面新长出来的一个奇怪的东西，突然间，我从侧面瞥到了我的脸。这个影像复制了我所有的姿势，但却是以一种奇怪的、不协调的方式。在这种情形中，"我们的镜像被从我们自身撕扯了出去，更重要的是，我们的目光不再看向我们自己"②。正是在这种奇怪的体验中，人们可以抓住拉康所谓的作为小 a 物体的目光，我们影像的一部分逃避了镜像的对称关系。当我们"从外面"看外面自己——从这个不可能的点来看的时候，创伤性的特征就不是我被客体化了、被还原为目光的一个外在客体，而是*我的目光本身被客体化了*，它从外面来观察我，这就意味着我的目光不再是我的，它从我身上被偷走了。

一个奇怪的、真实生活的小插曲最近发生在我的朋友身上，它使我可以看到这个神秘星丛的另外一面。当他正开着车，太太坐在旁边的时候，他的手机响了；他看了看屏幕是谁给他打电话，居然看到了他太太的名字显示在上面。一瞬间，他不知道到底怎么回事：怎么可能一个人就

---

① 引自理查德·泰勒和伊恩·克里斯提主编的《电影工厂》，伦敦：Routledge出版社1988年版，第92页。

② 见上文所引里德的《偷窃蒙娜丽莎：什么艺术蒙住了我们的双眼》，第142页。

坐在他旁边,一边跟他说话,同时又打电话给他呢?在这里出现了某种神秘的复制吗?——就像大卫·林奇的《妖夜荒踪》中那幕著名的场景,主人公打电话回家,而电话却被站在他前面的一个邪恶的神秘人偷走了。(不过这件事的解释并不是因为他太太的电话被偷了,而是一个更复杂的意外:他太太把手机放在自己的包里,而她不经意地手指压到了手机;而正巧她碰到的键就开始自动给他先生打电话,因为她先生的名字和号码就在预先设置好的程序单中的第一个。)这个短暂的小波动调动起了被拜物教化的分裂:就像在一个古老的笑话中,他的妻子做了一个恐怖的复制品来叫他,他非常清楚没有鬼魂,但在那一刹那,他却极为恐惧,害怕真的有鬼魂。弗里茨·朗在讨论他1924年发行的《尼伯龙根》时,以类似的方式,写道:

"今天那些听说过西格夫里和龙的战斗的人,他们不应该相信这件事情,而是应该经由完全的看见去看见和体验它。屹立于火海中央、永恒的北极光之下的布鲁希尔德山脉神秘的魔法显示在他的面前。使西格夫里为昆特赢得了新娘的金色头盔的魔力,通过观看者自己的眼睛看来是可信的。"[1]

---

[1] 弗里茨·朗,引自汤姆·坤宁的《弗里茨·朗的电影》,伦敦:BFI出版社2000年版,第38页。

在这里，谁会真的相信呢？当然，并不是观众的有意识自我：我们都知道我们在银幕上看到的是制作精良的特技。那么会是谁呢？让我们再回到《迷魂记》，回到在斯科提的公寓中的一幕，当他从金门大桥下的海湾救了玛德琳娜之后，电影显示了审查制度是如何发挥作用的（比如说它的真实目标并不是看到的人本身，而是第三个无辜的观看者）。当摄像机摇过斯科提的屋子，我们（自动地假定是我们）看见，在他厨房水池上方的一条绳子上，悬挂着玛德琳娜的内裤——这证明在把玛德琳娜带回家之后，他为她脱去了衣服。然而，宗教团体却坚称不应该有内裤的镜头，因为这个镜头暗示了斯科提看到了玛德琳娜的裸体。汤姆想怎么样就怎么样。如果人们对 DVD 或者视频进行截屏来仔细查看的话，他们就会发现悬挂在绳子上的只有长袍、袜子、两三片不知用处的布片，而*没有内裤*。这个细节证明了审查制度的虚伪。如果不那么关注细节，甚至不去花时间仔细查看的话，观众会自动地假设我们看到了内裤，因为这就是这一幕画面必然的叙述逻辑。① 那么在这里，到底是谁被欺骗了呢？谁应该确信那里不应该有女性的内裤挂着呢？唯一的候选人当然只能是大他者本身，是那个在能看见一切的意义上，却天真的、愚蠢的观察者。

---

① 这个假设不正被我们几分钟后看到的两个人肯定了吗？在接了一个电话之后，当斯科提回到客厅，看到玛德琳娜不见了，他快速地扫了一眼厨房的水池，发现那里原本挂着的洗好的东西也不见了——如果那不是玛德琳娜的内裤的话，她为什么一定要把它拿走呢？

审查制度不在乎我们观众是否开动了我们肮脏的意识；关键只是大他者不应该注意到它。

因此，那个被认为不应该注意到水池上方悬挂着的内裤的目光，就是无名的客体目光，而不是被归结为任何主体的目光。同样的能动性在以一种完全不同的自我强加的审查制度中起作用。让我们从今天朝鲜的官方话语中来找个例子，它是唯一一个仍然在实践着历史的斯大林主义高尚艺术的国家。它当下的统治者，金正日出生于1945年，他的父亲当时正在西伯利亚的乡村流亡。到了二十世纪五十年代后期，朝鲜和苏联的关系变得更糟，于是金正日的出生地点就被官方改变以此来昭示与苏联的距离。突然地、没有任何解释地，所有的书被重写，宣称金正日出生在韩国最高的山峰的顶端。当我们在把它当成一种应当合理地解密的暗码（"它实际上不是关于出生地，而是与苏联之间关系变化的一个符号！"）之前，我们应该先问一个更天真的问题：为什么首先是这种奇怪的审查制度？为什么朝鲜政府不能简单而直接地宣布，他们与"修正主义的"苏联渐行渐远了呢？为什么它觉得需要通过修改一个简单的、肯定性的历史事实的方式，来表述与它的政治盟友之间的关系变化呢？

希区柯克：反对柏拉图

在这一点上，读者可能会作出这样的反应：当然了，这种对立是一种柏拉图的对立，是我们作为有死者的有限视域与可以看见一切的大他者的视域之间的对立！并且事实上，早在二十世纪五十年代后期，在《迷魂记》刚刚上映之后，埃里克·罗默就注意到这部电影有很深的柏拉图的问题式的影响。① 不过，这种联系是一种否定性的联系：从某种意义上讲，《迷魂记》根本就是一部反柏拉图主义的电影，它对柏拉图的框架是一个系统化的、唯物主义式的削弱，它更接近于德勒兹在《意义的逻辑》的附录中完成的工作。当斯科提最终发现茱迪，就是他一直想把她变成玛德琳娜的那个女人，就是玛德琳娜的时候，一种谋杀的愤怒充满了他，这种怒火其实就是被欺骗的柏拉图主义者的怒火，因为他想为之重做一个完美副本的原本本身就已经是一个赝品。这里的震惊不是原本原来只是一个副本——这是柏拉图一直警告我们要提防的常规的欺骗——而是（我们当作是）*副本变成了原本*。人们可能应该将《迷魂记》与罗西里尼晚期的名作《罗维雷将军》放在一起

---

① 见埃里克·罗默《螺旋和理念》，《电影备忘录》第 93 期（1959 年 3 月刊）。

来看，后者讲述了一个于1944年到1945年冬天在日内瓦被德国警察逮捕的年轻的小偷和骗子（维多利·德·西卡扮演得太好了）。德国人提出了一项交易：在监狱里，他将被当作是传奇人物罗维雷将军，一个抵抗组织的英雄，这样其他的政治犯就会把他们的秘密告诉他，尤其是一个重要的抵抗组织领袖"法布利兹欧"的真实身份。但是这个年轻的小偷却入戏太深，最终他完全认同了这个角色，并宁愿被当作罗维雷将军枪毙。这个将被完成的有关罗维雷将军的反柏拉图颠倒，在《迷魂记》中也是同样的：如果"真正的"罗维雷将军已经是一个假的，正如同"真正的"玛德琳娜已经是茱迪假扮的玛德琳娜，该怎么办呢？也就是说，如果作为私人身份，他也是一个假扮"罗维雷将军"、把这个身份当成一个面具的高明的骗子，怎么办呢？（在此，更进一步，愈加令人不安的问题在于：那么这种与假装的角色病态地认同的行为是不是伦理经验的终极边界？① 我们能不能想象一种颠倒的情形：真实的"罗维雷将军"被捕了，抵抗组织让他知道他必须毁损自己的形象，作为一个无耻的叛徒死去，以完成抵抗组织最后的大业？）

斯科提在认出茱迪那一刻的震惊也是一个卡夫卡式的震惊。与之相类似的，在《审判》中法律之门的结尾，乡

---

① 如果这样一种"绝对的异化伦理"被引至极限，不就是奥斯威辛中的那个拉比的故事吗——他即使在那里也遵守禁食的原则，在那些日子里拒绝吃每天少得可怜的定量配给。

下来的那个人知道了这门仅仅是为他准备的（这个神奇的门的景象只有他的目光能看见，他把他自己想成一个意外的证人，被允许从半闭的门缝中偷偷地看一眼就被深深地吸引住了），在《迷魂记》中斯科提也同样必须接受玛德琳娜吸引人的景象，所以他偷偷地跟随她，而这一切只在他的眼前表演，他的目光从一开始就被算计在内。①

当斯科提看见玛德琳娜的项链在茱迪的脖子上时，这个客体是一个标志——标志着什么呢？如果斯科提对茱迪还有任何一点讨论余地的话，他就会把它当成是茱迪爱他的一个标志；茱迪太爱他了，以至于想保留一个他们俩之间关系的纪念品。相反，他选择了柏拉图式的解读：粗暴地来说，项链证明了玛德琳娜压根不存在。② 在最后的翻转（斯科提终于认出了茱迪就是玛德琳娜）之前很久，米吉为他所画的那个假的肖像，也就是在卡洛塔的肖像上，米吉重画了一个自己的头代替原来的头像，已经是对他的柏拉图式敏感的侮辱了（难怪他会被最后一幕完全压垮）。使最后这一幕如此具有杀伤力的不是它背叛/弄错了原本，而是它从内部削弱了它。这一幕的关键性镜头，就是我们看见（从斯科提的视角）有着米吉的脸的卡洛塔的肖像画

---

① 有时候只要一小步即可以从崇高走到荒谬。《迷魂记》绝对是一个崇高的故事，它不应该被嘲笑。然而，它的扭曲却可以被很好地容纳在老马克斯兄弟的笑话中："这个女人（茱迪）长得像玛德琳娜，行为也像玛德琳娜，但是这不应该欺骗你——她就是玛德琳娜！"

② 见上文所引艾斯奇纳兹的《希区柯克和〈迷魂记〉的历险》，第193页。

旁边就站着摆着同样姿势的米吉本人。人们应该仔细想一下这个镜头与奥托·普莱明格的《劳拉》的相似镜头——劳拉站在她的肖像旁边——之间的区别：在《劳拉》中，男主人公-调查者已经爱上了劳拉，（因此我们观众）和男主角都认为劳拉已经死了，并被她的肖像画所吸引。震惊就来自见到"真正的"劳拉居然复活了，并且和她的肖像画并排站在一起。在此，劳拉的吸引力依然持续着，而没有被削弱。

如果要找一个类似的反柏拉图立场，我们会发现在比利·维尔德被低估的《丽人劫》中有类似的例子。当然《丽人劫》以某种方式颠倒了《迷魂记》的故事。电影最终的震惊不是那个长得像X的人实际上就是X，而是相反，X不是它本身。电影讲述了一个年老的好莱坞影星神秘地保持着她年轻美丽的容颜的故事。一个爱上了她的年轻男演员最终发现了她拥抱青春美貌的秘密：这个被人以为是费德拉的女人，实际上是长得与她非常相像的女儿，她在某个时候代替了自己的母亲，而真正的费德拉则在一个偏僻的小村庄中过着与世隔绝的生活。费德拉计划好了这场替代（她使女儿与自己完全一样），这样她的明星地位就会历久不衰，甚至在她自己衰老之后还会更加耀眼。因此，母亲和女儿都是完全异化的：母亲被排除出公共空间，因为她的公开的自我已经化身为她的女儿，女儿被允许出现在公共的空间中，但却被剥夺了她自己的象征身份。电影的这种可怕的、难受的风格不正因为它太接近于神话了吗？回到《迷魂记》。对于电影的反柏拉图主旨来说最关键的是在斯科提遇到茱迪之后，和他完全发现是她假装的玛德琳娜之前十分钟的具有欺骗性的"死寂"（例如，在茱迪闪回到她假装的自杀和餐馆及限量时尚品商店的镜头之间，后者标志着转变的开始）。在这里发生了三个关键性场景，显示了斯科提是如何联系到茱迪的，它们展示了对反女性主义的柏拉图式坐标系的系统性削弱。

（1）首先就是他们第一次晚间约会（还是在埃尔尼餐厅），两个人面对面坐在一张桌旁，显然没有进行什么太有意义的对话。突然，斯科提的目光固着在茱迪身后的某一点上，我们可以看到一个大体上与玛德琳娜有些相似的女人，穿着同样的灰色外袍。当茱迪注意到是什么吸引了斯科提的目光时，她当然深深地受伤了。这里的关键性时刻是当我们从斯科提的视角看过去，两个女人在同一个镜头中：茱迪在右边，略靠近他，而穿灰衣服的女人在左边，处于背景中。我们又一次看到了粗鄙的现实和理想的精致幻影并排出现的情景。米吉和卡洛塔的肖像画分裂的镜头在这里被外在化为两个不同的人：就在那里的茱迪和玛德琳娜短暂的灵性的幻影。当斯科提欺骗自己，认为他看见的就是玛德琳娜的那一刻，就是*绝对*出现的时刻。它"就这样"出现在表象的领域中，出现在超感性维度"射透"我们普通的现实的崇高时刻。当柏拉图把艺术贬低为"副本的副本",当他引入三个本体性的层面(理念,它们的物质副本,这些副本的副本)时,错过的恰恰是理念只能出现在将我们的日常物质现实(第二层面)与它的副本相分离的距离中。当我们去复制一个物质客体,我们实际上所复制的,或者说我们的副本所指向的,从来就不是这个特殊的客体本身,而是它的理念。对于一个产生了第三现实的面具也是类似,面具中的鬼魂不是藏在面具之下的那张脸。正是在这个精确的意义上,理念是作为表象的表象(正如黑格尔和拉康所说的):理念是当现实(第一层面的副本/理念的局限性)本身被复制的时候出现的东西。它是内在于这个副本、比原本本身更真实的东西。难怪柏拉图如此惊慌失措地反对艺术的威胁。正如拉康在他的《讲座十一》中指出的,艺术(作为副本的副本)并不是将物质客体完成为理念的"直接的"、第一层面的副本;相反,它完成了超感性理念本身。①

(2)其次就是在帝国宾馆茱迪房间的那一幕,两个人从埃尔尼餐厅吃完晚饭回来。在这一幕中,在埃尔尼餐厅那一幕中的外在的分裂被投射回了茱迪身上。我们看见茱迪的侧影,是完全的黑色(对比一下在埃尔尼餐厅中玛德琳娜令人目眩的侧影)。从这个镜头,我们又转到了她面孔的正面镜头,左边的一半是完全的黑色,而右边的一半笼

---

① 见雅克·拉康《精神分析的四个基本原则》的第二部分,纽约:诺顿出版社1977年版。

143 罩在一种奇异的绿色中（从房间外面的霓虹灯射过来的光）。不要把这个镜头简单地解读为茱迪的内在冲突，以及它的内在分裂，人们应该赋予它完全的本体论上的暧昧性。在诺斯底教派的一些版本中，茱迪在这里被描绘为一个本体原型，它还没有从本体论层面被建构完满（一种呈绿色的质地加上黑暗）。而要完全存在的话，似乎她黑色的一半就必须被玛德琳娜美妙的影像所完全充满。换言之，在这里，我们从严格的意义上获得了在埃尔尼餐厅的玛德琳娜美妙侧影镜头的另一面，它的负面：之前没有见过的玛德琳娜黑色的那一半（茱迪的绿色的、痛苦的脸）加上被玛德琳娜令人目眩的侧影充满的黑色的一半。在这个点上，茱迪被还原到甚至连客体都不是，被还原到一个无形式的、前本体的点，她被主观化了——这张完全不能肯定自己的痛苦的半脸，指向了主体的诞生。为此大家只要想一下对众所周知的芝诺的无限可分性悖论的假想解决办法：如果我们继续不断地分下去，我们最终就会碰到一个点，它不可能再被分为两个更小的部分，而只能被分为（一个更小的）部分和无——这个无就"是"主体。① 这不正是在上面提到的镜头中茱迪的可分性吗？我们看到她一半的面孔而另一半则是黑暗的空。

---

① 有人批评说，这种可分性的结果只是建立在我们的有限性的基础上，我们应该回答说，这里存在一个本体论差异的点：它不可避免地要与人类的有限性发生联系。

(3) 最后是在舞池中的一幕,它充分地展现了当茱迪靠近的时候,斯科提对她的身体的厌恶(对比一下玛德琳娜轻盈美妙的出现)。当两个人正在跳舞的时候,很显然茱迪想要近距离地接触斯科提,而斯科提则非常排斥她身体的靠近。那么,爱和性愉悦是怎么联系在一起的呢?尽管性愉悦从本质上而言是自慰性的和犯傻性的,它将我——我主体性的核心——与我的伴侣隔离开来,把伴侣还原为(我的愉悦的)一种工具。但它并不意味着,因为这个原因,我就必须放弃性愉悦来肯定我对伴侣的爱。相反,正是这种放弃,如果作为一个法则的话,是虚伪,是掩盖了某种不被承认的愉悦的诡计(为了他人、牺牲放弃自己的愉悦所带来的愉悦是最根本性的愉悦)。因为这个原因,对他者之爱的终极证据就是我准备与他人一起分享我自淫性的、犯傻的愉悦的核心。因此,在这个阴茎的自慰性领域中,弗洛伊德所引用的卡尔·卡拉斯的讽喻性玩笑,是最好的标志:"性交是自慰唯一一种不充分的替代品!"斯科提并不是真的想和茱迪-玛德琳娜做爱;他只是想在她的真实身体的帮助下来进行自慰。而这种阴茎的维度也使我们可以以一种准确的方式来定义性占有。它最终的公式不是把伴侣当成性的对象来剥削,而是放弃这种用途,而是坚持"只要你不和别人有性关系……我对你就别无所求,也没有性索求!"的态度。这种拒绝分享性愉悦的态度就是绝对的占有。

这三幕场景不正形成了一种黑格尔的三段论，第一个前提（斯科提在茱迪身上寻找玛德琳娜），第二个前提（茱迪本身被还原为一个本体原型，一种不完全的、无形式的黏质，一种柏拉图的合奏，一个对于玛德琳娜崇高理念的纯粹容器），以及必然的结论（茱迪，在她身体的存在中，只能是斯科提讨厌的对象）？那么，为什么斯科提寻找的关于他所爱的女人的神秘真相会是一个赝品？关于安东尼奥尼的《一个女人身份的证明》，阿兰·巴迪欧问了一个简单的，但又十分关键和困难的问题：证明一个恋爱中的女人的身份如何可能？① 他的答案是既不通过她的身体（这样一种情欲的认同只能在通奸的模糊不清的无区别中结束），也不是通过她的角色的深层的心理知识，这种知识会在反启蒙主义中结束。从这个观点来看，女人显现为一种神话。不过，错误在于把在爱中的身份证明设想成认识论的，设想成一个知识的事件（正如我们都知道的那样，圣经上通奸叫做"[肉体的]知识"）。身份证明是一个决定的事实；它的基础是决定去爱一个女人，这种决定不是建立在她的实证的属性上。当我们把证明表达为知，女人就离开了她自己，显现为一个神话。因此，这种关系就是男性反启蒙主义内容的对立面。并不是我们不能证明一个女人因为她是不可知的，是一个高深莫测的神话；恰恰相反，当男性

---

① 见阿兰·巴迪欧的《非美学小手册》，巴黎：Seuil 出版社1998版。

主体从决定的行为中撤退出来，接受了知的立场，女人就表现为一个神话。（这是否正是奥托·威灵格的颠倒呢？女人作为神话正是男性的伦理撤退、犹豫不决的客体化。）

《迷魂记》是一部由三个部分（还有一个序幕）组成的电影，每一部分持续四十分钟，结尾处是女主角自杀性的一跳（第一次是跳到了旧金山海湾，第二次是从茱安·巴蒂斯钟楼塔上跳下）。当每一部分都聚焦在茱迪-玛德琳娜的形象上时，它遵守了它自己的一个经济学：在每一部分，茱迪-玛德琳娜都占据了一个特定的位置。在第一部分，她是 Phi，是在真实位置上的一个虚假的在场；在第二部分，她是 S（a），受阻的他者的能指（比如，某个神话的能指）；在第三部分，她是 a，排出的无主体的残留物。所有这三个形象当然都是一种辩护，是为了要对抗将要吞噬斯科提的中心的深渊。在《迷魂记》里有一点很清楚，对高度的恐惧实际上就是对深度的恐惧："它就是深渊，就像在呼召的物一样。饱受眩晕之苦的主体想象出了一个呼召，对象是她或他将要回答的人，于是把他/她自己扔到了空无中。"① 人们应该将这种物与欲望的客体原因区分开来。这种物就是威

---

① 罗伯托·哈拉里《拉康关于焦虑的讲座：一个导读》，纽约：他者出版社 2001 年版，第 74 页。人们应该记住，《迷魂记》开场处三个属于普通现实的人物都是落魄的、失败的人格。斯科提残废了，他的眩晕让他不能再追求自己的职业，被置于一个悬置的空间中；米吉，他的前未婚妻（戴眼镜的、"知道太多的女人"），尽管她假装拥有性启蒙和成熟度，用一种简单的、戏谑的方式来对待这个话题（回想一下她和斯科提关于她所画的她的新文胸样式的情景），但她在性上仍然是失意的，不能克服她对于斯科提的迷恋；艾尔斯特本人是电影中的反面人物，他郁闷地发现不能像老旧金山的男性居民那样体会到充分的"权力和自由"。

胁要吞噬斯科提的深渊，而"客体小a"则是一个纯粹形式的曲线，这一病征在多种形式中都可见，且每种形式彼此呼应——字幕的奇怪的弯曲形状，玛德琳娜头发的卷曲（模仿卡洛特·瓦尔德肖像画中的同样卷曲的发型），斯科提尾随玛德琳娜走过的旧金山的弯曲的街道，茱安·巴蒂斯塔钟塔螺旋形下降的楼梯，摄像机围绕着拥抱的玛德琳娜和斯科提的360度转动。

这就是为什么《迷魂记》并不仅仅是一部关于当代的"发乎情，止乎礼"的爱情故事，而是明白地展现了这样的爱情故事的绝境，展示了情爱双方都必须为此付出的惨重代价。拉康在他关于"精神分析的伦理"的讲座七中曾经论证，在温文尔雅的爱情诗歌中，女性被还原为一个空无，而属于她的谓词（美丽、智慧，等等）不应当被解读为实际的描述，这样看上去所有的诗人都是在讲述同一个空洞的抽象①，在这里危险的不是诗人爱上了独立于其肯定性特点的女性，而是他的目的在于她存在的核心，是超越她所有肯定性特征之外的主体性的空无。② 温文尔雅的爱情诗实际上围绕着心爱的女人的屈辱：在这种爱中所缺失的是不完美的标志，是引起我坠入爱河的最小的"病态的污

---

① 见雅克·拉康《精神分析的伦理》，伦敦：Routledge出版社1992年版，第150页。

② 当一个女人抱怨："我不想你爱我仅仅是因为我的身体——我还想你爱慕我的头脑！"的时候，这个要求是提供了一个虚假的、具有欺骗性的诱惑，来避免暴露一个人存在的核心。

点"。或者，用巴迪欧的话来说，温文尔雅的爱在纯净化的热情中结束，它将其对象的所有肯定性特点都抽象出来，把对象还原为一个空无。与其形成鲜明对照的是，真正的爱遵循着削减的激情——在悬置了心爱之人的所有肯定性特点之后，它并没有简单地将心爱的他者还原为一个空无；它也使得空无和病态的污点——支持这种空无的、真实的残留物——之间的"最小差异"清晰可见。不过，要通过谜一样的物紧紧抓住女人致命的吸引力，通过凝视这个主题趋近它至关重要。目光并不简单地是被某个完全承受不了的物的出现所固定。相反，物（我们把它想成现实的空间中吸引力的一个难以琢磨的创伤点）就是目光将自己镌刻在现实性上的那个点，是主体*遭遇作为目光的自身*的点。

剪辑的目光

在希区柯克的《辣手摧花》（Shadow of a Doubt）差不多三分之一的地方，有一个完全显现了他的天才之处的短小的片段：正在调查查理叔叔的年轻的联邦调查局侦探带后者的年轻侄女查丽出去约会；我们可以看到一连串的镜头展示他们怎样轧马路，怎样愉快地谈笑风生——然后，出人意料地，画面淡入到了一个表现查丽在震惊状态中的美国式镜头，她瞪大眼睛将目光定在银幕之外的侦探身上，紧张地脱口说出"我知道你是谁了！你就是那个侦探！"当然，我们期望年轻的侦探会抓住这个机会，让查丽了解查理叔叔黑暗的一面。但是，我们所期待的是一个渐进的过程。侦探首先打破了欢快的情绪，开始谈起了严肃的话题，于是当查丽意识到她是怎样被利用了（侦探约她出来，不是因为他喜欢她，而是作为他职业性工作的一部分）之后她就爆发了。我没有看到所期待的渐进的过程，而是直接面对了一个受伤的查丽。（在这里有人可能会争论说，随着查丽震惊的目光，她并没有对侦探之前说的话做出反应：所发生的事情就是，在轻佻的谈话中，她突然抓住了某种与调情无关的东西。不过，即使是在这个例子中，电影的常规程序都是在屏幕上显现两个人如何欢快地交谈；然后，查丽突然被宿命般的领域所震惊。于是，关键性的希区柯克式的效果就没有了：它直接跳到了震惊的目光上。）只有在这种吃惊的不连续性之后，我们才听到侦探诉说他对于查理叔叔过去的谋杀的怀疑。用时间性的方式来描述就是：在这一幕中，效果是先于它的原因的，也就是说，效果首先被展示给我们看（受伤的目光），然后再被给予造成了这个伤害影像的语境——或者我们是不是这样呢？原因和效果之间的关系在这里是不是真的被颠倒了呢？如果目光在这里不仅仅是事件的一个接受者，会怎样呢？如果它以某种方式神秘地产生出了可以察觉的变化，又怎样呢？如果后面接下来的谈话最终只是为了努力将这种伤害的变故象征化/消解,那又怎样呢?这样一种对现实的连续结构的剪辑,这样一种对正常的时间秩序的短暂的颠倒,标志着真实的介入。如果这一幕情景是按时间顺序来排列(先是原因,然后是效果),那么现实的结构就不会被摧毁。也就是说,在害怕的目光的真实原因和我们后来所看到的、作为它原因的东西之间的缝隙中真实出现了:害怕的目光的真实原因不是我们后来被展示或被告诉的,而是想象的、伤害的过量,它被目光"投射到"可察觉的现实中。

关于这个相同过程的一个更复杂的例子是希区柯克不断出现的关键性主题中的一个,即两个人在一个半秃的小山上争论,周围有一些树和灌木丛,山是弯曲的,这个地方是在一群无知的观察者聚集的公共区域之外。在阿兰·博格拉看来,这一幕场景展现的是伊甸园中的亚当和夏娃,在被驱逐出伊甸园之前,品尝智慧树上的果子的过程。[①]如果人们忽视一些琐细的参考和变化的话(从《美人计》到《黄宝石》),也还有三个版本显示了这一点:《深闺疑云》、《群鸟》和《冲破铁幕》。在《深闺疑云》中,有一个短镜头表现芳汀的朋友从教堂的入口看到,格兰特和芳汀在教堂附近的一个蜿蜒的山上扭打。在《群鸟》中也有一个场景,就是在第一只鸟攻击孩子们之前,米奇和梅兰妮

---

① 阿兰·博格拉《阿尔弗雷德,亚当和夏娃》,选自《希区柯克和艺术:致命的巧合》(附随的一章是蓬皮杜中心博览会),多米尼克·派尼和盖伊·考吉维尔主编,巴黎:庞比度和莫扎特中心2001年版,第111—125页。

撤到孩子们平常开生日派对的野餐场地上方的一个小山上。最后在《冲破铁幕》中的一幕是，纽曼和安德斯撤到一个小山上，东德秘密警察的官员们只能看到他们却听不见他们说话——在那里，纽曼向他的未婚妻解释了关于他使命的真相。

在这三个例子当中的一个关键性特征是，在山上的两个人都可以被山下的一个无辜的、具有威胁性的、无知的观察者（分别是教堂附近的朋友，米奇的前爱人和母亲，东德的秘密警察）看到，他们只能看到这两个人，并不能辨别两人之间密集交流的意义。这一幕的创伤性特征，关于它的真实的过量，以这种目光为转移：只有从这种目光的角度，这一幕才是创伤性的。后来，当摄像机更靠近两个人的时候，情形就又"正常化"了。当博格拉强调这一幕情景是如何复制了孩子早期性遭遇的基本坐标系时，他是正确的：目睹父母做爱的行为，不能肯定他所看到的是什么（暴力还是爱?）。他解释的问题只是在于，当试图去确定这一幕的意义内核，而不是把它想象为一种无意义的症状的时候，它看起来太接近于经典的"原型"解读。这个过程的基本告诫就是，部分目光的误释中包含的真相要多过事物的"客观的"、真实的状态中所包含的。在1939年上映的经典好莱坞冒险传奇剧《火爆三兄弟》（Beau Geste）（威廉·威尔曼）中可以清晰地看到两者间的鸿沟：在神秘的沙漠要塞中没有一个活人了，只有死去的士兵被放在墙上,这一幕沙漠的情景与海上漂浮着的没有船员的幽灵船形成对应。《火爆三兄弟》在接近结尾处,从要塞的内部展示了同样的序列,即它描述了这样一个满是死去的士兵的游荡的要塞是怎么产生的。这里的关键点是这一幕假想表象的过量:它的力比多力量打败了它后来的理性解释。

与拉康的精神分析常常联系在一起的牺牲观念实际上是否定了大他者的无能:从其最基本的意义上来说,主体做出他的牺牲不是为了使自己从中获利,而是为了填补他者的匮乏,去维持他者无所不能的表象,或者,至少去维持它的一致性。在《火爆三兄弟》中,三兄弟中的老大(盖伊·库帕)与他们善良的姨妈住在一起,他以一种似乎非常忘恩负义的残酷态度,偷走了姨妈极其昂贵的钻石项链,那是姨妈整个家族的骄傲。他带着项链消失了,深知自己的名声已毁,在人们的心中他将永远是一个对自己的恩人不知感恩的窃贼。那么,他为什么要这么做呢?在电影的结尾,我们才知道他这样做是为了防止一个令人尴尬的事实被揭露出来,即这条项链实际上是假的。其他人都不知道,只有他知道,在一段时间以前,姨妈不得不把项链卖给一个有钱的王公,以挽救整个家庭不致破产,于是她在家里换上了一条不值钱的仿造品。就在他"偷窃"的行为之前,一个与他们共同拥有这条项链的远房叔叔想要把它卖了来换钱;如果这条项链被卖的话,那么这是个赝品的事实无疑就会被发现。因此维护姨妈（也是整个家庭的）荣誉的唯一办法就是假装它的被盗。这是关于偷窃罪行的正当的欺骗：从根本上讲，*其实没什么可偷的*，但为了阻止这个事实被人知道——于是，用这种方式，他者的构成性缺乏就被隐藏起来了（例如，维持他者仍然拥有它被盗的价值的假象）。如果在爱中，人们给予了他们本来就没有的东西，在爱的罪行中，人们从被爱的他者那里偷走了他者本来就没有的东西——电影的标题"beau geste"（善行，故作大方的姿态）指的正是这一点。这里当然也还有牺牲的意思：一个人牺牲自己（自己在一个讲究礼仪的社会中的荣誉和未来）去维护他者荣誉的表象，去拯救所爱的他者免受羞辱。

  人们必须要注意这两个表象之间的奇怪的呼应：布满了已死的士兵的要塞（已经没有人在守卫它）和另外的要塞，一个没有真实的财富来支撑它的英国家庭，整个家庭的财产所依赖的石头是假的。这使我们面对了两个群体的对立：一个女人所统治的温暖的英国上流阶级家庭 V.S. 一个暴虐却极有军事才能的魅力人物、俄国军士马可夫所统治的全是男性的外国军团（电影改编自皮埃斯弗·克里斯托弗列恩的小说，在小说中，他是一个叫雷热恩的法国人——在二十世纪三十年代后期的经典替代中，坏人必须都被俄国化，尽管电影以一种在政治上极富有趣味的方式，暗示了马可夫必然是一个反革命的白俄流亡贵族）。这两个群体当然是平等的，它们是一枚硬币的两面，是被悬置的"正常的"父权制权威的两面。有人甚至声称，海克特·布兰多先生、善良的派翠西亚姨妈的坏丈夫（他总是离家在外，在异国他乡中寻求惊险刺激），从力比多层面上等于邪恶的马可夫。①

那这一点是否可以同样地应用在希区柯克的《迷魂记》上呢？就像《火爆三兄弟》一样，《迷魂记》的焦点是在创造这种完美的相似上，然后再来为之辩解。并且，整个的关键在于，当我们得知了"真实的故事"，电影的第一部分（直到玛德琳娜的自杀）并不是简单地搪塞为一个山寨品——在表象当中蕴含的真相远比它背后的真实的故事中蕴含的要多得多。真相拥有虚构的结构，这就是为什么我们被卷入一个虚假的肉体表象的时候会付出死的代价。跟表象游戏就是在玩火。这也是为什么《迷魂记》的关键问题是"但是艾尔斯特如何是真实的？"正如基耶斯洛夫斯基《红》中的法官一样，从艾尔斯特的力比多状态来讲，他难道不是主人公想象的假想产物吗？这一点非常适合将《迷魂记》解读成利用了两个自动记录器的电影：

"一方面，这是一个仔细计划过的'故事'，是斯

---

① 这又把我们带回到了失败的性关系。小说总结了军官乔治·劳伦斯（叙述者）对派翠西亚姨妈深深的爱。他耐心地等待了她几十年，最终和她结了婚。于是，平衡就被重新建立了起来，邪恶的源头（被扭曲的母系的欲望，即年轻的派翠西亚选择了一个错误的男人做她的丈夫）被消解了。

149　科提这个人物在详细的、大家可以看出来的加利福尼亚环境中的故事,他所遭遇的,他是如何回应的。另一方面,从结构和介绍故事和主角的方式上,它都以梦幻般的设置而出名。詹姆斯·马可斯菲尔德同意罗宾·伍德的意见,他说'开始场景之后的一切都是……梦或传说'。"①

在第二解读中,结构是安布罗斯·比尔斯的著名短片故事《枭河桥事件》中的一个,故事从开篇处一个吊着的人那里发生,到结尾才揭示出,这一切都是一个濒死之人的幻想。这个结构在《特战先锋》(*Point Blank*)这样的电影中也可以见到,它经常被解读成是描写受伤将要死的李·玛文的幻想。这里的关键点在于要确定德勒兹称之为"黑暗先驱"的东西,即只属于一个层面但作为两者之间的桥梁、中介或沟通点的不重复的、独特的那些因素。要点与其说是在幻想中为现实寻找代替物(例如,在《香草天空》中,现实生活中的医生在主人公创造的数字化世界中成为警告他的人),还不如说要在"现实"本身内部确定"假想的"精神世界的代替品。这两个层面之间的鸿沟以及联系在第三者能动性介入的完美的时间点上可以看到:

---

① 查尔斯·巴尔《迷魂记》,伦敦:BFI经典出版社2002年版,第77页。

- 在电影的最关键可能也是最美丽的场景中,也就是斯科提和玛德琳娜在他的公寓中的那一幕,当他把她从金门大桥下救回来后:"当他们的谈话逐渐变得更加亲密,斯科提给她加了一些咖啡,送还她杯子;然后我们可以看到在两个镜头中,他们的手碰到了一起。对于他俩而言,这都是一个充满了激情张力和可能性的时刻。突然,电话铃响了,这种张力被打断了,斯科提离开房间去接电话。当他回来的时候,她已经走了……这个电话当然是艾尔斯特打来的,它的时间精准得要命,却也允许他们靠近,但又不能太过于接近。"①

- 在影片的结束处,当斯科提和茱迪拥抱在一起达成了和解、斯科提愿意接受茱迪的现实的关键时刻,一个修女出现在塔上:"如果修女在那个时候没有出现,他们可以第一次对彼此完全敞开和诚实,结果会怎么样呢?"② 他们自此以后会快乐地生活在一起吗?③

---

① 见上文所引巴尔《迷魂记》,第59页。
② 见上文所引巴尔《迷魂记》,第76页。
③ 在二十世纪六十年代以来最畅销的作品厄温·肖的《富人,穷人》中,有一幕令人难忘的情景,当女主人公在去郊区的一所房子见一群正在等她的年轻黑人时,她的未婚夫(后来成了她的丈夫)突然在路上拦住了她。如果她去了他们的公寓并接受了这群黑人的四百美元的话,就要整个下午被他们随心所欲地玩重复性的性游戏。这一幕的影响在于它的模糊性。女主人公当然并不是仅仅因为财务的原因而没有接受这个提议;相反,她对此有些动心是出于某种无政府主义的政治性的乌托邦(黑人,对她是害羞而尊重的——并不是通常的大男子主义的形象——之所以敢于邀请她,是因为相对于他们工作地点的其他的熟人,她是对他们最友好而和善的)。这也是在最好的时机介入性的偶然相遇的另一个(可能也是最终的)例子,它发挥了既定的道德代言人的作用。

幻想崩塌之时

在这里人们应该再向前迈出关键性的一步，进入幻想的瓦解中。大卫·林奇的《穆赫兰道》，完美地描绘了这种渐进的瓦解。这个过程的两个主要步骤，首先是在试镜时过于密集的动作，其次是当独立的部分客体（"无身体器官"）出现在"平静"夜总会中的时候。在这里，过量的动作依然被包含在现实中，尽管现实已经搅乱了它，将它送出去达到其完全的独立化，而这种独立化引起了现实本身的瓦解。也就是说，是从一种嘴的病态扭曲到离开身体、作为一个幽灵般的部分客体四处飘荡的嘴（就像在西布伯格的《帕西法尔》中，完美从身体上的伤口转到外在于身体、无身体的独立器官的伤口）。这种过量就是拉康所谓的"薄膜（lamella）"，是可以将其本身从一种介质改变到另一种介质的无限可塑的客体：从过量的（超-语义学的）尖叫到一块污渍（变形的可见的扭曲）。这难道不是穆赫的《尖叫》中所发生的吗？这种尖叫是无声的，是一块卡在喉咙中的骨头，是一个不能发出声音的停顿，它只能将其自身表现为一种沉默的可见的扭曲，围绕着尖叫的主体将空间变得弯曲。

在"平静"夜总会中，也就是贝蒂和瑞塔后来成功地做爱的地方，一个歌者正在用西班牙语演唱罗伊·奥宾森的《叫喊》。当歌者崩溃之后，歌曲还在进行。在这个点上，幻想也崩塌了——这并不是在"迷雾消散了，我们又回到了无趣的现实中"的意义上，而是幻想从内部丧失了其在现实中的落点，被独立化为一个纯粹灵性的幽灵，一个无身体的"不死的"声音（这种声音的真实的表现类似于在西哥里·莱昂的《美国往事》的开始处，我看见一部电话铃声大作，然后一只手拿起了听筒，铃声继续响着）。甚至当铃声的身体支持崩溃了之后，铃声还继续响着的镜头，是维本所写的一个著名的巴兰钦芭蕾舞短片段：在这个表演中，当音乐停了之后，舞蹈还继续进行。因此，我们有了一个当声音被剥夺了身体支撑后还继续存在的例子，而在另一个例子中，当身体运动被剥夺了声音（音乐）支持的时候仍然继续存在。效果不是简单对称的，因为在第一个例子中，我们有不死的声音驱力，永恒的生命在继续，而在第二个例子中，继续跳舞的人是"一直在跳舞的死人"，是被剥夺了生命实体的阴影。不过，在这两个例子中，我们都看到了现实和真实的断裂；在这两个例子中，当现实瓦解的时候真实仍然继续存在。真实，当然是最纯粹的幻想性的真实。用德勒兹的话语来说，这种部分客体的"独立化"不正是将潜存从实存中抽离出来的时刻吗？"无身体器官"的状态正是潜存的状态——换句话说，在潜存和实存的对立中，拉康的真实是站在潜存的一边。

当然，在所有的这些例子中，震惊的效果之后紧跟着的是一个将其又重置回普通现实中的解释。在《穆赫兰道》的夜总会场景中，我们从一开始就被警告说，我们正在听的是预先录制好的音乐，歌者只是模仿唱的动作；在莱昂笔下的例子里，当听筒被拿起来后我们还听到继续在响的电话是另一个电话，诸如此类。不过，在这里仍然很重要的是，有那么一刹那，部分现实被（错误）构想为噩梦般的幽灵——并且，从某种意义上而言，这个幽灵"比现实本身还要真实"，因为在这个幽灵之中，真实闪现了出来。简而言之，人们应该分辨哪一部分现实通过幻想被进行了"功能转化"，因此，尽管它是部分现实，它仍然以一种虚构的模式被设想出来。比将现实谴责或揭露（显现为）为虚构更难的是在虚构的部分辨认出"真实的"现实。这不正是转移的真相吗？——在转移中，我们与我们面前的"真实的人"发生联系，而实际上与我们发生联系的是一个虚构的形象，比如说，我们父亲的虚构形象。为此只要回想一下《小鬼当家》（*Home Alone*），尤其是第二部。在这一部当中，有三分之二是剪辑镜头；尽管故事看起来像是发生在一个连续的剧情空间，但很显然，在最后小孩和两个盗贼的直面中，我们进入了一种不同的本体论领域，一种可塑的卡通空间，其中，没有死亡，我的头也可以炸开，尽管在下一幕我又立刻恢复正常。于是，部分现实又一次被虚构化了。

正是这样一种虚构化的部分客体也可以用来作为声音的支撑。在理查德·瓦格纳给一个年轻作曲家的建议中，他写道，在详述了一个人想要写作的音乐篇章的轮廓之后，他就应该擦去一切，把注意力集中在一个在黑暗的空无中自由漂浮的头颅上，它等待着这个白色的幽灵开启嘴唇开始歌唱的时刻。这种音乐应该成为要被作曲的作品的胚芽。那么这个过程不正是让部分客体歌唱的过程吗？并不是一个人（一个主体）——而是客体本身应该开始歌唱。

"我，真理，在言说"

在蒙特韦尔迪的《奥菲欧》的开场，音乐女神介绍自己的时候用了"我就是音乐……（Io sono la musica）"这样的说法——这不正是当"心理学的"主体入侵了舞台之后发生的某种不可思议或者毋宁说不可表达的东西吗？人们一直等到二十世纪三十年代，这种奇怪的生物才重新出现在舞台上。在贝尔托·布莱希特的《学习表演》中，一个演员登上舞台，对观众说："我是一个资本家。我现在要去找一个工人，用言语欺骗他说资本主义是平等的。"这个过程的魅力在于它从心理学上来讲是同一个演员的两个不同角色的"不可能的"结合，就仿佛一个戏剧的剧情现实中的人偶尔也可以走出自己，对自己的行为和态度说一些

"客观性的"评价。第二个角色是小丑的派生物，这个形象是常常在莎士比亚的戏剧中出现的，但当后来心理学现实主义的剧场出现后，它就消失了：就是一个演员在开场时、在幕间和结束时，直接对观众说一些解释性的话语，或是关于戏剧的教育和讽刺性的意义，诸如此类。小丑在这里实际上发挥的作用，是弗洛伊德的"表述的复述"：在舞台上，复述的剧情现实内部的一个元素占据了复述机制的位置，从而引入了距离、诠释、讽刺性评论的因素——因为这个原因，当心理学现实主义胜利的时候，它就消失。在这里，事情甚至比布莱希特的朴素版本中的更为复杂。小丑的神奇效果并不取决于"他扰乱了舞台幻想"这个事实，相反，而是在于他并没有扰乱它。尽管有他的评论和它们所具有的"外来化"的效果，我们观众仍然可以参与到舞台幻想中。这也就是为什么人们应该把拉康的"就是我，真理，在言说"定义为"弗洛伊德的东西"①，即一个出乎人们意料的词的突然出现所带来的震惊。这种转变的创伤性影响就在这里：他者和物之间的距离暂时被悬置了，物本身开始言说。人们在这里忍不住要想起马克思关于拉康的"就是我，真理，在言说"的改写，也就是他《资本论》中著名的话语"让我们想象一下商品开始说话……"：也是在这里，一个问题开始说话的假想性"魔法"，为商品拜物

---

① 见雅克·拉康的《书写》，巴黎：Seuil 出版社 1966 年版，第 409 页。

教的逻辑提供了关键点。①

部分客体开始说话的观念也是有力的意识形态投入的点，尤其是对于男性目光如何反击女性言谈中具有根本性的歇斯底里性（谎言，缺乏鉴定的叙述立场）。在丹尼斯·狄德罗与众不同的哲学性小说《八卦珠宝》中，他显示了一个最终的幻想性的答案：② 一个用两个声音说话的女人。第一个声音是她的灵魂（意识和心灵）的声音，从本质上讲是撒谎成性的、欺骗的，掩盖她的乱交；只有第二个声音是她的珠宝的声音（珍珠当然是阴道本身），它从定义上讲，总是会言说真相——一个无聊的、重复性的、自动的、"机械性的"真相，一个关于她的不受限制的性欲。这个"说话的阴道"的观念并不是准备作为一个比喻，而是从其字面意义来理解的。狄德罗从解剖学上把阴道描写成是发声和通气的工具，它能够发出声音。（他甚至报告了一个医学实验：在从身体切除了整个阴道之后，医生把它当成一根弦吹起来，试图用它来发声。）于是，这就成了拉康的"女人不存在"的一个意义：说话的阴道是不会说出真相的；只有一个捉摸不透的、撒谎成性的、歇斯底里的主体。

但是，这是不是意味着说话的阴道的概念是一个无用

---

① 当然，商品彼此之间开始说话的场景是虚构的——却是一个必然的虚构。人们应该记住，根据拉康的理论，真实具有虚构的结构。

② 丹尼斯·狄德罗《八卦珠宝》，选自《全集》第三卷，巴黎：海尔曼出版社1978年版。我在这里讨论的基础是米兰·波佐维克的《狄德罗和爱机器》，选自《哲学通讯》第三期（2001）。

的概念，只是一个性意识形态的幻想呢？在这里就有必要对狄德罗做更详细的解读了。他的主旨并不仅仅是说，女人有两个灵魂，一个——肤浅的、欺骗性的——通过它的嘴来表达自身，而另一个则通过阴道来表达自身。通过女人的嘴来说话的是拼命想要统治她身体器官的灵魂。而正如狄德罗清楚表明的那样，通过她的阴道说话的不是身体，而正是作为器官、作为一个无主体的部分客体的阴道。因此，说话的阴道应当被认为是和《搏击俱乐部》以及《一个头，两个大》中的独立化的手同样的系列。正是在这个意义上，在说话的阴道的例子里，不是女人、阴性的客体被迫说出了关于她自身的真相。相反，而是当她的阴道开始说"就是我，真理，在这里说话"的时候，真相本身说话了——是我的宾格，而不是主格。通过阴道说话的是冲动，是那个无主体的我。

这种从根本上讲有悖常理的理解的意思是，包括头在内的整个人类身体只不过是这种部分器官的联合体——头本身被还原为只是另一种愉悦的部分器官，正如在赤裸裸的色情文学的独特的乌托邦时刻中，当身体性的自我经验的统一被神奇地消解时，观众就不是把演员的身体想象为统一的总体性，而是设想为一种随便协调起来的部分客体的堆积：这里是嘴，那里是胸，再那里是肛门，靠近肛门的是阴道的开口。特写镜头的效果以及演员被奇怪地扭曲和变形的身体镜头的效果，都是为了剥夺这些身体的统一性——从某种意义上讲，它有点儿像是一个马戏团小丑的身体，小丑本人把身体设想成了一个他没有办法完全协调的、部分器官的复合体，因此他身体的某些部分似乎过着自己特殊的生活（为此只要回想一下经典的舞台把戏：小丑举起他的手，但是手的上部并不听他的指挥，继续松散地下垂着）。身体变成了一个去主体化的、部分客体的多重体的过程就这样完成了。例如，当一个女人和两个男人躺在床上，并和其中一个进行口交的时候，她并不是以常规的方式去主动地吮吸男人的阴茎，而是平躺在床上，头靠在边缘处的上方倒垂下来。当男人进入她的时候，她的嘴在她的眼睛上方，她的脸是颠倒的，这个效果就是将人类的面孔、主体性的位置转化成了一种非人格化的、被男人的阴茎做活塞运动的吮吸机器。同时，另外一个男人在她的阴道处动作，而她的阴道也在她的头部之上，从而被肯定为一个不从属于头部的、独立的愉悦中心。于是，这个女人的身体就被转化为一个多重的"无身体的器官"，它是愉悦的机器。而作用于它的男人也被去主体化、工具化了，被还原为服务于这些不同的部分客体的工人。在这样一幕情景中，即使当阴道开始说话，它也不过是一个"传声头像"，正如同其他器官执行了其愉悦的功能（这种奇怪的想法将身体理解成了部分冲动的多重场所，它注定是失败的：因为它否认了阉割）。

当然，关于说话的阴道有大量的当代文学艺术的传统——从1975年的法国先锋电影《说话的性——阴道的言谈》（弗里德里克·兰塞克和弗朗西斯·雷霍）到伊娃·安斯勒最近声名狼藉的独幕剧《阴道的独白》。不过，在这里所发生的正是错误的一步：阴道被主体化了，它被转化为女人的真实的主体性所在。在安斯勒那里，有的时候是讽刺性的，有的时候是绝望的……是女人在通过她的阴道说话，而不是阴道真实本身在言说。正因为这个原因，《阴道的独白》陷在一种资产阶级主体性的逻辑中。如果我们要寻找一个位置可以让一个客体言说的颠覆性潜力被释放出来，我们必须看向其他地方。

在大卫·林奇的《搏击俱乐部》（1999）的中间部分，有一个几乎令人难以忍受的痛苦情景，它实在可以称得上是大卫·林奇最奇怪的时刻了，它为电影最后令人惊奇的扭转埋下了草蛇灰线的伏笔。男主角为了敲诈他的老板在他辞职之后还继续付他薪酬，他在老板的办公室里到处乱撞，在大厦的保安员来之前把自己打得鲜血淋漓。于是，在他那不知所措的老板面前，叙述者开始编造老板对他的攻击。在《一个头，两个大》中也有类似的自我攻击的例子，吉姆·卡里攻击了自己——当然，在这里是以一种漫画的手法（尽管是痛苦地夸大的），表现一个人的分裂的人格攻击自己的另一部分人格。在这两部电影中，自我攻击都开始于男主角的手获得了自我的生命，脱离了男主角的控制——简而言之，它变成了一种部分客体，或者用德勒兹的话说，变成了一种*无身体的器官*(无器官身体的反面)。这为两部电影中男主角自我攻击的双重形象提供了一把解读的钥匙。这个双重，即男主角的理想自我，是一个灵性的/不可见的幻想本体，它并不简单地外在于男主角——它在男主角身体本身内部的功效，是他的一个器官（手）的自主化。手按照自己的冲动为所欲为，而忽视了主体欲望的辩证法：欲望从根本上讲是一种不死的"无身体器官"的持续，它就像拉康的"薄膜"一样存在，而主体为了在性差异的象征空间中将自己主体化，就必须丧失这种冲动。①

那么《搏击俱乐部》中的自我攻击表示了什么呢？如果我们追随法侬，将政治暴力定义为不是与工作相对立，而是作为"否定性工作"的终极政治改写，作为对黑格尔的"教化（Bildung）"过程的政治改写，作为对教育的自我形成的政治改写，那么暴力就应该首先被理解为是一种自我暴力，理解为对一种主体存在的实体的暴力重塑。《搏击俱乐部》的教训就在于此：

> 首先，人们很难将自身从其锁链中解放出来；最终，人们必须将自己从这种解放中解放出来！尽管方

---

① 在街头流行的妇女杂志中，人们常常会遇到的性的主张就是，一个自慰器是比同一个真实的男人做爱更"真实的东西"——为什么会这样呢？因为自慰器可以发挥幻想性的-不死的"无身体器官"的作用。

式极其不同，但我们每个人都必须承受这种锁链的折磨，甚至是在他挣断了锁链之后。①

在美国很多较小的城市中都有大量失业的工人阶级人口，与《搏击俱乐部》很相似的情景最近出现了："铁人争霸赛"，就是只有业余选手（女人也可以）参加的极其暴力的拳击比赛，把他们的脸弄得鲜血淋漓，来测试他们的极限。关键不是要赢（失败者往往比胜利者更受欢迎），而是要坚持，要能够继续站立着，而不是躺在地上。尽管这些比赛常常打着"上帝守护美国！"的幌子，（大多数）参加者也常常认为他们加入了"关于恐怖的战争"，人们却不应该立即把他们贬低为一种象征性的农民"原初法西斯"倾向：他们只是局部的、在潜在意义上具有救赎性的惩罚性冲动。因此在《搏击俱乐部》中，当男主角在一场惨烈的斗争后说"这就是最接近于生的体验！"（它正好将常规性的短语"最接近于死的体验"颠倒了过来），这样的话，难道不正表明了拳击赛使参与者们更接近于生活的过量，并且超越于生活的普通运行之上——那么在保罗的意义上而言，他们是有生命的吗？

那么，这是不是正意味着（部分）客体本身开始言说呢？并不是该客体是无主体的，而是这个客体是先于主体化

---

① 弗里德里克·尼采给一个朋友的信（1882年7月），引自布瑞恩·玛吉《特里斯坦和弦》，纽约：亨利·霍特出版社2000年版，第333页。

的"纯粹"主体的相关物。主体化指向的是作为身体相关物的"整个人",而"纯粹"主体指向的则是部分客体。[①] 当客体开始言说,我们所听见的就是恐怖的、非人的、空洞机器的主体的声音,它与主体化无关(在预设了一个意义的经验世界的前提下)。在这里人们应该记住两组概念,主客体、人与物形成了格雷马斯的语义学方阵。也就是说,如果我们把主体当作出发点,那么它就有两个对立面:它的反面(对应物)当然就是"客体",但是它的"矛盾对立"就是"人"(内在生命的"病态的"富有与纯粹主体性的空无相对立)。从一种对称的方式来说,"人"的对立的对应物是"物",它的"矛盾对立"却是主体。"物"是某种嵌入具体的生活世界的东西,而生命世界的整个丰富意义在其中与之回应,当"客体"是一种"抽象"的时候,某种东西就从它在生活世界的嵌入性中被提取了出来。

这里的关键点是主体不是"物"(或者,更准确地说,是身体)的相关物,"人"居于身体当中,而主体是(部分客体)a 的相关物,是无身体器官的相关物。与作为生活世界总体的人与物的常规观念(主客体这对概念就是从中被推演出来的)相反,人们应该把主客体这对概念(在拉康的意义上,$-a,被阻碍的主体伴随着小 a 客体)肯定为

---

① "无身体器官"作为部分客体,并不是克莱恩的部分客体,而是拉康在他的《讲座十一》中将理论化为欲望客体的东西,是不等于整个身体的、身体的爱欲化(被力比多投资的)的部分,它超然存在,拒绝被整合到身体性整体中。

156 原初性的——人与物这对概念是它的"内化"。在从主客体到人与物的过渡中缺失的是莫比斯环扭曲的关系:"人"与"物"是同一现实的部分,而客体却不可能与主体本身相等。当我们在莫比斯环上追寻着主体(以及它的能指表达),那一面终结的时候我们到达了客体,于是我们发现了自己在最初出发点的另一面。因此,人们应该拒绝把人格,即一个灵魂-身体统一体的话题当作在具体化-异化过程中被切断的有机整体:主体从人中浮现出来,它是将人的身体暴力还原为部分客体的产物。

人们在这里应该记住弗洛伊德的"部分客体"的观念为什么不是身体的一个因素或组成部分,而是抵制被身体整体整合的一个器官。这个作为主体相关物的客体,是主体在客体性秩序中的替身。正是主体拒绝将自己主体化,众所周知的"那块肉",即主体的部分才作为主体出现。这不正是马克思在写关于无产阶级阶级意识出现的时候所希望指出的吗?它不也意味着商品在市场上的"作用力"被还原为一个将要被交换的客体,并开始言说吗?这里引自雅各布和威尔海姆·格林最短的童话《坏孩子》:

"从前有一个坏孩子,他从来不做他妈妈教导他的事情。因为这个原因,神对他非常地不高兴,就让他生病了。没有医生能救他,很快他就死了。他被葬到坟墓里盖上土,但是他的小胳膊突然举起来伸了出来,人们把他的胳膊放回再盖上新土依然没有用,因为那只小胳膊总是又伸了出来。于是妈妈自己不得不来到坟墓前，拿鞭子抽打这只小胳膊。当她这样做的时候，它缩了回去，这个孩子终于在尘土中安息了。"①

这种甚至坚持到死的顽固不就是最基本的自由吗——死亡驱力？我们非但不应该谴责它，反而应该把它颂扬为我们的反抗的最终栖息地吗？二十世纪三十年代有一首古老的德国共产主义歌曲的副歌叫做"自由的战士"！表面上看起来，这种将一个特殊的单位认作是自由本身的武器的想法，正是"极权主义"诱惑的公式：我们并不仅仅是为自由（我们对自由的理解）而战，我们并不仅仅是为了达到自由，是自由本身直接有利于我们。这条路看起来是通向恐怖的：谁将被允许反对自由本身呢？不过，将一个革命的军事单位等同于自由的一个直接器官，这种做法不应该被鄙视为一种拜物教式的短路：以一种悲惨的方式来讲，这就是真正的革命爆发的真实。在这种"狂喜的"经验中所发生的行为主体不再是一个人，而是一个客体。

只有"先验的"拉康（拉康的象征秩序通过禁止人们达到本体的、母性的物的方式而构成了人类欲望）——被认为引起了一种内部政治，同样的，欲望的每个肯定性的客体都不能满足绝对的-不可能的空无——主张，每一个肯定性的政治代言人都只能填补位于权力中心的空无。当我们过渡到

---

① 它的德文标题"Das eigensinnige Kind"也被译作"固执的孩子""任性的孩子"或"淘气的孩子"。

拉康的冲动的时候，一个承担了客体立场的无头的主体——或者从另一个方向，客体的立场开始言说，它将自己主体化——已经不再能被视为一个反常的短路的结果。

超乎道德

在这样一种抗争性的主体性层面上出现的集体，彻底反对"如何达到他者"，如何维持朝向他性的开放性和尊重的主体际的话题。大体上，有三种方式可以达到适合想象界-象征界-真实界的三合体的他者：想象界（"人类感动"）、象征界（"礼貌""礼仪"）、真实界（共同的隐晦）。三者中的每一个都有自身的危险。至于"人类感动"（它显示了在默认扮演的官方角色之下的"人类温情"），只要想一想在2003年7月，当以色列抵抗力量摧毁了一个被怀疑是"恐怖分子"的人家的房屋时，他们在用推土机将房屋推倒之前，甚至很好心地帮这家人把家具搬了出来。另一起相似的事件也被以色列媒体报道。当以色列士兵在一间巴勒斯坦民房里搜索嫌疑人的时候，这个家里的母亲叫她女儿的名字让她平静下来，搜查的士兵惊奇地发现这个被吓坏的女孩的名字和她自己的女儿完全一样；于是他情绪激动地拿出钱包，将自己女儿的照片拿给那个巴勒斯坦母亲看。很容易辨别出这样一种移情姿态的错误：不管政治差异如何，我们都是有同样的爱和同样的忧愁的人类这个观念，抵消了士兵在那一刻实际所做事情的影响。因此，这个母亲应该做的唯一正确的答复是："如果你真的是一个和我一样的人，为什么你现在做这样的事情呢？"这个士兵也只能在具体化的职责中找到避风港："我也不喜欢，但这是我的职责……"这样就避免了对他的职责的主观性承担。

对于人类温情，一个最压抑性的主题就是维克多·克莱普勒在战时日记《血战到底》（1942—1945）①中经常重复的一幕：一个"善良的"德国普通人出于对犹太人的同情，有时候甚至会帮助他们。在某个"人类温情"的时刻，他把克莱普勒，一个犹太人带到自己家的密室，向他解释自己对于战争的观点：这很艰难，但你不要忧愁，我们（包含性的！）必将胜利！在这个"敞开心扉"的时刻，这个"善良的"德国人试图将这个犹太人包含在对他造成了毁灭性打击的计划中。他所提出的这种"人类移情"的代价，是这个犹太人——最终的受害者——应该支持这个要将他摧毁的体系。至于礼貌和基本的正直（适当地对待被安全监控的人们或被审问的嫌疑人等），它也可以是假的——阿多诺已经强调过，"礼貌"（委婉）是如何成为掩盖我对他人冷漠距离的最后的盾牌。至于共同的隐晦，隐

---

① 见维克多·克莱普勒的《血战到底》（1942—1945），伦敦：凤凰出版社2000年版。

晦的提法是一个极端危险的行动。它会适得其反，成为对其他人隐私的粗暴干涉——更不要说它可以作为一种虚假的团结，来掩盖潜藏的权力关系。

不过，在这里要避免的陷阱是表象在"真实的残忍的权力关系比虚假的要好"的形式中的消退——似乎，在约旦河西岸，选择"要么是体面的职业要么是无业"，仿佛在最小的"善意"和粗暴的占领之间就没有其他选择了。这种"表面上"错误的序曲的消退也有它的极限。如果在这种逻辑中走到终点，人们可以轻易地把以色列拒绝移民者的行为，当作被以色列官方意识形态已经"指派"的东西来摈弃：难道不是他们"客观地"服务于以色列政府，才使以色列与阿拉伯世界的狂热相比，已经成为一个文明的、道德的社会吗？并且，如果通过选择性拒绝移民的行为，他们不就是承认并因此将 IDF 行动的基本权利合法化了吗？人们在这里应该保留的是对表象的潜在权力的信任，甚至当他们在主观上是错误的时候：悲哀的事实却是，在礼貌和一个人良心的召唤之间的张力中，真相可以在肤浅的礼貌那一边。在马克·吐温的小说中，当哈克·芬和一个黑奴一起逃亡的时候，他出于自己的礼貌十分友好地对待这个黑奴，但他的良心却一直告诉他要将这个逃跑的黑奴交还给他法律上的主人，他为没有这样做而一直深感负疚。①

---

① 我的这个参考应该归功于以沙·穆那辛（耶路撒冷），一个被以色列拒绝的移民者。

因此，真实绝不是自动地在直接确信的层面上。阿多诺在《最低限度的道德》中，谈到过一个妻子的例子，她手里拿着一件给她丈夫的外套，却对围在她身边的其他人露出了一个嘲讽的微笑说，"就让这个可怜人觉得我在为他服务吧，让他拥有这点小小的快乐吧，其实我才是真正的老板。"这不正是女性最基本的策略——*假装一个顺从的主体*——吗？不过，如果真相恰好相反，会怎么样呢？如果妻子的嘲讽性的距离是假的呢，又会怎样？如果父系的统治考虑到了这个距离，不单纯是容忍它，而是把它提到作为将女性主体主体化的方式，又会如何呢？很多西方的学者紧紧抓住某些慈善的仪式（帮助教育穷困儿童等）当作证据，认为在他们存在的核心之处，他们并不是见利忘义、只顾工作的个体，而是单纯地、真诚地想要帮助其他人的人类。不过，如果这种慈善活动都是一种偶像化的、错误的距离，它使得他们一面可以追求自己的权力斗争和野心，一面又好像怀着干净的良心，相信自己其实并不"那样"，他们的心都"在别处"，那又会怎样呢？换言之，当一个愤世嫉俗的西方学者提到他或她的慈善行为发生在别处的时候，人们应该简单地反驳说，这种"别处"对这里要说的问题绝对没有什么特别的意义；在这里他或她的行为绝不是被这个"别处"所"掩盖"，同样的，比尔·盖茨巨额捐献的慈善行为本身当然值得赞美，但这也绝没有掩盖他在经济上的追求。从更一般的意义上说，今天慈善已经是游戏的一部分，因为一个慈善的面具可以隐藏秘密的经济剥削：在比例巨大的超我-勒索中，发达国家经常"帮助"不发达国家（援助、贷款，等等），从而避免了关键性的问题，即他们对不发达国家的糟糕情景负有共同的责任。

有人想要把这种相互作用设想成一种避免意识形态质询的方式。如果我让一支蜡烛在教堂中为我燃烧，来代替我的祷告和在教堂所花的时间，因此我有时间去做很多娱乐的事情，我是不是就因此获得了一种与宗教质询（的认同）之间的最小距离呢？① 但是，如果这样一种距离不是为了避免质询，而是实际上支持了质询，又会怎样呢？理想化的宗教主体不正是对他作为信徒的身份保持最小的距离，而不是完全与它认同（它不得不在一种精神病的短路中结束——在这个例子中，要解释拉康，他就是"一个认为自己真的是信徒的信徒"）吗？只有在这种距离中适当的主体化才会发生：使我成为一个"人类主体"的是我不能被还原为我的象征性身份这一事实，是我展现了丰富的独特性这一事实。为此我们只要回想一下在一本书的封面上，关于作者的一小段介绍，其中除了会简要叙述他的生平和作品之外，总是还会增补一些私人性的细节，如："在他的空余时间中，X是一个热心的观鸟爱好者，同时也是一个业余剧社的积极成员。"正是这种增补将作者主体化

---

① 这个观点被罗伯特·普法拉在他的《多余的幻想》（法兰克福：Suhrkamp Verlag 出版社 2002 年版）中铺展开了。

了，否则他看上去就会像一个怪物般的机器。而实际上，只有两种类型的信徒：与仪式保持了一定距离的"天主教"信徒，和完全投入其信仰的"新教徒"，正因为这个原因，他们对自己是谁，保持着永久的、存在性的怀疑。

格雷厄姆·格林的《沉静的美国人》完全展开了公开与私人之间的辩证张力。2001年电影版的命运证明了为什么普通的压抑不起作用，以及被压抑的东西为什么总是会返回来。这部电影原计划在2001年秋天公映，但是它的发行却因为"9·11"事件被推迟了。最主要的恐惧可能就是核心的剧情故事——即亲共产主义力量进行的恐怖爆炸杀害了数以百计的越南市民，实际上是被雇佣的特种兵干的事情，并且是美国人自己组织的——这个故事情节所暗示的与外界所传的"9·11"事件的原因有着不可思议的相似性。但是，当电影最终在2002年年初发行的时候，在预料中的美国攻击伊拉克之后，它所传递的信息显得更加及时：就像电影中"沉静的美国人"那样，乔治·布什的"解放性"干预也终将泄露出自己不过是一个相似的、灾难性的判断错误？甚至电影中的英国男主角所代表的疲倦的、衰退的"旧欧洲"，似乎在唐纳德·拉姆斯菲尔德声名狼藉地谴责了"旧欧洲"之后，反而获得了新的、出人意料的实在性。

这并不意味着电影最终没有失败，不管是在政治上还是在艺术上。最好的去定位这种失败的方式就是从电影和格雷厄姆·格林发表于1955年的同名小说之间的差异开始。在电影中,"沉静的美国人"最初出现时,是一个组织对越南人民进行医疗帮助的天真善良的人,但当关于他的真相被逐渐揭开时,才发现他实际上是一个无情的、货真价实的政客,他资助了对平民的大规模恐怖袭击,以防止共产党人掌权。与电影形成鲜明对比的是,小说的主旨是,这个"沉静的美国人"实际上是一个朴素善良的代理人,他是真心希望给越南人民带去民主和西方式的自由——正是他的这种初衷完全失败了:"我从来都不知道一个有着如此好心的人会引起这么大的麻烦。"因此,从小说到电影的转变正是从悲剧(主体带着良好的意愿介入却引起了没有预见到的灾难)到传奇剧(好人被戳穿了是邪恶的幕后大boss)的转变。

电影讲述了富勒的故事,他是一个已过中年的、退休的、有鸦片烟瘾的英国人,1952年在西贡任《时代》杂志的通讯员,他与芙欧,一个漂亮的越南姑娘同居。尽管男主角很想同她结婚,但他做不到,因为他的妻子已经回了英国却不打算同他离婚。有一天早晨当他在咖啡馆喝咖啡的时候,他遇到了帕尔,一个年轻的理想主义的美国人,他来这里是参加对越南的治疗眼疾的医疗帮助。同时,一个新的"第三条道路"(既不是亲共的也不是亲法的)运动正在形成,大规模屠杀被定期报道成是由共产主义者造成的。慢慢地,富勒了解了帕尔,这个"沉静的美国人"背后的真相：他的医疗使命不过是一个幌子；帕尔就是"第三种力量"的幕后大 boss，他资助和组织了大规模的炸弹袭击，作为防止共产主义在越南胜利的残酷计划的一部分。同时，由于和富勒的友好交往，帕尔爱上了芙欧并向她求婚。芙欧为了帕尔离开了富勒，因为她想嫁给一个美国人，获得一个有安全感的婚姻。就在这时，富勒的越南秘书，一个隐蔽的共产主义者也知道了帕尔的角色，就要求富勒明确地支持斗争，邀请帕尔去某一间餐馆吃饭，使共产主义分子有机会消灭他。富勒就这样做了，最后，芙欧也回到了他的身边。

电影的勇气在于，它有着和莉莉安·海尔曼的《守卫莱茵河》相似的旧式经典结构，却违反了自由主义的禁忌：在政治斗争中，人不可能一直是一个观察者，他必须要站队，这不是意味着简单地同情另一方，更令人不安的是，他必须让自己的双手染上鲜血。简单地说来，在这里人们发现了某些天主教评论家认为是《爱到尽头》——这是格林关于婚姻和性爱的一本关键性的"天主教"小说——的基本教训的东西，即基督告诉他的门徒们的教训："如果你们爱我，却不听我的命令。"那么，人们该如何去解读电影中难以理解的双重"大团圆结局"——最后，男主角做了在政治上正确的选择，并因此而赢回了他心爱的女孩——呢？一个"受过教育"的观众对此的自发反应当然是：这是一个廉价糟糕的粗劣之作，因为一个"严肃的"艺术作品应该把男主角的困境表现为一种悲剧，一种被迫选择的困境：做正确的事情和丧失他心爱的女孩是互不兼容的。但是，这样一种"悲剧"的观念是不是太狭隘、太资产阶级（如果这个词今天还有意义的话）了呢？①

一种解读电影的方法就是把它的政治维度解释为人与人之间爱情力度变化的隐喻性背景：男主角发现自己处于一种有利的情景，因为他向共产主义分子揭露了屠杀他的美国人，又可以得回自己心爱的、已经琵琶别抱、投向美国人的越南美女。读到这里，电影实际上已经加入了一种最糟糕的机会主义的自我放纵。不过，一个人是否能彻底地改变观点，从完全支持电影关于私人爱情力度变化的无望的父系-种族主义经济学，到关注公共政治斗争，把它当成重要的、决定性的维度呢？人们不应该（用好莱坞）的方式把公共的政治层面仅仅当成背景的隐喻，而把私人层面当成真实道德的中心，相反，人们应该看到电影隐蔽的视角，它肯定了私人层面最终的不相关性——因此，如果男主角在私人层面是"有意地欺骗"，那又如何呢；如果在主观的自我经验的层面，美国人是真诚而又纯粹热情的，那又怎样呢？如果在私人层面，冲突就是天真、诚实的美

---

① 并且，在2003年，人们忍不住会对把一个年轻美丽的第三世界女性还原为（白人）男性之间的交换客体的做法感到震惊：从这个结局（她肯定男主角没有什么要祈求她原谅的地方）的（含混的）异议来说，她并没有被主体化，没有被表现为有着自己内在生命的能动者。但是，人们却可以认为这个主体化的缺乏更具有真实性——作为一个女孩客观立场的记录，一个不允许主体化的立场。

国人和见利忘义、言不由衷的英国人的冲突，那又如何呢？如果，正如在拉辛的詹森主义的悲剧中，关系亲密的好人和坏人都与两者的遭遇无关，那么在这里，个人的品性是不是也没有直接承受他的行为的政治的、"客观-伦理的"意义？如果真理就是在行为的政治意义层面，而不是在私人的真诚或伪善的层面，那又如何呢？难道在这个意义上，人们不应该拒绝 T. S. 艾略特在《大教堂中的谋杀》的主要思想，即背叛的最高形式是"为了错误的原因做了正确的事情"吗？不幸的是，在以传奇剧的方式，将美国人刻画为戴着善良面具的邪恶的操纵者后，电影失去了这个机会。这样一种美国人的形象必然会在观众的道德愤怒中出现，从而把男主角的背叛行为合法化为一种正义的行为，而这一切的原因是他看见了美国人的真相而生出了道德上的愤怒。

正是在这里，电影失去了它的机会，即关注男主角所面对的典型的克尔凯郭尔式的困境，即他的困境"是一种折磨，请注意，伦理才是诱惑"①。也就是说，男主角应该被"为错误的原因做正确的事情"这样一种令人不安的前景所搅扰，即他会从背叛美国人的行为中受益，于是就可能被怀疑其艰难的政治伦理决定是基于私人动机。正是在这个意义上，对男主角来说，"伦理就是诱惑"。最主要的

---

① 索伦·克尔凯郭尔《恐惧与颤抖》，新泽西普林斯顿：普林斯顿大学出版社 1983 年版，第 115 页。

困境就是政治困境（他会努力鼓起勇气，明确表明立场，帮助消灭美国人吗?），而私人层面上，伦理对这个困境的影响只是作为一个诱惑——他会屈服于道德的诱惑、拒绝背叛美国人呢，还是会鼓起勇气克服他个人的敏感而完成这个行动，不管他是不是会从中获利？

3. 政治：祈求文化革命

对德勒兹的雅皮式解读

让-雅克·勒塞克勒在他令人惊叹的《哲学教育学》中描写了巴黎的一个雅皮士私下阅读德勒兹和加塔利的《哲学是什么》的场景：

> "这一幕不协调的场景诱发了一种微笑——毕竟，这是一本明显地反对雅皮士的书……你的微笑变成了一种大笑，因为你猜想这个寻求启蒙的雅皮士买这本书是因为它的标题……你已经看见了那个雅皮士一页一页地阅读老古董般的德勒兹的时候，脸上露出的困惑的表情。"①

---

① 让-雅克·勒塞克勒《激进哲学》第75期（1996年1—2月刊），第44页。

不过，如果当雅皮士阅读到情感的非人格化模仿，阅读到意义层面之下的情感强度的交流（"是的，这就是我涉及的宣传方式！"），或是阅读到突破自我约束的主体性的极限而直接把人变成一个机器（"这让我想起了我儿子最喜欢的机器，那个可以变成一辆汽车的动作玩偶！"），或是阅读到必须要不断地重新发现自己，向可以将文明推至极限的多重欲望敞开自身（"这不正是我现在正在研制的虚拟性爱视频游戏的目的吗？复制性的身体性接触已经不再是个问题，关键是要突破既定现实的极限，想象出新的、前所未闻的性愉悦的强度模式来！"）的时候，他脸上露出的不是困惑的表情，而是激情，那会怎样呢？这些特点实际上就是让我们可以把德勒兹称之为晚期资本主义理论家的东西。极其著名的斯宾诺莎的"情感模拟"、不经由人的情感的非人化循环，不正是宣传的逻辑吗？不正是视频片段的逻辑吗？在这些东西中，关键的不是产品的信息，而是其传递的情感和感知的强度。并且，人们只要再一次回想一下那些赤裸裸的性爱场景，在那里，身体自我经验的统一被神奇地消解了，因此观众把身体想象为一种由部分客体粗陋地协调在一起的集合体。在这种逻辑中的意思不正是，我们处理的不再是人与人之间的相互作用，而是多重强度之间、愉悦的位置之间的相互作用吗？并且，作为一个集体性的、非人化的欲望机器的身体不显然是德勒兹式的吗？

那么，再进一步，"拳交"的实践不正是对德勒兹所谓的"概念的拓展"的一种示范性的例子吗？拳头被投入新的用处；"刺入"的概念被拓展到手与性插入的结合，被拓展到进入身体内部探索的意思层面。难怪福柯，这个德勒兹的他者，对拳交身体力行：拳交不正是二十世纪在性上的创造吗，它不正是第一种后性层面的亢奋和愉悦吗？它不再是生殖器化的，而是只关注表面的被刺入，在这里阳具的作用被手（作为自主化的部分客体）代替。应该如何看待所谓的"变形金刚"玩具呢，即一辆汽车或飞机可以被变形成一个人形机器人，一个动物可以被变形为一个人或机器人——这难道不德勒兹吗？这里不是"隐喻性的"：关键不是机器的或动物的形式实际上是包含着人类形体的面具，相反，它是作为人的"生成机器"或"生成动物"，作为连续变化的流。这里容易模糊的仍然是机器和生命有机体的划分：一辆汽车可以变形为一个机器人或机械的有机体。那么根本的讽刺，对于德勒兹而言并不在于运动是冲浪，这是一种典型的加利福尼亚式的运动：它并不是一种朝向某个目标的自我控制和掌管的运动，而是一种将自己置身于波涛之间，让自身被波涛所承载的实践。布瑞恩·玛苏米清晰地表达了这一困境：造成它的事实根源在于，今天资本主义已经克服了总体化的常态逻辑，接受了不稳定的过量逻辑。

"变化越多，越不稳定，就越好。常态开始丧失它的控制。规律性开始松懈。这种常态的松懈是资本主义动态的一部分。它不是一种简单的解放。它是资本主义自己的权力形式。不再是用规训性的法制权力定义一切，而是资本主义权力生产出了变化——因为市场已经饱和了。如果能生产出变化，你就能获得一个缝隙市场。最奇怪的情感取向也没问题——只要他们付钱。资本主义开始强化或分化情感，但是仅仅是为了榨取剩余价值。它劫持了情感，为了将潜在的利润强化。它严格地规定情感。资本主义的剩余价值生产逻辑开始掌管关系的领域，它同时也是政治生态的领域，是抗拒同一性和可预见的道路的伦理领域。它极度令人不安和困惑，因为在我看来，在资本主义权力的动力和抵抗的动力之间居然有一种重合。"①

因此，当劳米·克莱恩写道，"新自由主义经济对每个层面的中心化、统一化和同质化都有偏见。这是一场将赌注押在了多样性上的战争"②，她是不是正关注着一个余日无多的资本主义形象呢？当代资本主义的现代化者会为她喝彩吗？最新的趋势不就是将管理本身融合在"多样化、移交权力、试图调动局部的创造性和自我组织"吗？反中心化不正是"新的"数字化的资本主义的主题吗？这里的问题远比它看起来的要"更令人不安和困惑"。拉康指出了在剩余价值和剩余愉悦之间具有结构性相似，如果剩余价

---

① 布瑞恩·玛苏米《巡视运动》，摘自《希望》，玛丽·佐纳兹主编，纽约：Routledge 出版社 2002 年版，第 224 页。
② 劳米·克莱恩《栅栏与窗户：从全球化争论前沿发来的报道》，伦敦：弗莱明格出版社 2002 年版，第 245 页。

值没有"劫持"一种先在的情感关系场域——如果看起来是障碍的实际上是可能性的一种肯定条件，是能引发和推动情感生产的爆发的因素，那又会怎样呢？相应地，如果人们应该"把孩子和洗澡水一起倒掉"，放弃这种作为革命行为的力比多支持的、古怪的情感生产的观念，又会怎样呢？

资本比以往一切东西更是我们这个历史时代的"具体的一般"。它意味着，当资本保持为一种特殊的形态时，它过度决定了所有的替代形态以及社会生活的非经济分层。二十世纪共产主义运动兴起的时候，将自己定义为资本主义的对手，最终却被它打败；法西斯主义出现的时候也试图去掌控资本主义的各种过量，建立一种"没有资本主义的资本主义"。因为这个原因，当海德格尔把资本主义还原为一种对于"权力意志"的更为根本性的本体论态度的实现和技术统治（他声称它的所有的替代形态都只能在这同一个本体论视域中被获取）的时候，也就不奇怪了。现代技术统治与资本的社会形式密切地交织在一起；它只能在这个形式中发生，并且只要替代性的社会形态显示了同样的本体论态度，就只能肯定了一个事实，即它们在其最内在的核心处，被资本中介为具体的一般性，肯定为可以影响整个替代形态的特殊形态。也就是说，它们是作为协调其他特殊形态的包罗一切的总体性在发挥作用。弗里德里克·詹姆逊在他关于现代性的新书中，对最近很流行的"替代性的现代性"理论提出了精炼的批评：

"那么'现代性'意识形态在其当下的意义上如何能够成功地将它的产物——信息革命、全球化的、自由市场的现代性——与古老的令人讨厌的旧形式区别开来,而不会去追问后现代性概念无法避免的严肃的政治、经济、体系的问题呢?这个答案很简单,你只要去谈论现代性的'替代形式'就好了。现在每个人都知道这种公式。这意味着会有一种不同于经典的或占据统治地位的盎格鲁-撒克逊模式的、人人都喜欢的现代性。不论你不喜欢后者的哪一点,包括它让你处于的次要性地位,大都可以被安心地擦去。而'文化'概念则会使你自己的现代性具有与众不同的流行意味,因此可以有拉丁美洲的现代性,也可以有印度的现代性或是非洲的现代性,等等。……但是这忽略了现代性的另一个根本性的意义,即它是世界范围资本主义本身的现代性。"①

詹姆逊知道得非常清楚,情况到处如此,包括穆斯林也梦想建立一个特殊的阿拉伯的现代性,它可以神奇地绕过西方全球资本主义的毁灭性方面。这种批判的意义远超过现代性的例子——它关系到民族主义历史化的根本局限性。求助于多样性("并不是只有一个有着固定本质的多样性,而是有很多种类的多样性,每一种都不可以被还原为

---

① 弗里德里克·詹姆逊《独异的现代性》,伦敦:versso 出版社 2002 年版,第12页。

其他……")是错的,不是因为它不能辨认一种独特的、固定的现代性的"本质",而是因为多样化是作为对现代性概念内在固有的矛盾对立的否定来发挥作用的:多样化的错误在于解放了作为它对立面的现代性的一般概念,而这个概念正是它进入资本主义体系的方式,多样化将这个方面降低为它的一个历史子类型。并且,只要这种内在固有的对立可以被认为是"阉割性的"维度,而且根据弗洛伊德的理论,只要对阉割的否定被表现为阳具表征形式的多样性(多重的阳具意味着阉割,因为"一"缺乏了),就很容易把现代性的多样化想象成一种拜物教否定的形式。这个逻辑对于其他的意识形态概念也是一样的,尤其在今天对于民主观念方面:那些想要把另一种("激进的")民主与现存形式区别开来并切断它与资本主义联系的人,不是犯了同样的范畴错误吗?

让-皮埃尔·杜普,紧随着伊万·伊里其,将资本主义生产的恶的循环隔离开,将它假装解决的问题多样化。这不正是*赛博空间*吗?赛博空间越将我们聚集在一起,使我们与世界各地的任何人进行"实时"交流,就越产生隔离,将我们还原为只会盯着屏幕的个体。杜普进一步地问了一个天真的但关键性的问题:在什么点上,对意识形态的正当批判——它把一个偶然的障碍升高到痛苦的必然形式("一个女人必须承受生产之痛")——变成了一种将我们有限性的极限(死亡、身体的局限)当作一种终会消失的偶然的局限性的仍然是意识形态的认知？在这里，这个典型的例子不又是赛博空间的例子吗？它不也是诺斯底教派梦想着将自己变成"软件"，或可以脱离自己的自然身体、从一个潜在化身自由地流动到另一个的虚拟存在的例子吗？在这种诺斯底幻想中缺失的是这样一个事实，即我们满足的障碍（我们的有限性）实际上是（有限的）满足的肯定性条件：如果我们拿走满足的障碍，我们就丧失了满足本身（用意义的术语来说：如果我们取走了非意义的不可还原的内核，我们就丧失了意义本身）。

微观法西斯主义

德勒兹对资本主义态度的这种模糊性颠倒的镜像或相对物正是德勒兹法西斯主义理论中的模糊性，这个理论的基本观点是：法西斯主义并没有在意识形态、利益等诸如此类的东西的层面上掌控主体，但其直接掌控了身体投入、力比多立场等层面。法西斯主义制定了一套特定的身体组合方式，所以个人必须采用非个人的对策来进行抗争。同时，还存在着微观和宏观、分子和摩尔的对立：法西斯主义是一个否定生命的观点，一个放弃性的观点，是一个为了达到更高级目标就得牺牲附属的屈从性观点；它建立在非人格化的微观策略和对强度的操控上，而这些成功地对生命进行了否定。然而，事情在这儿变得有点复杂：难道法西斯主义的放弃——用最佳的德勒兹方式——并非一个欺骗性的面具，并非一个使我们暂时忘记了法西斯主义的实际意识形态功能的积极性诱惑——这种诱惑只是一个超我的隐晦的愉悦罢了？简而言之，难道法西斯主义在这儿不是玩了一个对虚假的牺牲进行伪批判的游戏吗？难道这不是一个愉悦的肤浅的放弃的游戏，目的在于欺骗大他者、从而掩盖我们的确喜欢，甚至极其享乐的事实？"作为在世界秩序内灵魂存在的正常模式，上帝要求其不断地享乐。我的责任就是给他提供享乐"①。难道丹尼尔·保罗的这些话没有在极端心理维度给予超我最好的阐述么？

德勒兹对法西斯主义的描述是：虽然主体作为个体可以理性地意识到追随法西斯是与他们的利益相悖的，但是它正是在纯粹强度的非个人层面上控制住了他们："抽象"的身体运动，力比多被投入到集体性有节奏的运动中，不能归于任何确定的个体的憎恨和热爱的情感。因此，法西斯主义之所以得以维持是在这种纯粹情感的非个人层面上，而非在被呈现和建构的现实层面上。或许《音乐之声》可以在这里作为根本性的例子：一部反法西斯主义的电影，因为其"官方化"的故事情节，其强度结构会产生截然相反的信息。也就是说，通过仔细观察，奥地利抵抗纳粹入

---

① 丹尼尔·保罗·薛伯，《我的神经疾病回忆录》，纽约：纽约 review 出版社，2000 年版，第 250 页。

侵的表现为"好法西斯"（展现了他们根植于局部的父权统治的生活世界，喜爱愚蠢的约德尔文化［yodelling culture］，等等）是显而易见的，而电影对纳粹形象的刻画与纳粹对犹太人的形象刻画惊奇地相似，都表现为被驱逐的政治操纵者追求世界权力的形象。反法西斯主义的斗争应该在非个人层面的强度上进行——而非（仅仅）在理性批判层面上——要用一种更激进的方式来掏空法西斯的力比多经济学。

现实存在的社会主义通常被认定为一个"其作用就是因为它没有作用"的系统（顺便说一句，这也是弗洛伊德症状的一个优雅、简洁的定义）：该系统恰恰是在违反了明确规则的异常情况下存活（如黑市交易等）。总之，政权认为的某种威胁实际上却是使之能够幸存下来的东西，这就是为什么其所开展的反对非法经济、腐败、酗酒等诸如此类的大战役都是在自掘坟墓——该系统正在暗中侵蚀自己的生存条件。还有，难道这不同样适用于那些也要依靠一套不成文且违反了明确规则的意识形态？如今，人们常常提起"点子市场"（新的观点必须在自由讨论的类市场竞争中进行检验，以此进行证明）——人们是不是可以说这个"点子市场"也必然伴随着观点的黑市，成群的不被承认的、令人讨厌的性别歧视和种族主义思想（和其他具有类似性质的想法）？一个意识形态的建构不得不建立在这些是否能够依然行之有效的基础上。

2002年11月，乔治·布什因被认为在伊斯兰教——比如内塔尼亚胡和其他强硬派问题上的立场太过软弱而遭到他自己政党内右翼成员的攻击，乔治因重复表述"恐怖主义与伊斯兰教无关，这是个伟大的、宽容的宗教"而受到指责。如《华尔街日报》上的一篇专栏所说，美国真正的敌人不是恐怖主义，而是好战的伊斯兰教。这些批评者的想法是，每个人都应该鼓起勇气来宣扬从政治上并不正确的事实（但又是显而易见的）：那就是伊斯兰教与暴力、偏执有着密不可分的关系——说得更明白些，伊斯兰教中的某些因素拒绝接受和奉行自由主义的资本主义世界法则。在这里，一个真正彻底的分析应该与这种经典的自由主义态度决裂：不，我们不应该在这里为布什辩护，他的态度根本没有比科恩、布坎南、帕特·罗伯逊和其他反伊斯兰主义者更好——双方同样有错。正是在这种背景下，人们应该努力靠近奥丽安娜·法拉奇的《愤怒与傲慢》①的观点，西方对穆斯林威胁采取的积极防卫，西方充满优越性的公开宣言，这甚至不是把伊斯兰教视作一个不同文化而是视作一个野蛮文化而进行的诋毁（致使我们并不是在处理文化冲突，而是在处理我们的文化和野蛮的穆斯林文化的矛盾）。这本书从严格意义上来讲是政治上正确的宽容的反面：它的活泼激情正是将死的政治上正确的宽容的真相。

---

① 奥丽安娜·法拉奇，《愤怒与傲慢》，纽约：里佐利出版社，2002年版。

回想那些打击移民的光头党,在接受记者采访时嘲笑记者,并利用社会心理学家的完美解释为他们自己的劣行进行的辩解（缺乏父亲的权威和母亲的照料,我们社会的价值观危机,等等）,且其无法超越的典范仍然是来自伯恩斯坦《西城故事》的歌曲《克鲁普克军官》。这个人物不能简单地斥之为愤世嫉俗下的终极例子,也不能视为在当今意识形态实际作用下的体现。因为他从*被解释*的立场说话,他的言论也有效地抨击了统治意识形态及其知识用来说明他行为的虚假和虚伪:"这就是你觉得我这是怎么了,你学会了干预和告发,你会总结我,反驳我,可是你看,我还是可以玩这个游戏,它根本不能伤害我!"这不是一种公然抨击人文主义的"无所不知"的社会工作者和心理学家自己潜在的犬儒主义行为么?如果在这件事情上他们是真正的犬儒主义那又如何?

另一个例子同样令人紧张,2002年10月,华盛顿特区陷入极度恐慌:一个未知的狙击手在不到两周的时间内射击了12个人（随机选择）,然而路易·布努艾尔《自由的幻影》的电影中有一个人模仿了这个事件,电影中的一个人爬到巴黎一座摩天大楼的顶部,射击了毫不知情的行人。人们可以打一个赌,打赌很快就会出现一个让玩家扮演狙击手的视频游戏——为什么呢?虽然狙击手的行为被重新列入"恐怖主义"领域,甚至有迹象表明基地组织可能已经直接位于他们身后,他行为的主观逻辑却只能是彻底的晚期资本主义：心理变态的孤独个体，不太合群，但纪律严明、训练有素，同时对"社会"充满怨恨。这个拟造的视频游戏将基于玩家对狙击手的身份辨别，从而表现如今主体的基本特征："反社会"，唯我论者的出现——被排除在外的局外人再次掀开"正常"的局内人的潜在面纱。

根据德勒兹的这种分析，可以得出两个重要的、相互关联的结论。首先，通过事实的参照，也就是使所有的隐藏资料公开，从而破坏意识形态的结构，作用是非常有限的。据德勒兹所说，"西贝尔伯格最有力的思想在《希特勒》中。这部德国电影的意思是，不管什么样的信息都不足以打败希特勒。虽然可以了解所有的文件，可以听见所有的证词，但都是徒劳无益。"① 这句话有着与乔姆斯基这类人相反的深刻洞见，乔姆斯基的赌注就正好是相反的（只需要被告知所有的事实即可）。其次，补充性的结论是，争取解放的斗争不能被简化为争取"话语权利"的斗争，不能简化为被剥夺的边缘群体争取自由表达自己立场的斗争，或者如德勒兹回答采访者的提问时所说的那样："你问是否控制型和信息型社会将不能提供更多的机会，给被视作'自由个体的横向组织'的共产主义形成抵抗能力？我不知道，也许吧，但是这将不会达到弱势群体也能获得话语权的程度。或许，言语和交流都腐烂了……创造往往是

---

① 吉尔·德勒兹《时间影像》，明尼阿波利斯：明尼苏达大学出版社，1989年版，第268页。

不同于交流的事情。"①

然而，如德勒兹富有成效的方法一样，现在是时候将其问题化了。在依靠一组简单的线索来解释法西斯主义的胜利（或者说，如今左派的危机），在马克思主义（尤其是西方）和后马克思主义者中，这是一般性的流行趋势。只要左派在基本的力比多微观政治层面去抗击法西斯主义，或者，只要当今左派放弃"阶级本质论"，接受大量的"后政治"斗争作为其正常的活动，似乎结果将会完全不同。如果说曾经有左翼知识分子傲慢且极其愚蠢的例子，那么这就是一个。

德勒兹和加塔利的法西斯主义理论存在两个问题：恩斯特·布洛赫和威廉·赖希曾经辩护的老套观点，即认为只有当左派能够用它自己的"激情的政治"反击法西斯主义，法西斯主义才可能更早被击败。这看起来实在是足够天真。此外，德勒兹在他伟大的见解中提出的建议——尽管是以一种不同的方式——不是没有被最传统的马克思主义（那些经常嘟囔着说法西斯已经鄙弃理性的论证，并利用人类非理性的本能）承认吗？更一般性地来讲，德勒兹的这种说法太过于抽象——所有的"坏"政治观点都被宣布是"法西斯"。"法西斯主义"被提升为一个全球性的巨大容器，一个包罗万象的术语，可以反对一切的自由生成。

---

① 吉尔·德勒兹《谈话集》，巴黎：子夜出版社，1990年版，第237页。

这是"分子在扩散过程中必然会发生相互作用，在国家社会主义的状态发生共振之前，这些组成分子必然会从这一边跳到另一边。农村的法西斯主义和城市的法西斯主义或者周边的法西斯主义，青年人的法西斯主义和退伍老兵的法西斯主义，左翼的法西斯主义和右翼的法西斯主义，还有夫妻的、家庭的、学校的和工作的"①。

有的人还想在上面的基础上添加以下内容：德勒兹自己的非理性主义的生机论中所具有的法西斯主义。（在早期的论战中，巴迪欧有力地指控德勒兹怀有法西斯主义倾向！）德勒兹和加塔利（尤其是加塔利）在此常常陷入一种匆忙地总结的真正的解释性谵妄：他们把以下事件用连续的线条串在了一个巨大的圆弧中：从早期基督教忏悔的过程到浪漫的主观性的自我探索，从精神分析治疗（承认自己的秘密和不正当的欲望）到斯大林主义者在审判中的逼供方法（加塔利曾经直接把这些审判称为在集体性精神分析上的实践行为，通过指明斯大林主义者的审判多么明显且"富有成效"来诱导人们反应：斯大林主义者真正的目的不是去发现真相，而是去创造新的真相，去构建/生成它）。正是在这里，人们应该反对这种总结，而去记起拉克劳对霸权概念的清楚表述：只有在分散的元素开始"一起共鸣"时，法西斯主义才会产生。事实上，这只是元素共

---

① 吉尔·德勒兹、菲利克斯·加塔利，《千高原》（明尼阿波利斯：明尼苏达大学出版社，1987），第214页。

振时的一种特殊模式（元素可以被插入到完全不同的霸权链中）。① 恰好在这个点上，人们还应该强调德勒兹对威廉·赖希产生同情的有疑问的本质：是不是威廉的论文中把核心资产阶级家庭，当作是衍生法西斯独裁性格的基本单元，是明显的错误呢（因为在二十世纪三十年代，它已经被阿多诺和霍克海默的分析结果证明了）？

因特网政治

德勒兹和加塔利的"亲资本主义"的方面被亚历山大·巴德和简·索德维斯特在《因特网政治》② 中进行了充分地发展，这是一个人们更愿意把它称之为赛博斯大林主义——不是赛博共产主义——的最好的例子。它残酷地把马克思主义当作过时的、旧工业社会的一部分加以放弃，然后从斯大林主义的马克思主义中选取一系列关键性的特征，从原始的经济决定论和线性的历史进化论（生产力的发展——从强调工业转移到强调信息管理——使新社会关系成为必需，它用"因特网贵族"与"用户无产者"之间的新的阶级抵抗代替了资本家与无产阶级之间的阶级斗争）

---

① 拉克劳《马克思主义理论中的政治和意识形态》，伦敦：韦尔索出版社，1977年版。

② 见亚历山大·巴德和简·索德维斯特的《因特网政治：新权力精英和资本主义之后的生活》，伦敦：鲁特斯出版社2002年版。

到极为粗暴的意识形态概念(意识形态,从传统宗教到资产阶级人本主义,以最朴素启蒙的方式,被当作统治阶级和他们的御用文人用来阻止被统治阶级的工具加以摈弃)。于是,这里有一种将"因特网政治"当作新的生产方式(这个术语在这里是不充分的,因为在这里,生产已经丧失了它的角色)的基本幻想。在封建制中,社会权力的关键是土地的拥有权(被宗教意识形态合法化),在资本主义中权力的关键是对资本的拥有(以金钱作为社会地位的衡量),在两者中,私有财产都是作为基本的法律范畴,市场作为社会交换的统治性领域(这一切都是由主张人是一个自由自主的能动者的人本主义意识形态合法化的)。在新出现的"因特网政治"中,权力和社会地位的衡量是获得关键信息的能力。金钱和物质占有都被降低到次要作用。被统治阶级不再是工人阶级,而是用户主义阶级("用户无产者"),他们只能消费已经被准备好的信息,被因特网贵族精英所操纵。这种权力的转变产生了一种全新的社会逻辑和意识形态。因为信息一直在循环和改变,不再有稳定的、长期的等级,而是一种持续变化的权力关系网络。个体作为"游牧的""可分体",不断地对自己进行再创造,接受不同的角色;社会本身不再是等级化的整体,而是一个复合体,是一个由不同网络组成的开放网络。

《因特网政治》把这群新信息化精英的部分群体,几乎是表现成了由不被异化的、乌托邦社群组成的岛屿。它描写了新"象征阶级"的生活，对他们的生活方式而言，对于限量信息和社交圈的接近比金钱要重要得多（顶级的学者、记者、设计师、程序员等都是这样生活的）。这里的第一个问题是认可的问题：因特网贵族是不是*真的*不关心其他人，还是说他们的忽视是假装的，是为了肯定他们在其他人眼里的精英地位？（他们显然不在乎金钱，因为他们拥有足够的金钱。）还有，到底是在什么程度和什么意义上，他们的"掌权"与他们的财富无关？《因特网政治》的作者是不是完全意识到他们将"游牧的"作者与思想当作与传统的、等级化思想相反的观念时，所具有的根本性的讽刺意味？他们实际上宣称的正是因特网贵族，今天的精英们，实现了昨天的边缘哲学家们和被放逐的艺术家们（从斯宾诺莎到尼采和德勒兹）的梦想。简单说来，这里很明显地说明了福柯、德勒兹和加塔利的思想，那些抵抗的哲学家们具有的被霸权网络所粉碎的边缘性立场，实际上变成了新出现的统治阶级的意识形态。①

---

① 然而，黑格尔是不是真的是一个反对斯宾诺莎-尼采的"边缘"游牧系列的国家哲学家？当他能够胜任这个角色的时候，有两个短暂的时期。最后十年的黑格尔和保守的黑格尔主义者（布莱德利及其他人）（他们都对黑格尔进行了可笑的误读）。那么始自巴枯宁的大量爆发性的、革命性的对黑格尔的引用又如何呢？那么弗里德里希·威尔海姆四世所谓的1840年在柏林的晚期谢林与黑格尔死后十年时黑格尔的革命性影响正好相反，是正确的吗？那又如何看待尼采是一个德国国家哲学家这种说法呢？在十九世纪晚期的德国，尼采而不是黑格尔，是一个准国家哲学家——更不要说斯宾诺莎本人被当成是荷兰政府的德·维特兄弟党的御用哲学家。只有康德的稀释版的理论实际上可以作为"国家哲学"：从一个世纪之前到卢克·菲利——今天的法国教育大臣——的新康德主义，直到德国的哈贝马斯。原因在于康德理想化地将实证科学与科学知识范围的局限性统一在一起（因此为道德和宗教留下了空间）——这正是一种国家意识形态所需要的。

《因特网政治》的问题在于，它走得太快却又不足够快。因此，所有其他那些太快地提出一个新的本体来代替资本主义的候选人所犯的错误，它也全都具有。后工业社会、信息社会，人们应该抗拒这种诱惑，坚持"信息社会"根本不是与"封建制"和"资本主义"在同一个层面的概念。因此，不管作者如何强调新的阶级对抗，因特网政治所建立起来的规则图景只是一个乌托邦：它是一种不连续的合成物，它不能自己幸存下来并再生自己。新的因特网贵族阶级的很多特点只有在资本主义体制中才能维持。《因特网政治》的弱点在于：它遵守意识形态神秘化的基本逻辑。被当作"过去（资本主义和中央集权制）的残留物"而加以摈除的实际上是信息社会职能的肯定性条件。

关键性的问题是资本主义的问题，即"因特网政治"与资本主义发生联系的方式。一方面，我们有专利、版权等——信息以种种不同的形态被作为一个"智力财产"、作为另一个商品提供到市场上进行售卖。（当作者声称真正的因特网政治精英是超越专利之类的，因为它的特权不是建立在对信息的拥有上，而是基于在大量混乱的信息中，可以识别出相关的材料的时候，他们奇怪地错过了关键点：为什么这种辨别什么是重要信息的能力、这种放弃不相关信息的能力，不能是另外一个——可能是关键的——被卖的信息呢？换言之，他们似乎忘记了今天认知科学中的基本教训，即在意识的最基本层面，信息是一种"抽象"的能力，是能在我们经常被轰炸的、混乱的"多"中辨别出相关方面的能力。）另一方面，资本主义的一个特征性的前景就是*超越*财产关系的信息交换。这种内在的对立在新的因特网贵族阶级内部的基本张力中实现了，而它的内部是由准资本家（比尔·盖茨这样的类型）和拥护后资本主义乌托邦的两类人组成（当作者强调，未来的"阶级斗争"将取决于后资本主义的因特网贵族和无特权的"消费无产者"［consumtariat］的可能的联合）。没有这种联合和因特网贵族内部的支持，"消费无产者"自身只能用暴力的、否定性的行动来表达自己的抗议，它们缺乏积极的、迎向未来的计划。因此，关键点在于没有"中立的"因特网贵族：要么是准资本家的因特网贵族，其本身就是晚期资本主义的一部分，要么是后资本主义的因特网贵族，它是一种不同的生产方式的一部分。为了进一步将事情复杂化，这种后资本主义观点本身也是含糊的：它可以意味一种更开放的"民主"体制，也可以意味一种新的等级制的出现，这是一种信息或生物基因层面的新封建制。

这种斗争已经在发生。2001年，微软公司宣布它们正在致力于研究Palladium系统，这是一种全新的Windows版本，它有独立的安全芯片，可以使用户拥有对自己的信息进行保护和控制的权利："没有您的许可，什么也不能离开您的个人电脑。"Palladium保证，通过加密，没有人可以窃听你，所有不想理会的邮件会被过滤，你发出的信息只能被你授权的人打开，你可以追踪到那些打开信息的人，诸如此类——它是一项"重置个人电脑以保护安全、隐私和智力财产的计划"①。这难道不是一个要将信息世界印刻到资本主义私有财产逻辑中的最大的企图吗？与这种趋势相反的是发展一种新的赛博空间语言的企图，这种新的语言可以替代 Windows，不但每个人都能自由地获取它，并且能通过自由的社会交往进行发展（初始版本不会隐藏等待新产品被投放到市场上的神奇时刻；相反，这些版本已经是可以自由流通的，为了获取用户的反馈）。美国在线支持这样一种替代计划以打击它的竞争者，这很能说明问题：为什么进步的力量不应该使用这种支持呢？②

---

① 见报道《大秘密》，《信息周刊》，2002 年 7 月 8 日，第 50—52 页。
② 关于比尔·盖茨的故事还不止一个。首先，这是一个美国式成功的故事：仅仅二十五年前，一个年轻的男孩在他的车库里开办了自己的公司，异想天开地向自己的邻居和亲戚借了一小笔钱，这个男孩现在已经成了世界上最富有的人——这是最近的关于美国拥有无限机会的例子，是最纯正的美国梦。还有故事是说比尔·盖茨是一个邪恶的垄断巨头，是一个人人憎恨的、有着古怪微笑的不祥的专家——他是美国梦的反面，是美国偏执狂的一个理想典型。尽管它表面上具有反资本主义的立场，第二个故事却比第一个故事更具有意识形态色彩。它被另一个神话所支持，即美国自由的神话，关于一个自由的战士摧毁了坏的制度（从水门事件的记者到诺姆·乔姆斯基）。简而言之，这两个故事所共同的是社会斗争的拜物教式的个人化：相信个体英雄的关键性作用。最后，还有一个"平滑的资本主义"的比尔·盖茨，他是后工业社会的一个象征，在这个社会中，我们看到了"劳动的终结"，看到了软件胜过硬件，年轻的电脑迷胜过了穿黑西装的老年的顶级的经理人。在新的公司总部，很少有外在的纪律：(前)黑客们，统治着一切情形，长时间地工作，享受着绿色环境中的免费饮料。那么，这三个故事如何联系起来呢？为获得一幅完整的图景，人们应该加上第四个故事，它会对第三个故事（"平滑的资本主义"的意识形态）形成补充，正如第二个故事中的邪恶的垄断巨头比尔·盖茨的不祥形象补充了第一个故事中成功地变成了世界上最富有的邻家男孩的形象：(马克思主义)对内在矛盾对立和资本主义的毁灭性潜能的叙述。

反对帝国

今天的全球资本主义已经不再与民主表现结合在一起了：像国际货币基金组织（IMF）和世界贸易组织（WTO）这样的身体的关键性经济决定并没有被任何民主过程合法化，而这种民主表现的缺乏是结构性的，而不是经验性的。因为这个原因，对全球（典型性）民主——这种民主将会使国际货币基金组织、世界贸易组织以及其他的机构屈从于某种民主控制（在德国表达这一点的有哈贝马斯、贝克、拉芳丹和其他人）——的召唤，是虚幻的。人们能想象在全球范围内选举国际货币基金组织的董事会吗？我们面对的不仅仅是议会民主只是"形式化"这样的普通抱怨——在此，形式甚至都是不在场的。

哈特和奈格里的《帝国》① 想要为这种困境提供一个解决办法。它们押的赌注是重复马克思。在马克思看来，高度组织化的法人资本主义已经是资本主义内部的一种社会主义形式了（它是一种资本主义的社会主义化，其不在场的主人变得完全多余），因此人们只需要将名义上的头割下，我们就得到了社会主义。同样地，哈特和奈格里在新

---

① 迈克·哈特和托尼·奈格里《帝国》，麻省剑桥：哈佛大学出版社2000年版。

出现的非物质劳动的支配性角色中看到了同样的潜力。今天，非物质劳动有"支配性的"意义，正如同马克思所声称的，在十九世纪的资本主义中，大规模工业生产是支配性的，它作为一种特殊的色彩影响了整个总体——不是从量上而言，而是就其发挥的作用而言，具有典型的结构性作用。于是，这并不是对民主提出了一种致死的威胁（正如保守文化批评希望我们相信的那样），而是为"绝对民主"开辟了一个独特的机会——为什么呢？

在非物质生产中，产品不再是物质性的客体，而是新的社会（人际）关系本身。这已经是马克思所强调的，为什么物质生产总是其发生于其中的社会关系的（再）生产？不过，在今天的资本主义中，社会关系的生产是生产的直接终结/目的。哈特和奈格里的赌注就是，这种直接被社会化的非物质生产不仅让所有者更加多余（当生产直接在形式和内容上都是社会性的时候，谁会需要它们呢？）；生产者也掌管了社会空间的规则，因为社会关系（政治）是它们工作的素材。因此，这条道路是通向"绝对民主"的，因为过程直接控制了社会关系，而不需要经由民主的表达。

这里的问题至少是三重性的。首先，人们真的能把向非物质劳动的支配性作用的迈进解释为从生产到交流、到社会相互作用的迈进（用亚里士多德的话来说，是从作为制作［poiesis］的技艺［techne］到实践［praxis］）吗？它真的表明了其已经克服了阿伦特的生产与其作用力（vis activa)的区别，或是哈贝马斯的工具理性与交往理性之间的区别了吗？其次，这种生产的"政治化"——在其中，生产直接生产出（新的）社会关系——如何影响了政治的观念呢？这样一种"人的管理"（从属于利润逻辑）还是政治性的吗，还是说它已经是最激进的去政治化了，是进入"后政治"的入口呢？最后的一点也非常重要，就民主的观念而言，它难道不是非必然、非绝对的吗？没有隐蔽的、预设的精英主义就没有民主。就定义来看，民主并不是"全球化的"；它必须建立在人不能"民主地"选择价值或真理的基础上。在民主中，人们可以为真理而斗争，却不能决定什么是真理。正如克劳德·勒福特和其他学者已经充分证明的那样，民主从来就不是在充分再-现（表现）一整套先在的兴趣、观点等意义上的简单的代议制，因为这种观点只有通过再现才能建构起来。换言之，对一种兴趣的民主的表述总是具有最小的表演性：通过他们的民主代表，奠定了他们的兴趣和观点。正如黑格尔已经了解的，"绝对民主"只能在"对立的决定"形式——如*恐怖*——中才能现实化自己。因此，这里必须要做一个选择：我们会接受民主在结构上只是偶然的不完美，还是说我们也支持它的恐怖主义的维度。

哈特和奈格里的口号——作为反对帝国的抵抗的场所的多众——更开启了一系列进一步的问题，其中最基本的一点就是多众在什么层面上起作用——既定的多众领域排除什么，它必须排除什么才能发挥作用。因此，在多众之上总是有一种非多重的过量。以多元文化主义的身份政治为例。是的，繁荣的多重身份——宗教的、民族的、性的、文化的——主张反对陈旧的"阶级还原主义和本质主义"的幽灵。但是，很久以前，很多聪明的观察者就已经注意到，在"阶级、性、种族"的咒语中，"阶级"鹤立鸡群，却从来没有被适当地理论化。关于这种多众的同质化的另一个例子就是资本本身：资本主义在原则上是多样性的（彻底的垄断资本在概念上是无意义的），但正因为这样，它需要一种普遍性的媒介作为独一的辖域，在其中，它的多样性可以茂盛地成长，而在按照法制来管理的市场媒介中，合约会被尊重而违约则会被惩罚，等等。在我称之为一个完全辩证化的变化中，恩耐思特·拉克劳指出为什么"只有当[早期现代性中]的中心化的过程前进到超出某一点的时候，某种类似于单一的多众的东西才会通过从国王到平民的统治权的转换浮现出来"①。换言之，人们不能简单地将颠覆性的内在性的多众和将超验的国家权力中心化：恰恰是十七、十八世纪中心化的国家权力的建立，才首先创造了现代政治多众出现的空间。

因此，问一个简单的问题："掌权的多众"（不仅作为抵抗的力量）是什么呢？它会怎样发挥作用？哈特和奈格

---

① 恩耐思特·拉克劳《内在性能解释社会斗争吗？》，未出版的手稿。

里区别了两种反对全球化资本主义帝国的方式：一种是赞成回到强力的民族国家的"贸易保护主义者"，一种是发展更为灵活的多众形式。哈特沿着这样的路径，分析了瓦拉塔港的反全球化会议，强调新的政治空间逻辑在那里开始发挥作用。不再是"我们 V.S. 他们"的二分逻辑，以及与之相伴的在一个强力的、唯一的政党领导下的多众政治能动者和政治立场并存的列宁主义的要求，但事实上它们所关心的意识形态重点和程序重点是互不兼容的（从"保守的"农民和生态主义者担心当地的传统和遗产所遭遇的命运到人权组织和代理人为移民的利益代言，赞成全球范围内的流动性）。事实上，正是今天对于全球资本的反对，似乎为德勒兹声称的资本主义动力所具有的内在对抗性本质提供了一种否定的镜像（一种强大的去辖域化机器产生出了再辖域化的新形式）：今天对资本主义的抵抗产生了同样的矛盾对抗。要求维护被全球化动态所威胁的特殊的（文化的、民族的）身份的意愿，与对更为全球化的流动性（反动资本主义设置的新的障碍，这种障碍首先担忧的是个体的自由流动）共存。那么，这些趋势（用德勒兹的话来说，这些逃逸线）是不是真的可以以一种非抵抗性的方式共存，从而成为同一个全球化抵抗网络的一部分呢？人们试图将拉克劳等价链的观念应用于此来回答这个问题：当然，这种多众的逻辑确实发挥了作用，因为我们所面对的仍然是*抵抗*。但是，当我们"接管它"——如果这真是这些运动的欲望和意愿的话——的时候又会怎么样呢？"当权的多众"看起来会是什么样子？

在近年来逐渐式微的现存社会主义中也有类似的星丛：在不同的意识形态政治趋势对立领域内的非对抗性的共存，从自由人权组织到自由的以贸易为导向的组织，以及保守的宗教组织和左派的工人诉求。只要能将这种多众对立性统一到"他们"，即政党领导中去，多众就可以很好地发挥作用。一旦它们发现*自己*掌权了，游戏就结束了。发挥了作用的多众的另一个例子是在委内瑞拉使查韦斯重新掌权的群众。但是，我们是否能忘记这样一个显而易见的事实呢，即查韦斯作为拉丁美洲的领袖，这个独特的领袖所发挥的作用就是将支持他的各方面相互冲突的利益方神奇地化解了？因此，"当权的多众"必然会以一个独裁主义领袖的形式将自身现实化，而这个领导人的感召力就在于作为一个可以包含各方利益的"空的能指"（贝隆对军队而言是一个军国主义的爱国者，对教会而言是一个虔诚的基督徒，但他同时又是一个支持穷人反对代表工人的寡头政治的人，等等）。这种新的支持者（和实践者）最喜欢的例子，即多众的分散性的反向权力，当然是墨西哥恰帕斯州的萨帕塔运动。下面是劳米·克莱恩对它的领导人副司令马柯斯所发挥作用的描写：

> 他不是发布命令的司令，而是副司令，一个传达

议会意志的管道。他以新角色出现的开场白就是"萨帕塔国民解放军通过我来发言"。马柯斯进一步降低自己对那些物色他的人说,他不是一个领袖,他的黑面具就是一面镜子,反射出了每一个他们自己的斗争;萨帕塔就是一直与非正义做斗争的所有人,"我们就是你"。最著名的是,他曾经告诉一个记者"马柯斯就是旧金山的同性恋,是南非的黑人,是欧洲的亚裔,圣·伊西德罗的美籍墨裔,是西班牙的无政府主义者,是以色列的巴勒斯坦人……是晚上十点钟在地铁上的单身女人,是失地农民,是贫民区的黑帮成员……"同时,马柯斯本人——一个被预设的非自我、管道、镜子——却谱写了一首极具个人风格和诗意的诗,彻底、无疑个人化的浓墨重彩的一页。①

这种结构很显然只能作为现存的、肯定性的国家权力结构伦理诗意的影子副本发挥作用。难怪马柯斯不能露出他的脸,难怪当运动达到了目的的时候,他的想法就是扔掉面具,消失到匿名性中去。如果萨帕塔分子实际掌握了权力,诸如"通过我来言说……的意志"这样的声明就会立刻获得一种更加不祥的维度——他们表面上的谦逊将显示为极端的自大,显示为预设了一个特别的个体来作为表

---

① 劳米·克莱恩《栅栏和窗户》,伦敦:弗莱明哥出版社2002年版,第211—212页。

达一般性意志的直接媒介。我们还能记得像"我自己什么都不是，我的整个力量都来自你，我只是你的意志的表达！"这样的表述，是怎样成为"极权主义"领袖的经典老套，这些领袖非常清楚如何来操纵他们的黑暗喻义——"……所以对我进行个人攻击的人实际上就是攻击你们全体，就是攻击所有的人民，攻击你们对自由和正义的热爱！"马柯斯所谓一种潜在的抗议的批判性声音，它的反对越具有诗意的潜能，那马柯斯作为一个实际的领导人，造成的恐怖就会越大。至于萨帕塔运动的政治影响，人们应该注意到这里的最终的讽刺性：当克莱恩列举出萨帕塔的政治成就在于这个运动"帮助推翻了国民革命党七十一年的腐朽统治"① 的时候，这意味着，在萨帕塔的帮助下，墨西哥有了第一个后革命政府，这个政府切断了与萨帕塔历史遗产的最后一缕联系，完全赞成墨西哥被整合到新自由主义的新世界秩序中（难怪两位总统，福克斯——可口可乐墨西哥分公司的总裁和布什是私交很好的朋友）。

不过，不正是萨帕塔发展出了一种最小的、积极的政治规划，一种局部的自我规划，它进入国家权力失败的地方，使人们可以构成一种局部社群民主的新空间吗？"将萨帕塔与一般的马克思主义游击队起义区分开的，正在于他们的目标不是赢得控制，而是攫取和建造一种自主的空间，

---

① 见上文所引克莱恩《栅栏和窗户》，第214页。

在其中民主、自由、正义可以繁荣地发展起来。马柯斯相信这些诞生于被开垦的土地的自由空间，是公共的农业，是对自由化的抵制，最终可以创造出一种国家的反向权力，作为它的替代方案存在。"① 但是，我们在这里遭遇了同样的不明确性：它们到底是整个社会将要进行的自主空间胚芽的组织化，还是从社会秩序的缝隙和鸿沟中出现的现象？马柯斯所说的萨帕塔，感兴趣的不是革命，而是一种"使革命可能的革命"，这是没错的，但是却太过于不明确。这是不是意味着萨帕塔是一种为真实的政治革命奠定基础的"文化革命"（回到二十世纪六十年代，是马尔库塞称之为"作为解放条件的自由"），或者说它意味着它们应该只保留一种"抵抗的地位"，作为对现存国家权力的纠正（不仅仅不打算代替它，而且也不打算去组织一种使该权利消失的条件）？

当马柯斯列举出了"萨帕塔"这个能指所能包含的全部范围后，新自由主义的全球化使所有的这些都不可见，它将它们排除在外（"本地人、年轻人、妇女、同性恋者、女同性恋、有色人种、移民、工人、农民……"），这听起来有点像是拉克劳的"等价链"。不过，经过扭曲，这个等价链清楚地指向了一个特许的中心化能指，即新自由主义的全球化能指。当克莱恩本人不得不注意到萨帕塔运动如

---

① 见上文所引克莱恩《栅栏和窗户》，第228页。

何"清楚地察觉语言和象征的力量"①，当马柯斯声称语言就是他的武器，人们既不应该欢快地肯定我们是如何面对着一种真正的后现代"能指政治"，也不应该沉浸在一种悲观的言辞中，认为萨帕塔非常精通于鼓动逻各斯的拜物教化的权力（劳米的畅销书的关注焦点）。相反，人们应该反思一下这种神奇的、诗意的主人能指的用处，及其是如何影响运动的实际政治影响的。如果萨帕塔运动的维护者在这里回答说，在这个例子中，中心化的主人-能指并不是一种总体化-同质化的力量，而是一种空的容器，它向众多的不可还原的多样性开放了空间，人们还应该补充道，这正是主人能指已经在法西斯主义和平民主义中发挥作用的原因，在这个作用中，对一个符咒般的领导人的提及实际上是为了消除意识形态参考的不连续的多样性。

奈格里和哈特的支持者对这个批评的回应，当然是它继续在一个旧框架的内部来想象一种新的情形。在当代信息社会，"掌权"的问题越来越无关紧要，因为不再有任何中心化的权力代理人来发挥实际的决定性作用——权力本身已经转移，已经被去中心化，"千变万化……"于是，在今天这样一个"神圣人"（homo sacer）的时代，一个选择可能就是在法律之外的领域中追求自组织的集体性趋势。② 只

---

① 见上文所引克莱恩《栅栏和窗户》，第213页。
② 这种乌托邦在文学上最伟大的里程碑可能来自一个意想不到的源头——马里奥·巴尔加斯·略萨的《世界末日之战》（1981），这是一本关于卡努杜斯的小说。一个位于巴西的偏僻地区的罪犯社群，是妓女、怪人、乞丐、强盗和最可怜的穷人的家园。一个天启的先知领导着卡努杜斯，是一个没有钱、没有财产、没有税收、没有婚姻的乌托邦空间。1987年，巴西政府派军事力量摧毁了它。

要去想一下今天在拉丁美洲特大都市贫民区的生活：它们从某种意义上讲不正是最初的"被解放的辖域"吗，不正是未来的自组织社会的细胞吗？像社区厨房这样的建制不正是一种"社会主义化的"公共局部生活的模型吗？（从这个立场来看，人们可以以一种新的方式来接近"毒品政治"。当一种强力的、自组织的、集体性的法律的域外出现的时候，它会迅速地被致瘾毒品所腐化，这真的是一种偶然吗——从二十世纪六十年代叛乱之后的美籍非裔聚居区，到二十世纪七十年代工人暴乱之后的意大利城市和直至今天的棚户区？甚至 1980 年雅鲁泽尔斯基政变之后的波兰也是一样。突然，毒品轻而易举地就可以得到，还有色情文学和酒精以及东方智慧手册，就是为了摧毁这个自组织的市民社会。那些当权者非常清楚什么时候用毒品作为武器来反对自组织的抵抗者。）

信息化的"多众"要想发挥作用，就必须由物质的、法律的、制度的及其他条件一起来维护。那这个复杂的网络又如何呢？劳米·克莱恩写道："将权力去中心化并不意味着放弃对健康、教育、平价的住房和环境保护的强大的国家和国际标准——稳定的、合理的资助。而是意味着左派的准则需要从'提高资助'改变为'强化基础'"[①]——而且，人们还应该再问一个天真的问题：这些强有力的标准和资

---

① 见上文所引克莱恩《栅栏和窗户》，第 223 页。

助——简而言之，它们是福利国家的主要成分——怎样才能被维护呢？难怪哈特和奈格里在一个针对"理性的狡计"的讽刺性扭曲中，用一个包含了三点的微型实证的政治计划结束了他们的《帝国》：对全球公民权的要求（因此在现有资本主义条件下劳动力的流动就是可以被承认的）；获得社会薪资的权利（保证每个人都有权得到最低工资）；延长拨款的权利（因此关键性的生产方式，尤其是新的信息化媒体的生产方式就是被社会性拥有的）。这里讽刺的不仅是这些要求的内容（从抽象的层面上讲，每个激进的自由主义者或社会民主党都会赞成这些），还在于它们的形式——权利、要求——这出人意料地把读者带回了整本书所反对的图景中：政治代理人突然以普遍权利的主体出现，要求它们的实现。（他们所要求的对象，不正是合法的国家权力的某种一般形式吗？）简言之（从精神分析的话语层面来说），我们从外在于法律的游牧的精神分裂过渡到了歇斯底里的主体，后者试图通过以不可能的要求轰炸主人的方式来唤醒主人。布瑞恩·玛苏米写道：

希望这样的概念只有不与一种预期的成功相联系的时候才是有用的——当它开始成为某种不同于乐观主义的东西时——因为当你开始试图从现在的立点往前思考未来的时候，从理性上来讲并没有为希望留下多少空间。从全球范围来看，这是一件非常悲观的事情，在许多地区经济不平等持续增长，人们已经感受到环境恶化在全球范围内的影响，国家之间、人民之间的冲突变得越来越难以处理，它导致了大量的工人和难民流离失所……在我看来，这样的一团混乱可能会导致社会瘫痪……另一方面，如果希望不再与乐观主义和悲观主义这样的概念有关，不再与对成功或某种理性算计的结构的一厢情愿的投射有关，那么我就会认为它开始变得有趣了——因为它把自己置于了当下。①

人们应该记住这一立场根本上的不明确性：神学维度的悬置，解放的过程已经必须去践行自由这一事实的"当下性"。而对"当下"的关注，使得人们从一切基于对情形的更为全球化的"认知映像"的无望方式中，绝望地、策略性地撤退出来。而对这一点的怀疑影响了上面所有的因素。

论革命的永恒现实性

一个革命的过程并不是一个计划得很好但却完全不考

---

① 见上文所引布瑞恩·玛苏米《希望》，第211页。

虑当下性、不考虑长期后果的策略性行为。恰恰相反，所有基于对更美好的未来希望的策略性思考的悬置，"进攻，然后我们会看到（on attaque, et puis, on le verra）"（列宁经常提到拿破仑的这个口号）的立场，是任何革命过程的一个关键部分。对此，只要回想一下为了纪念十月革命三周年，在彼得格勒上演的舞台剧《冬宫风暴》（1920年11月7日）。① 成千上万的工人、士兵、学生和艺术家一直夜以继日地工作，以卡莎（一种无味的麦片）、茶和冻苹果为生，在三年以前事件"真实发生的地方"准备演出。协调他们工作的有军官、先锋艺术家、音乐家和包括从马列维奇到梅耶荷德的导演。尽管这是演出，而不是"现实"，士兵和海员们还是在扮演自己——他们中的很多人不仅实际参加了1917年的事件，而且同时参加了在彼得格勒近郊所发生的国内战争的真实战斗，当时这个城市正处于包围中，并饱受食物短缺之苦。对表演的一个当代评论是："将来的历史学家将会透过这个最血腥、最暴力的动乱之一记录下俄国是怎样行动的。"② 形式主义理论家维克多·什克罗夫斯基注意到，"在生命的生存构造被改造为戏剧性的西方，

---

① 有8000名直接参与者和100000名观众（该城市四分之一的人口，而且当时还下着大雨）参与了这一事件（由尼古拉·叶夫列伊诺夫执导，他在1925年移民法国）。它的基本思想是由安纳托利·露娜查斯卡娅，人民教育部长在1920年春天形成的："为了获得一种自我的感觉，群众必须向外展露自己，用罗伯斯庇尔的话说，只有当他们变成了一种面对自己的景观时才有可能。"（引自理查德·泰勒《十月》，伦敦：BFI出版社2002年版）

② 引自苏珊·巴克-莫斯的《梦境与灾难》，麻省剑桥：哈佛大学出版社2001年版，第144页。

某种基本性的过程发生了"①。我们都记得声名狼藉的、自我颂扬的五一游行，那是斯大林帝国最显著的认知标记之一。如果人们需要证据来证明列宁主义是怎样以一种完全不同的方式发挥作用的，这样的表扬难道不正清晰地证明了十月革命决不简单地是一小群布尔什维克的武装政变，而是一个释放了巨大的解放性潜力的事件？《冬宫风暴》的演出不正表现了一种神圣的（异教徒的？）盛会的力量，以及建立一种新的社群的不可思议的行为吗？在这里，当海德格尔把建立一个国家写成一个真理事件（不是指纳粹的仪式性而言）的时候，他应该看看这里；在这里发生的是唯一有意义的"神圣的回归"。简而言之，在这里人们可能应该寻找瓦格纳的音乐剧的实现，他希望把他的《帕西法尔》当作"神圣的会演戏剧"：如果发生过的话，那也是在1919年的彼得格勒，而不是在古希腊，因为"在与其历史的密切联系中，人民本身在一件艺术作品中面对其本身，开始知道它，并在几个小时的空间中，兴高采烈地吞噬了它自己的本质"。在这种审美化当中，人民严格地"扮演着其本身"。而这种审美化当然没有堕入本雅明所指责的法西斯主义"政治审美化"。人们不应该抛弃这种向政治右倾的审美化，也不要一刀切地将所有大规模的政治场面都当作"亲法西斯的"加以摈弃，人们应该在这种最小的、纯粹形

---

① 引自上文所引巴克-莫斯的《梦境与灾难》，第144页。

式的人民与其本身的差异中，构想出真实生活的独特事例，后者仅仅通过不可见的、形式化的鸿沟与艺术相区别。真正的事实是，在历史性的记录中，这种重构的《冬宫风暴》（还有爱森斯坦1927年的《十月》）中的电影镜头经常被表现为记录性的镜头。而这个事实被认为暗示了人民扮演其自身的更深层的同一性。

原型的爱森斯坦式的电影情境，被认为表现了革命的毁灭性力量（爱森斯坦本人称之为"一种真正的酒神的毁灭"）的狂欢。而这种电影镜头也属于同样的系列。在《十月》中，当胜利的革命者冲进了冬宫的酒窖时，他们陷入了一种酒神般的狂放，摔碎了几千个昂贵的酒瓶。在《白静草原》中，村里的先锋队强行进入了当地的教堂并拼命玷污它，抢走了它的圣物，对造像吐口水，亵渎地试穿他们的法衣，像个异教徒般嘲笑他们的雕像。在对这种非目的性的工具性行为中，我们实际上获得了一种巴塔耶式的"不受限制的消耗"——要剥夺这种过量的革命性的迫切愿望，只不过是希望进行一场无革命的革命的欲望。不过，这种"不受限制的消耗"并不足够。在一场典型的革命中，这种对黑格尔所谓"抽象的否定性"的展示仅仅是为第二个行动，即一种新秩序的强加扫清了障碍。

这意味着，在真正激进的政治行动中，一种"疯狂的"毁灭性姿态和一种策略性政治决定之间的对立被暂时性地打破了。这就是为什么将策略性的政治行动（它们也可能很冒风险）与《安提戈涅》中的激进的"自杀式的"姿态——这是一种表面上没有政治目标的、纯粹的、自我毁灭的伦理坚持——对立起来，在理论上和政治上都是错误的。这里的主旨并不简单的是，一旦我们彻底参与一项政治计划，就准备为它冒一切风险，包括我们的生命；相反，更准确地说，它应该是，只有这种纯粹消耗的"不可能的"立场，才能改变那个在历史星丛中从策略层面来讲可能的坐标系。这种过量的另外一种表达是所有暴动的爆发都具有的一个出人意料的特点。几年之前，被扣留在关塔那摩基地的古巴难民曾经发动了一场暴动。它的直接原因是一群难民收到的橙汁的质量比另外一群难民差。激起了这场暴动的微不足道的特征是具有标志性的：并不是一个很大的不公或是大范围的痛苦，而是微小的、可笑的差异，尤其是对于那些来自古巴这个食品非常短缺的国家的人来说。这一点不正好清楚地表明了，直接诱发叛乱的原因往往是微不足道的，它也是象征了与他者之间关系的危险性的伪原因。

根据经典的左派的历史分期（由托洛茨基最先提出），十月革命的"热月"发生在二十世纪二十年代中期——简而言之，当托洛茨基失去了权力，当革命性的冲力变成了一种服务于"在一个国家建立社会主义"的新的术语规则的时候。为此，人们想要反对两种替代方案：一种声称（法国的阿兰·巴迪欧和塞尔文·莱扎鲁斯都赞成这一点）

标准的革命序列正是结束于1917年10月，当布尔什维克掌握了国家权力并开始作为国家政党发挥作用的时候；另一种声称（西拉·菲兹帕特里克详细地论述并维护了此观点），二十世纪二十年代晚期的集体化和快速的工业化是十月革命内在动力的一部分，因此标准的革命序列只能结束在1937年——因此只有当大清洗突然停止以防止格提和诺莫夫所谓的彻底的"党的自杀行为"① 时，真正的"冲力"才出现。而且党的话语体系将其自身稳定为一种"新的阶级"。实际上，只有在1928—1933年的恐怖事件时期，俄国社会的主体才在事实层面经历了一种激进的转变。在1917—1921年这个困难但却充满热情的年代里，整个社会都处于一种紧急状态；新经济政策（NEP）标志着回退的一步，这是在基本不改变社会主体结构（农民、手工业者和知识分子占大多数）的情况下巩固了苏联国家力量。只有1928年的刺激才是直接并且粗暴地旨在改变整个社会主体的构成，消灭作为个体所有者阶层的农民，以新的知识分子阶层（教师、医生、科学家、工程师和技术员）来代替旧的。正如西拉·菲兹帕特里克用很具有可塑性的话语来说的那样，如果一个1914年离开莫斯科的人1924年又回来了，他仍然会认出整个城市，商店、办公室、戏院还

---

① 见J.亚契·格提和奥莱格·V.诺莫夫非常精彩的《通向恐怖之路：斯大林和布尔什维克的自我毁灭：1932—1939》，纽黑文：耶鲁大学出版社1999年版。

是同样的排列，大部分当官的也还是同样的人。然而，如果再过10年他再回来的话，到了1934年，他就不会再认出整个城市，社会生活的整个结构也会完全不同。① 1929年之后的那些年是快速向前推进的年代。而这个可怕的时代里，最难抓住的事情就是所有的恐怖都难以辨识，人们可以发现一种残酷的、但却真诚和热情的意愿，想去推动社会主体的一种彻底革命的暴动，以创造出一个新的国家、新的知识分子、新的法律体制，等等。② 在历史编纂学的领域内，"冲力"是与对俄罗斯民族主义的强有力的重新肯定一起出现的，同时还有将俄国过去的伟大人物重释为"进步的"（包括将伊万沙皇重释为可怕的，彼得沙皇是伟大的，而柴可夫斯基则是保守的作曲家），历史被命令要从关注无名群众的趋势改为关注伟大的个体和他们的英雄行为。在文学意识形态和实践中，"冲力"与强加的"社会主义现实主义"一致——在此，人们恰恰不应该再错过这种强加的形式。并不是社会主义现实主义的教条压制了风格和学校的繁荣的多样性；相反，社会主义现实主义被强加，是用来反对"无产阶级宗派主义"的 RAPP（"无产阶级作家革

---

① 西拉·菲兹帕特里克《俄国革命》，牛津：牛津大学出版社1994年版，第148页。
② 如果人们要体验十月革命，人们只需要把它想象成一场三幕的戏剧，它拥有 J. B. 普里斯特里的《时间和康韦一家》一般的结构：在第一幕中，我们看到了对1920年的舞台表演；在第二幕中，我们看到了二十年后斯大林的阅兵；在第三幕中，我们回到了1920年，一眼将它看到了底，完全接受不了它在二十年后要变成的样子。

命联合会"[revolutionary association of proletarian writers]的缩写)的统治。后者在"二次革命"(1928—1932)时期,变成了"似乎要将小的、独立的作家组织一个接一个地吞噬掉的怪物"①。这就是为什么大多数作家带着释然的叹息来欢迎社会主义现实主义被上升为"官方"教条:它是否能被设想为(也是有意地)打败"无产阶级宗派主义",或是设想为对作家权利的肯定,允许他们提及大部分过去的"进步"人物以及广泛的"人本主义"超越阶级宗派主义的基始性。

不能系统和直接地面对斯大林主义的现象,是法兰克福学派的绝对丑闻。② 一种声称要关注马克思主义解放事业的失败条件的马克思主义思想,怎么能够不去分析"现实存在的社会主义"的噩梦呢?它对于法西斯主义的关注是不是*也*是一种替代,是不是无声地承认了它无法去面对真实的伤痕呢?用一种有点儿简单化的方式来说,纳粹是由一群本来就想为恶的人来执行的,他们最终的结果就是

---

① 卡特琳娜·克拉克《苏联小说》,芝加哥:芝加哥大学出版社1981年版,第32页。
② 这一条规则的那些例外是很能说明问题的:弗兰兹·纽曼的小说《巨兽》,是对国家社会主义的一个研究,它以一种在二十世纪三十年代晚期和四十年代极其流行的文风提出三种伟大的世界体系——正在形成的新政资本主义、法西斯主义和斯大林主义——都旨在建立同样的官僚制的、全球化组织的"被管理的社会";赫尔伯特·马尔库塞的《苏联马克思主义》是他热情最少、争议最多的著作,它是一部很奇怪地缺少明确评论的、对苏联意识形态的中性分析;以及最终,在二十世纪八十年代,一些努力反思正在出现的不同见现象的马尔库塞主义者,试图努力为市民社会的观念阐释成为对共产主义政权进行抵抗的场所——这种观点在政治上十分有趣,但却没有能够对斯大林主义的"极权主义"的特殊性提供一种令人满意的世界理论。

做成了坏事；而斯大林主义则恰恰相反，它的初衷却是一种激进的解放意图。如果人们想要寻找一个表示斯大林主义政权开始清晰地显示其轮廓的历史时刻，那么这个时刻不应该是1928—1930年的共产主义战争，而是开始于1921年的新经济政策的放松，这是布尔什维克为了巩固其政治力量，对经济和文化领域的后退沙俄采取的一种对策。或者，正如列宁本人以其无法超越的方式表达的那样，"当一支军队撤退的时候，比它前进的时候更需要一百倍的纪律……当一个孟什维克说，'你们现在正在倒退；我一直都是支持倒退的；我赞成你，我现在和你们是一伙的，让我们一起倒退吧'；我们应该回答，'对于孟什维克主义的公共宣言，我们的革命法庭必须判处其死刑，否则它就不是我们的法庭，但上帝会明白这是为什么'"①。

爱森斯坦独一无二的伟大之处在于，在他的《伊凡雷帝》中，他显示了一种"热月"的力比多经济学。在这部电影的第二部分，唯一的彩色一幕（倒数第二幕）就是在狂欢的大厅中。它代表了一种巴赫金主义的幻想空间，在其中，"正常的"权力关系发生了完全的转变，沙皇也变成了一个傻瓜的奴隶，他宣称这个傻瓜就是新的沙皇；伊凡给愚蠢的弗拉基米尔提供了一切的皇家标志，然后自己谦卑地匍匐在他的面前，亲吻他的手背。大厅中的这幕场景

---

① V. I. 列宁《全集》，第33卷，莫斯科：进步出版社1966年版，第282页。

以特辖军（伊凡的私人军队）的下流歌舞开场，以一种完全"非现实主义"的方式来表现：这是一种好莱坞方式和日本戏剧的奇怪的混合，以音乐的数字来讲述一个奇怪的故事（他们歌颂那把砍下了伊凡敌人首级的斧子）。歌曲先是描写了一群正在享用美食的波维尔贵族："下面的中央……纯金的高脚酒杯……从一只手传到另一只手。"然后合唱以一种欢乐的紧张期待进行发问："来吧，来吧，接下来会发生什么呢？来吧，快点儿告诉我吧！"接下来，一个独唱的特辖军士兵，向前鞠了一躬并吹了声口哨，大声喊出了答案"拿起斧子进攻吧！"于是，我们在此置身于一个隐晦的场景中，音乐的享受与政治清算结合在了一起。并且，考虑到这部电影是拍摄于1944年这个事实，它难道不是在肯定斯大林主义的清洗的疯狂特质吗？我们在《伊凡雷帝》的第三部分也遇到了一幕相似的夜间狂欢（这一幕没有拍摄——但从分镜头剧本上可以看到）①，在这里亵渎性的隐晦表露无遗：伊凡和他的特辖军们以黑衣人的样式来进行夜间的饮宴，他们在正常的服装之外套了一件黑色的僧侣长袍。在这里可以看到爱森斯坦真正的伟大之处，即他觉察到了（并描述了）政治暴力的状态，已经发生了从"列宁主义的"毁坏性力量的解放性爆发到斯大林主义法律的阴暗面的根本性转换。

---

① 见谢尔盖·爱森斯坦的《伊凡雷帝》，伦敦：Faber and Faber 出版社 1989 年版，第 225—264 页。

有趣的是，在电影的两部分中，伊凡最主要的敌人都不是男人而是女人：年老但权力甚大的欧芙洛欣·斯塔瑞斯卡娅，她是伊凡的婶婶，她希望以她愚蠢的儿子弗拉基米尔来取代伊凡，以实现自己实际上的统治。伊凡这个人物想要完全的权力，但却把权力理解为一种"重负"，以实现权力作为达到其目标（创造一个伟大的、强有力的俄罗斯帝国）的手段。与他相比，欧芙洛欣是一个有着病态热情的主体。对于她而言，权力就是一种自在的目的。黑格尔在他的《精神现象学》中介绍一个令他声名狼藉的观点，即把女性当作"社群中永远的讽刺"。女性"会以阴谋把政府的一种一般性目的变成一种私人的目的，把它的一般性行为转变成某个特殊的个体的工作，把国家的一般性所有权滥用为一个家庭的私有财产和装饰物"。① 这些文字非常适合瓦格纳《罗恩格林》中的奥赫特鲁德的形象：对于瓦格纳而言，没有什么比一个因渴望权力而介入政治生活中的女性更可怕和讨厌的了。与男性的野心相比，女人希望用权力来提升自己狭隘的家族利益，或者更为糟糕的是，她希望用权力来迁就自己的任性，但其实她根本就无法像自己想象的那样来承担国家政治的一般维度。这如何能不让我们想起 F. W. J. 谢林所说的"同一个原则当它有效的时候会消耗和摧毁我们，而当它无效的时候却能支撑和保

---

① G. W. F. 黑格尔《精神现象学》，牛津：牛津大学出版社 1977 年版，第 288 页。

存我们"①。当权力被保存在适当的位置时,可以是良性的和安抚性的,而当它转化为自己极端的对立面时,就可以变成最具有破坏力的狂暴,这个转变的时刻就是它介入更高的、不属于它自己的层次的时刻。这种*同样的女性气质*,在家庭生活的小圈子内,就是一种保护性的爱的权力,而当其展现到公共和国家事务的权力层面时,它就可以变成一种可怕的狂暴。这对《伊凡雷帝》同样适用吗?欧芙珞欣难道不正是伊凡那位中毒的新娘——那个完全献身和服从于她丈夫的温顺的女人——的必然的对应点吗?

伊凡的典型姿态是下面这样:他假装对他必须下令进行的屠杀表现出害怕和后悔,然后,又突然醒悟似的,完全肯定了自己的残暴,并更加严苛。在第二部分一个典型的时刻,在审视被他的特辖军所杀害的波维尔贵族的尸体时,他谦卑地在胸前画了个十字架。突然,他停了下来,指着地上,眼中闪烁着疯狂的怒火,嘶哑地说道:"太少了!"他的行为中基本性的组成因子极好地展现了这种突然的转变。我们不断重复地看见伊凡直直地盯着前方,脸上呈现出一种病态的表情,仿佛满怀激情、全神贯注于一项崇高的使命;然后,他突然回过神来,以一种接近于偏执狂的疯狂的怀疑神情审视四周。这种转变的另一个版本就是第一部分中的一个著名的镜头,当他在病中的时候,神

---

① F. W. J. 谢林,曼弗雷德·希罗特主编的《世界时代:1811—1813 手稿片段》,慕尼黑:Biederstein 出版社 1946 年版,第 14 页。

甫们太过于急切地开始进行为临终之人举行的仪式,他们用一本巨大的圣经盖住了他的头;在他的胸前举着一根点燃的蜡烛,伊凡也配合着仪式,喃喃地祷告着;但是,突然,他挣扎着从圣经下面伸出头来,瞪大眼睛环顾着房间,仿佛拼命地想看清四周的情形,接下来,仿佛耗尽了所有的力气,又跌回了圣经下面的枕头上。

这把我们带到了一个设计好的场景中,爱森斯坦把它称为整个三幕剧的*材料*(donnée)(戏剧性和充满情感的关键点)。第三部分中,在诺夫哥罗德的围攻和毁灭后,整个城市都背叛了他的法令,伊凡被内心的怀疑和紧张所折磨,叫来了一个神甫想要忏悔。当忏悔神甫举起他的十字架的时候,伊凡向神甫列举了自己为了祖国不得不做的可怕的事情。突然,忏悔神甫奥斯塔斯对那些被他杀害的人的姓名表现了太大的兴趣(他颤抖的十字架很好地表现了这个事实),他急切地询问死者中是否还有其他的名字:"菲利普?还有……提摩太?还有迈克?"在安慰了他之后("我们肯定会抓住他的!"),伊凡突然给了他一个措手不及。他抓住了奥斯塔斯的十字架,把它拉了下来,直到他和他的忏悔神甫面面相觑。突然,他用手抓住了忏悔神甫脖子上的项链,并开始恐吓地指责他:"难道你也属于这被诅咒的行列吗?"最后,伊凡终于爆发了:"把他抓起来!好好审问！撬开他的嘴！"①

在第三部分进一步的高潮中，伊凡把上帝本身也带入了这种辩证法。当在教堂中，一个僧侣缓慢地读出被诺夫哥罗德杀害的所有人的姓名时，伊凡无力地躺在地上，头上是巨大的《最后的审判》的油画，油画中，神圣的审判者的眼中闪放出火花，他冷酷的脸上充满了愤怒。伊凡回想了自己充满血腥的行为，试图辩解道："这不是邪恶。不是愤怒。不是残酷。这是为了惩罚背叛。对共同事业的背叛。"接下来，他充满痛苦地直接对上帝说：

"'你就这样沉默不语吗，天堂的沙皇？'

他苦苦等待。但是没有回答。突然，人间的沙皇充满愤怒地、像是回应一个挑衅般，恐吓着对天堂的沙皇不断重复道：

'你就这样沉默不语吗，天堂的沙皇？'

人间的沙皇突然猛烈地将镶嵌满珠宝的权杖向天堂的沙皇扔去。权杖撞到了平坦的墙上。"②

在这种奇怪转变的力比多经济学中，存在的到底是什么呢？并不是伊凡在个人的道德上的不安与为了国家缘故不得不行残忍之举的责任之间的简单内在冲突中被撕裂；伊凡也不是在简单地恐吓，而只是在伪善地假装道德上的折磨。然而他忏悔的意愿是*绝对真诚*的，因此他并不是主

---

① 见上文所引爱森斯坦的《伊凡雷帝》，第240—241页。
② 见上文所引爱森斯坦的《伊凡雷帝》，第237页。

观上故意这样做的。他深陷于由象征秩序所引入的主观分裂中。希望用一种表演性的忏悔仪式来作为一种外在的仪式，以一种完全真诚的方式来进行忏悔的游戏，同时，又保持着一个怀疑的外在观察者的态度审视整个情景，始终保持警惕，寻找从背后进行突然一击的机会。他所希望的就是他与之对话的代理者能给他自己所期望的宽恕，他希望这个代理者能够很好地履行自己的职责，不要干涉政治。简单地说来，伊凡的偏执狂在于他不能信任准备向其忏悔自己罪行的代理者——他怀疑这个代理者（最终也怀疑上帝本人）也有一种隐秘的政治意图来反对伊凡。

很多评论家都对苏联共产主义书籍和文章的标题在体裁上显示出来的愚蠢做了讽刺性的评价，比如它们同义反复的特色，不断地重复使用同样的语词（例如，"俄国革命早期阶段的革命动力"，或"苏联经济发展中的经济矛盾"）。不过，如果对这种背叛逻辑意识的老套主旨的最好说明，是对从罗伯斯庇尔到丹东式的机会主义者的经典指责"你们想要的不过是没有革命的革命"，那又会怎样呢？因此，老套的重复所显示的是重复否定的冲动，也是将其与自身相联系的冲动——真正的革命"有革命的革命"，这是一种在其过程中，将自己起始时的预设革命化的革命。当黑格尔写下"要想改变一套腐朽的伦理体系，改变它的制度和立法而不触及其宗教，要想进行一场没有改革的革命的想法，实在是一出现代的讽刺剧"①的时候，他已经对这种必然性有了不祥的预感。因此他实际上宣称了，当毛泽东将"文化大革命"称为成功的社会革命的条件时，是具有其必然性的。那么，这到底意味着什么呢？迄今为止的革命企图问题不在于它们太"过于极端"，而在于它们*不够激进*，即他们没有追问自己的预设。普拉东诺夫在1927—1928年间（正好在强迫的集体化之前）写了一篇伟大的农民乌托邦小说《切文古尔镇》。弗里德里克·詹姆逊写了一篇关于这部小说的精彩文章，在文中他描述了革命过程的两个阶段。革命通常都开始于极端的否定性的立场：

> 世界简化的第一个阶段，也就是摧毁偶像的第一个阶段以及以暴力和痛苦扫除旧世界的第一个阶段，本身就是重建新世界的先决条件。一个绝对内在性的第一阶段是必需的，它是对农民的绝对内在性或无知的空白记录，是在新的、意想不到的感觉和情感形成之前的阶段。②

接下来就是第二阶段，是新生活的发明——不仅是建构我们的乌托邦梦想在其中能够实现的新的社会现实，而

---

① G. W. F. 黑格尔《哲学科学全书纲要》，汉堡：1959年版，第436页。
② 弗里德里克·詹姆逊《时间的种子》，纽约：哥伦比亚大学出版社1994年版，第89页。

且是对这些梦想本身的（再）建构：

> 把一个过程叫作再建构或乌托邦建构实在太过于普通而且具有误导性，因为它实际上关系到要寻找一种想象乌托邦开始的方式。可能用一种更为西方化的精神分析的语言来说……我们可能是把新的乌托邦过程的开始理解为一种想要开始欲望的欲望，一种欲望的学问，是首先创造出被称之为乌托邦的欲望，以及一系列幻想或梦想这类事情的规则——是一套在我们之前的文学体制中没有先例的叙述方案。①

对精神分析的参考是非常关键和准确的：在一场激进的革命中，人们不仅"实现了自己的旧（有关解放的）梦"；并且，他们必须重新发明出梦想的方式。这不正是死亡驱力和升华之间的联系的准确公式吗？只有考虑到在革命之后、在"次日清晨"会发生什么，才会使我们能够区别病态的解放式爆发和真正的革命性颠覆之间的区别。当人们不得不去进行社会再建的单调工作时，这些巨变就丧失了自己的力量——正是在这一点上，厌倦就开始了。与此形成鲜明对照的是，我们可以回想一下雅各宾派在其失败之前所显示出来的巨大的创造性，他们提出了无数有关

---

① 如上文所引弗里德里克·詹姆逊《时间的种子》，第90页。

市民宗教的法案，以及如何维护传统人士的自尊的法案，等等。阅读二十世纪二十年代早期苏联日常生活的报告是十分有趣的事情，因为其中可以看到极具热情的、想要创造日常生存新法则的冲动：人们应该怎样结婚？谈恋爱的新规则应该如何？人们应该如何庆祝生日？人们应该如何举行葬礼？……①正是在这个维度上，真正的革命是应该反对作为权宜之计的狂欢式的颠倒，反对用来稳定权力把持的例外的：

> 在欧洲中世纪，大地主选择"失序之王"是司空见惯的事情。人们期待被选出来的人能够主持那些能够短暂地颠倒或嘲笑地模仿传统社会和经济等级的狂欢……而当这短暂的失序结束的时候，事物的习惯性秩序就将被恢复：失序之王将回到他们自己卑微的职业中，而他们的社会性上级又重新开始了他们习惯的状态……有时候，失序之王的想法也会从宴乐的领域流溢到政治领域中……学徒有时会接管他们的行会师傅的职责一两天……性别角色也有可能颠倒一天，女性接管正常情况下只由男性承担的责任或系统……中

---

① 切·格瓦拉在1965年放弃官方职位，甚至放弃古巴国籍，将自己投身于世界革命——这种自杀式的姿态割断了他同制度性世界的联系——的行为是不是真的是一种行动呢？或者说，它只是从实证性的社会主义建构的不可能使命中的一种逃脱呢？还是避免对革命结果仍然保持忠诚的立场，换言之，是对失败的默认呢？

推 论

国哲学家们也喜欢状态倒置的悖论,因为通过这种方式才智或羞愧可以降低自己的自负,并导致一种突如其来的视角转换……

不过,这样一种"视角的转换"是不是每一场真正的革命的基本立场呢?为什么我们不相信根本的革命就是"事物的惯常秩序决不应该被恢复"呢?革命并不是一个暂时的安全阀,也不是一场注定要有一个清醒的次日凌晨的狂欢——它就是*停留于此*。并且,这种狂欢式的悬置的逻辑,被局限在传统的阶级社会领域中。随着资本主义,尤其是今天的"晚期资本主义"的全面展开,占据支配性地位的"正常"生活本身,以某种方式被"狂欢化"了,因为它具有永恒的自我革命化的性质,以及它的倒置、它的危机和它的再创造的能力,使得它成为从一个"稳定的"伦理立场出发的对资本主义的批判,并且在今天越来越表现为一种例外。

那么,对于一种本身的原则就是永恒的自我革命化的秩序,我们应该如何将之革命化呢?这可能就是今天的问题。

索 引

（索引中的页码为原著页码，检索时请查本书边码）

绝对音乐 xiv-xv

阿多诺，西奥多 xiii，82，158，171

阿尔都塞，路易 xx，29

艾尔特曼，罗伯特 5-6，80

对立 12，57-60，96，131-132

表象 38-40，48，55-56，79，84-85，92，122，133，142，147-148，158

艺术 xi，xxi；艺术和升华 133-134

自创生系统，99-105，107-108

巴迪欧，阿兰 xix，xx，10，25-26，28，46，60，92-96，144，145，170，182

巴塔耶，乔治 49，182

生成；xxi，18-19，23，25-29，42，45，50，54，61-64，170；"生成机器" 13-17，164；生成 VESUS 历史 8-13

柏格森，亨利 x，xiii

生物遗传学 22，39，108，110-111，113，116，119

身体 xii，79，153；；无器官身体（BwO）xii，xxi，26，108，154

布伦什维格，里昂 xx

邦格，马里奥 99

资本 66，93，119，165，171，175

资本主义 xxi，xxii，17，65，100，151，163，164-169，171-

176，178－179，189

阉割 74，75－79，80－81，90，91，153，166

因果律 13－14，23－25，36，38，101－102，107，120

基督 53，54，57，59，63，68，92，161；无感 xi；潜在节奏 xi

电影 xvii，xxi，134－138，169，182

"认知闭合" 120－126

认知主义 xx，xxi，99－132

戏剧 versus 悲剧 53

计算机 14－16，103，166，173

意识 xiii，101－103，105，107，121，122－123，124－125，173

创造 x

赛博空间 166－167，173

达金，理查德 108－109，128

死亡驱力 21，30，76－77，107，156，188

德兰达，曼纽尔 23

民主 31，70，91，118，166，174－175，178

丹奈特，丹尼尔 16－17，109，114－115，122，124，128－130

德里达，雅克 29－30，33，42－43，44

欲望机器 xi，14，59－60，72，164

去辖域化 xi，72，74，77，176

对话 xix，xxi

狄德罗，丹尼斯 108，152－153

差异 26；本体差异 xxi，4；纯粹差异 xiii－xvii，58，62，92

日瓦戈医生（大卫·利恩）xxii

十二音体系 xiii

冲动 15，67，79，83，91，127，154；死亡驱力 21，30，76－77，107，156，188；；拉康的冲动 xi－xii，157

杜普伊，让－皮埃尔 166－167

爱森斯坦，谢尔盖 3，5，181－182，184－186

《帝国》（迈克·哈特和托尼·奈

格里）31，174－180

永恒 9－10，13，46，63

伦理学 33，34，36，94；"连接伦理学" 110－120

恶 xiii，33－4，35，38，65－66，94，161－162

女性主义 8，29，32，78，87－88

幻想 82－83，84－91，92，106，111，115，122，148－149；幻想的崩塌 149－151

法西斯主义 165，167－171，179，184

费里，卢克 xx，11

费希特，J. G ix，4，20，32，62，106

《搏击俱乐部》（大卫·芬切尔）xxi，153，154－155

拳交 164

菲茨帕特里克·席拉 183

弗莱格，杰莉·艾兰 72

福柯，米歇尔 9，39，42，63－65，164，172

自由 7，27，35，37－39，46，52，67，89，100－102，113，156－157

弗洛伊德，西格蒙德 2，30，51，52，66，71－72，74，76－77，79，83，85，86，88，90，91，99－132，143，152，156，166，168

福山，弗朗西斯 45，111，117，118－19

凝视 17，27，137－139，140－141，145－9，152

基因组 83，106，108－109，111，119

上帝 14，21，29，31，34－36，38－39，53－54，59，66，90，113，120－121，186－187；上帝的异化 x；上帝单子 xii；对上帝的表现 xi

加塔里，菲利克斯 xi，xxi，6，9，18，64，72

哈贝马斯，尤金 11，18，39，112－113，119，174，175

哈斯克，威廉 28，101

黑格尔，G. W. F x‑xi, xiii,
 xix, 12‑13, 17, 26, 29‑30,
 34, 37‑66, 67, 69‑72, 91,
 96, 101, 102, 103‑104, 107,
 119, 122, 126, 134, 136,
 142, 154, 175, 182, 185, 187

海德格尔，马丁 26, 39, 40, 43,
 71, 76, 83, 95‑96, 108,
 111, 124‑125, 165, 181

希区柯克，阿尔弗雷德 xxi, 99,
 134‑135, 140‑146, 148‑
 149

意识形态，意识形态质询 159

情感模拟 31, 163‑164

个体化 xi

基础结构/上层结构 27, 29

交互被动性 159

詹姆逊，弗里德里克 17, 44,
 63, 100, 165‑166, 187‑188

正义 32‑34

康德，伊曼努尔 x, xxi, 11, 13,

14, 17, 30, 33‑34, 37‑41,
43‑44, 48‑49, 51‑52, 61,
65‑66, 75, 76‑77, 91, 94,
95‑96, 100, 102, 110, 121,
126, 134

克莱恩，劳米 165, 177, 178,
179

知识 41, 51

拉康，雅克 xi‑xii, xx‑xxi, 3,
5, 24‑25, 30, 36, 43‑44,
47, 48‑51, 55‑61, 73‑77,
80‑82, 85‑86, 88, 90‑92,
93, 95‑96, 102, 107, 108‑
109, 115, 118, 121‑122,
129‑131, 137‑138, 142,
145, 150, 152, 154, 157,
159, 165

拉克劳，恩耐思特 58, 96, 171,
175‑176, 178

朗，费茨 138‑139

拉普朗什，让 86

里德，达瑞恩 133

利恩，大卫 xxii

勒塞克勒,让-雅克 163

莱布尼茨, G. W x, xii, 38, 40

列宁, V. I xx, 19-20, 28-29, 176, 180-181, 184, 185

列维纳斯,伊曼纽尔 29-30, 94-95

李贝特,本杰明 15, 123

生命 xiv-xv, 4, 9, 25-26, 103, 107-108

文雅的爱 ix, x, 145

林奇,大卫 88, 138, 149-151, 154

麦克金,考林 121, 124, 125

马勒,古斯塔夫 xiv

马柯斯(副司令)177-178

马克思,卡尔 xx, 17, 25, 27, 29, 36, 44, 56, 57, 66, 68, 84, 93, 110, 152, 156, 170, 171, 174, 184

受虐狂 ix-x, 27, 87

玛苏米,布瑞恩 6, 164-165, 180

主人能指 36, 49, 88, 178-179

辩证唯物主义 20, 28, 46, 79, 81;唯物主义 VERSUS 唯心主义 19, 22-23, 28, 79, 101

模因 105-110, 128

现代主义 xiii

等级性单子 xii

金钱 7-8, 53, 84, 119, 171-172

道德 33, 39, 157-162

否定性 30, 31, 46-47, 182, 187-188

因特网政治 171-174

尼采,弗里德里希 xi, 10, 22, 34, 43-44, 55, 17

俄狄浦斯 53, 60, 63, 71-77

奥菲欧(蒙泰威尔第)151

帕切贝尔的《卡农》xv

帕斯卡尔,布莱士 32-33, 34, 47

阳具 25, 72-84, 88-89, 164, 166

索引
391

前主体现象 137

哲学学科 xix-xx

平克,斯蒂文 124,125,126, 129

柏拉图 124,125,126,129;柏拉图的《对话》xix;反对柏拉图的希区柯克 140-145

波洛克,杰克森 4-5

后现代主义 xiii

程序音乐 xiv-xv

量子物理学 4,21-23,92,110, 125

准原因 23-29,74-75,82, 101-102

《沉静的美国人》(格拉汉姆·格瑞恩) 159-161

(拉康的)真实,真实界-想象界-象征界 92

现实主义 x,152,183-184

现实 xxi;潜存的现实性 3-8, 108

宗教 35,67-68,120,126,168; 也见"基督"、"上帝"

重复 11-12,13-14,34,38, 61-62,80,94

革命 11,21-22,29,46,59, 62,65-67,103,156-157; 革命的美学化 181-182;文化革命 163-189;十月革命 11,27,181-183

利斯,威廉 131

浪漫主义 xv,11

罗西里尼,罗贝托 140

拉姆斯菲尔德,唐纳德 85,160

罗斯纳克,约瑟夫 xvi-xvii

牺牲 147-148

谢林,F. W. J. xiii,10,17,18, 20-21,23,66-67,75,108, 123,134,185

勋伯格,阿诺德 xiii

舒曼,罗伯特 xi

自我意识 xx,105,107,124

意义事件 xxi,18-19,24-25, 26,28,47,61,74,81,101

性行为 79-81,87,127,131- 132

西贝柳斯,简 xiii-xv,xvi-xvii

病征 5,128,144-145,147

苏格拉底 xix

斯宾诺莎,巴鲁赫·德 ix,x,
xii,18,20,29-37,39-40,
43,48,66,67-68,100,
163,172

斯特拉文斯基,伊戈尔 xiii

结构主义 73-74

主体性 xiv,xxi,12-13,14,
20,30,39-40,57,62-63,
75,84-88,94,101,103,
106,108-109,137,143,
153-155,157,169,171

艺术和科学中的升华 133-134

实体 xii,xiii,17,21,27,30,
61-63,65

超我 ix,6-7,36-37,159,167

西贝伯格,汉斯-荣格 150,169

塔可夫斯基,安德鲁 xvi,22

越界 49

真实 12,35-36,49,52,55-
57,67-68,71,94-95,130,
148,151-159,175

瓦雷拉,弗朗西斯科 100,103-
104,107,108

维尔托夫,吉加 137-138

潜存的现实性 3-8,108

潜存性 xi,4-5,10-11,19,
61-62

瓦格纳,理查德 xiv,34-35,
67-68,87,151,181,185

雅皮 163-164

僵尸 121-122

Organs without Bodies: On Deleuze and Consequences/by Slavoj Žižek/ISBN: 9780415519045
Introduction © 2012 by Slavoj Žižek
Copyright © 2004, 2012 by Routledge
Authorized translation from English language edition published by Routledge, part of Taylor & Francis Group LLC; All Rights Reserved.
本书原版由 Taylor & Francis 出版集团旗下，Routledge 出版公司出版，并经其授权翻译出版。版权所有，侵权必究。
Nanjing University Press is authorized to publish and distribute exclusively the Chinese (Simplified Characters) language edition. This edition is authorized for sale throughout Mainland of China. No part of the publication may be reproduced or distributed by any means, or stored in a database or retrieval system, without the prior written permission of the publisher.
本书中文简体翻译版授权由南京大学出版社独家出版并限在中国大陆地区销售，未经出版者书面许可，不得以任何方式复制或发行本书的任何部分。
Copies of this book sold without a Taylor & Francis sticker on the cover are unauthorized and illegal.
本书贴有 Taylor & Francis 公司防伪标签，无标签者不得销售。

江苏省版权局著作权合同登记　图字：10-2012-464 号

图书在版编目（CIP）数据

无身体的器官：论德勒兹及其推论/（斯洛文）斯拉沃热·齐泽克著；吴静译. —南京：南京大学出版社，2019.8（2024.6 重印）
（当代激进思想家译丛/张一兵主编）
ISBN 978-7-305-20963-5

Ⅰ.①无… Ⅱ.①斯…②吴… Ⅲ.①德勒兹-哲学思想-研究 Ⅳ.①B565.59

中国版本图书馆 CIP 数据核字（2018）第 226205 号

出版发行	南京大学出版社
社　　址	南京市汉口路 22 号　邮　编 210093
丛 书 名	当代激进思想家译丛
书　　名	**无身体的器官：论德勒兹及其推论**
	WU SHENTI DE QIGUAN: LUN DELEZI JIQI TUILUN
著　　者	［斯洛文尼亚］斯拉沃热·齐泽克
译　　者	吴　静
责任编辑	李　博
照　　排	南京紫藤制版印务中心
印　　刷	江苏苏中印刷有限公司
开　　本	920 mm×1194 mm　1/32 开　印张 12.875　字数 240 千
版　　次	2019 年 8 月第 1 版
印　　次	2024 年 6 月第 5 次印刷
ISBN 978-7-305-20963-5
定　　价	88.00 元

网　　址：http://www.njupco.com
官方微博：http://weibo.com/njupco
官方微信：njupress
销售咨询：(025) 83594756

* 版权所有，侵权必究
* 凡购买南大版图书，如有印装质量问题，请与所购图书销售部门联系调换